# 民國歷史與文化研究

二 編

第 **2** 冊

英租威海衛故事：
鄉村治理轉型的另類視角

劉 瓊 著

花木蘭文化出版社

國家圖書館出版品預行編目資料

英租威海衛故事：鄉村治理轉型的另類視角／劉瓊 著 -- 初版
-- 新北市：花木蘭文化出版社，2015〔民 104〕
目 2+220 面；19×26 公分
（民國歷史與文化研究 二編；第 2 冊）
ISBN 978-986-404-269-2（精裝）
1. 村自治 2. 中國
628.08 104012453

ISBN- 978-986-404-269-2

9 789864 042692

民國歷史與文化研究
二 編 第二 冊　　　　ISBN：978-986-404-269-2

## 英租威海衛故事：鄉村治理轉型的另類視角

作　　者　劉　瓊
總 編 輯　杜潔祥
副總編輯　楊嘉樂
編　　輯　許郁翎
出　　版　花木蘭文化出版社
社　　長　高小娟
聯絡地址　235 新北市中和區中安街七二號十三樓
　　　　　電話：02-2923-1455 ／傳眞：02-2923-1452
網　　址　http://www.huamulan.tw 信箱 hml810518@gmail.com
印　　刷　普羅文化出版廣告事業
初　　版　2015 年 9 月
全書字數　214370 字
定　　價　二編 24 冊（精裝）台幣 45,000 元
版權所有・請勿翻印

# 英租威海衛故事：
## 鄉村治理轉型的另類視角

劉　瓊　著

## 作者簡介

劉瓊，女，1981 年生於山東萊蕪，2002 年畢業於聊城師範學院（現聊城大學）政治系；2005 年畢業於復旦大學國際關係與公共事務學院，同年 7 月就職於山東大學（威海）法學院；2014 年於山東大學政管學院畢業，獲法學博士學位。學術研究方向爲政治發展與政治現代化，鄉村治理與社會轉型。發表有《宗教利益團體與美國國內公共政策述評》、《傳統中國鄉村治理模式問題再認識》、《自毀與自救：傳統鄉村社會自治結構崩塌之沉思》等論文。

## 提　　要

　　作爲農業大國的中國的現代化，離不開鄉村社會的現代化。但百多年來中國追求現代化的一個副產品卻是鄉村社會的不斷衰敗，這就使得中國的現代化事業因得不到來自鄉村的正面支持而跌宕曲折，進展緩慢，中國鄉村社會的現代化已成爲我國社會轉型中的一個瓶頸。本文以當代世界現代化理論的新發展、新視野爲基礎，通過對英租時期威海衛鄉村治理轉型這一「個案敘事」，深入探討中國傳統鄉村社會與現代性接續的可能與路徑問題，以期從中汲取經驗教訓，拓展我們當下鄉村社會治理與建設的思路。本文認爲：成功的人類文明都有自己的個性化形式，但在這些個性化差異的表象下，又體現有成功文明的共性內涵，現代性的生發是以這些共性內涵的保存而不是毀壞作爲前提的。世界現代化進程的歷史經驗與現代化理論前沿的最新發展已不再支持將傳統與現代兩相對立的觀點。因此，一個文明追隨時代變化所必須做出的調整需要考慮到人類文明作爲複雜大系統所具有的「類有機性」，要避免以「推倒重來」的方式對文明賴以存身的根基造成傷害。英租威海衛鄉村社會治理作爲一個從傳統中生發出現代性的個案，雖然不具普遍性，但它提供給我們一種另類的視角與方法論上的啓示：只有在傳統文明延續與逐步「擴展」的基礎上，我們延續了百多年的社會轉型困局才有眞正突破的可能。

# 目

# 次

# 緒　論


## 一、問題的提出與研究意義

　　在近現代世界歷史上，自英國逐步建成市場經濟體系與大機器工業並成功實現現代化之後，世界其他國家便在英國市場經濟和大機器工業所展現出來的示範效應與面對的生存壓力下，或先或後，或主動或被動地邁上了走向現代化的社會轉型之路。不同於英國「先發內生型」的現代化，諸多國家隨後所作的努力構成了所謂的「後發外生型」的現代化。而這樣的現代化實際上都繞不開對肇始於英國的現代化與現代性進行解讀這一課題。歷史表明，這一解讀即使在有著共同文化背景的西方國家裏也產生出頗多誤會，這些國家或多或少都經歷了一個從盲目「英國化」到摸索本國特色現代化道路的曲折歷程。而對於那些與英國、與西方文化有著巨大差異、承載著厚重歷史文化傳統的古老東方社會而言，在這一解讀過程中發生的誤會就難以避免也更加普遍了，而正是這種對現代化與現代性的誤讀以及依據這種誤讀所展開的實踐操作，造成了這些國家在追求現代化的過程中對自我的深重戕害。

　　近現代以降，面對著西方堅船利炮的入侵與強勢物質文明的裹挾，東方社會在一次次被動挨打的經歷中，開始了向西方學習的過程。對於古老而厚重的東方文明而言，認識到世界已進入一個現代化大變革的時代並非易事，向西方的學習隨著「亡國滅種」危機的加重更是經歷了從器物到制度最後到文化層面步步「深入」的過程。而伴隨著這一學習與變革過程的，則是我們對現代化與現代性認知的不斷變化。在當時西方文明尤其是其物質文明獨領風騷與時代所達到的認知水平的背景下，我們比較容易地把現代化看成了以

西方為模板的西化過程，而西化又被進一步地被解讀為工業化、科學化和民主化。正是這種缺乏「背景意識」的、把實現現代化特定形式加以「普世化」的「理性主義」解讀，使整個社會逐漸形成了一種壓倒性的共識，那就是把傳統的制度與文化看成是現代性的對立面；而與這些古老的傳統作徹底的「決裂」，則是走向現代化的必要前提。正是在這樣一種認識導向下，東方社會在追求現代化的急行軍中，對原有的政治制度、社會結構、文化網絡與既有社會秩序進行了大規模的變革、破壞甚至摧毀。

對中國傳統鄉村社會而言，長期以來形成了「皇權不下縣」、縣以下基本由宗族大戶或地方士紳維持秩序、推行教化的鄉村自治秩序。這種自治秩序是在儒學文治禮教的「道統」、「治統」的浸淫之下，以一統王權為核心的小政府、低賦稅和鄉村社會長期演化而來的「社會文化網絡」三者之間的相互支撐作用下而形成運作的。儘管三者之間的相互支撐關係在傳統中國不時被打破，但總體而言，鄉村社會存在著一種以文化網絡的自我修復為基礎的秩序再生機制。但是，這種再生機制卻在清末民國以來我們全面謀求現代化的努力中被阻斷了。我們的先人在日益嚴峻的時局危機與急切達成現代化的心態下，對中國的傳統做了整體負面性的解讀，而既存的鄉村自治秩序在廢除科舉、毀廟興學等激烈反傳統做法的衝擊下，在國家權力不斷下沉以整合鄉村汲取資源的嚴重超額賦稅的打擊下，在以拋棄鄉村犧牲鄉村而實現城市化實踐的摧毀下，失去了其賴以維繫的政治倫理、文化網絡與社會結構的支持，從而走向了最終的解體。

鄉村自治秩序走向解體的過程，一方面是鄉村的文化網絡不斷被侵蝕、精英持續外流、物質生產與精神文化水準直線下降的過程，另一方面也是國家權力試圖再造鄉村、加強對鄉村控制的過程。而失卻了文化基礎與鄉土精英的鄉村社會，其秩序的再造與維持，卻顯得格外艱難。一種自上而下的行政強控制體系下的治理方式，不但成本高昂，而且腐敗成風，效率低下；而強控制體系之下的鄉村社會，精英繼續外流，創造精神趨於泯滅，活力不斷喪失，鄉村控制權實際上落入了作為政府行政代理的劣紳、地痞之類的人物手中，鄉村的衰敗日益加深，由是我們追求現代化的歷史成為梁漱溟先生所說的一部鄉村破敗史。歷史的弔詭在這裏展現：我們極盡所能追求的目標與最終出現的結果南轅北轍。而此種情形下，我們追逐現代化擁抱現代性的決心越大，努力越積極，對鄉村的破壞也就越嚴重。這是不是我們在現代化追

求中所遇到的一個重大困局呢？近現代以來中國鄉村社會所呈現出來的諸多重大麻煩的總根子是不是在這裏呢？

　　時至今日，我們大概越來越深切地感受到鄉村社會在物質上的貧困化與文化上的沙漠化的雙重衰敗，我們謀求現代化的努力再也難以獲得來自鄉村正能量的支持，這種情況實際上已經成爲制約我們今天社會現代化轉型進一步深入展開的瓶頸。而要突破這一瓶頸，我們就不得不重新審查我們既往的現代化急行軍的做法，不得不重新反思我們在現代化、現代性解讀上的偏頗，不得不重新認識一個民族的傳統與其謀求現代化之間的關係，不得不重新審視我們傳統鄉村社會的自治秩序及其文化網絡支撐與達成現代性之間的關係。

　　在我們今天又走到一個十字路口的時刻，循著做過無數探索的先人之足迹，以我們的事後之明來看，東方古老文明的現代化不應該是一個在「刺激——反應」作用下簡單地向西方看齊的模倣過程，不應該是一個用西方的模板來重造自身的拷貝過程，否則我們只是走完了一個學徒過程並至多成爲一個模範生而已，而百多年的中國現代化歷程已然表明簡單地模倣拷貝很可能是歧路彎路。相反，我們的現代化應該蘊含有對西方國家的現代性得以展開的特定背景及其成功要訣的研究與瞭解，對自身的歷史積澱及現實國情的體認與把握，對外來與自身可資利用的文化資源的分析與挖掘，並在這樣的基礎之上，嘗試做出自己的模式創新。而在我們看來，現代性的達成決不僅僅是經濟增長方式的轉變或工藝技術的進步，它更是一個民族在歷史發展過程中對自身文明結構的重塑，是整個社會在經濟、政治、文化等層面的全方位的結構性轉換。而對於擁有超大規模鄉村社會的中國來講，鄉村社會現代化的健康發展是我們成功實現現代化轉型的基礎所在，認眞做好鄉村社會的現代化轉型是我們國家現代化能順利推進的前提。

　　從歷史提供的借鑒來看，清末民國時期傳統中國鄉村自治秩序在我們邁向現代化急行軍的過程中遭到巨大破壞，這一破壞所造成的直接後果就是傳統鄉村治理向現代平穩轉型的挫敗；而與之幾乎同一時期（1898～1930）的威英政府卻在「循其舊制」的基礎上通過對中國鄉村治理傳統的創造性轉化進一步推進鄉村自治、從而探索出了一條威海衛鄉村社會卓有成效的低成本自我治理之路，也向我們展現出傳統鄉村治理與現代性平穩對接的另類故事。這一鮮明的對比爲我們的研究理路提供了正反兩方面的佐證。通過梳理清末民國時期現代化急行軍導致的鄉村自治秩序之破敗和考察威英政府治理

威海衛鄉村的故事這一帶有一定典型性的個案，有助於我們改變自己探索現代化發展模式的思維方式。

毋庸諱言，中國鄉村社會的衰敗，與西方文明對中國的滲透、入侵及由此而來的中國社會艱難轉型的客觀存在息息相關，威英政府統治威海衛領受的殖民任務與治理背景與當時整個華夏民族面臨的邁向現代化轉型的前所未有的大變局背景亦不可同日而語，而曾被詛咒和毀壞了的傳統要加以修復也絕非易事，但是，現代化事業在我們這個時代的再度展開，卻需要我們正視既往探索歷程中的經驗與教訓。尤其是英國治理下的威海衛在接續傳統中國鄉村治理資源的基礎上逐步生發出現代性這一點，提供了一個我們得以重新審視東方國家打通現代化道路可能路徑的個案。因此，我們在這裏的討論既不是爲舊有的制度與文化唱輓歌，也無意於爲威英政府的殖民地治理塗脂抹粉，而是試圖挖掘鄉村治理得以成功運作的經驗與精神，檢討歷史上鄉村社會破敗與失序的原因，爲當下鄉村社會秩序的重建與鄉村治理的轉型提供借鑒並提出自己的思考，爲中國鄉村社會現代性的生發道路開闢作一前瞻。這便是我們「英租威海衛故事：鄉村治理轉型的另類視角」這一選題的由來。

選擇講述這樣一段塵封的往事，不是發思古之幽情，而是有著明確的理論志趣與現實關懷，其理論探討和現實意義歸納起來大體上有以下三個方面：

第一，傳統中國鄉村社會秩序在近現代的結構性蛻變與最終解體給中國的現代化進程抹上了一筆濃重的悲劇性色彩，對鄉村社會秩序解體的歷史悲劇和傳統鄉村治理向現代化轉型的挫敗做出理論上的探究與再解釋，是本選題的一個理論志趣所在。本文力圖在對傳統中國鄉村秩序賴以維持的機理進行透視與概括的基礎上，進一步分析現代化釋義、國家權力目標指向、傳統文化網絡與鄉村社會秩序諸多要素間的複雜聯動關係，並由此提出一種對於近現代以來鄉村社會失序與破敗內在原因進行再解釋的新理論視角。

傳統中國鄉村社會秩序的解體，在很大程度上與我們對現代化與現代性認識上的偏見有著內在關聯，這種偏見一方面表現爲把傳統看成是與現代性格格不入的一堆垃圾，從而通過劇烈的制度變革和文化批判全面拋開乃至系統毀壞傳統；另一方面則表現爲對政治和國家權力作用的樂天主義想法，認爲通過人爲的完美設計、全面移植帶有「普世性」的理想制度，輔之以政治權力自上而下的強力推動，就可以系統清除「罪惡」的舊傳統，大踏步地邁向現代社會。

而這樣的偏見及其指導下的實踐卻恰恰構成了對中國鄉村社會「自發秩序」眞正的、也是致命的傷害。這一認識偏見的根源何在呢？概而言之，其根源是西風東漸以來肆虐於東方大地上的「建構理性主義」。在歐洲大陸啓蒙運動以理性至上、科學至上的一元線性發展觀的影響下，喪失了文化自信的我們把既有的制度架構、文化傳統、信念信仰、文治禮教等都放在了理性審判臺上加以全面批判，對其進行了一波又一波的大規模的改造、破壞與摧毀。

本文試圖由這樣的反思出發，一方面重新審視傳統與現代性的關係，打破這方面對立的兩分觀點，指出全面拋開、踐踏自己傳統的現代化是一種沒有根基也沒有出路的現代化，我們必須正視自己的傳統，發掘出其與人類成功文明相通的共性方面，同時也不忽略其與現代性不相適應的維度，並在發揮本土文化資源與我們自己主體性建構的基礎上對傳統進行創造性的轉化，以期實現傳統與現代性的接軌。另一方面則從政治哲學的高度對政治的有限性和國家權力運作的目標與邊界進行再思考，對人類理性的有限性與政治活動的審慎性進行再強調，並把這種再思考與強調與鄉村治理的轉型聯繫起來，從而爲以實現鄉村社會自治秩序重建爲基礎的有中國特色現代化道路的開關做一前瞻。

第二，對傳統中國鄉村社會秩序賴以維繫的機理尤其是其運作的社會結構與治理結構背景進行宏觀上的理論探討與審視，是本選題的又一理論旨趣所在。理不清歷史的脈絡，就解不開現實的死結；缺乏高屋建瓴的宏大視野和眼光，就只能在「頭痛醫頭、腳痛醫腳」甚至是「病篤亂投醫」的漩渦裏打轉。我們認爲只有在這樣一種宏觀探討與審視的基礎上，才可能窺見到傳統中國鄉村治理成功的秘訣所在，也才可能認識到制約當下鄉村治理模式的瓶頸所在，並在此認知前提下思索當下鄉村治理陷入困境的原因及走出困境的可能途徑。

傳統中國鄉村秩序的成功維繫，從社會結構方面看，是以鄉村社會中存在著各種類型的鄉土精英以及城鄉之間的一體化爲基礎的。儘管鄉土精英在不同的歷史時期有著不同的形態，但他們的主體是受到儒學濡化的「士君子」，正是這些「士君子」在鄉土社會中的存在與紮根，使得鄉土社會有了源源不斷的「現場治理者」，從而成功維繫了鄉村社會的自治。而從更爲宏大的治理結構背景來看，傳統鄉村秩序的成功則與它在歷史中形成的一種穩定的自治結構有著不可分割的關聯。這一結構以國家遵循儒學倡導之「天命」、「道統」與「治統」爲原則，以弘揚文治禮教之傳統和推崇「民本思想」爲前提，

以「皇權不下縣」和「輕繇薄賦」爲基礎，以鄉村社會存在的各類宗族社群組織與「文化網絡」爲依託，以「儒化之鄉土精英」的率身垂範爲核心，上下融通，卓有成效，顯現出很強的穩定性與生命力——在王朝周期性更迭與動盪、戰亂帶來的毀滅性影響下，屢屢得以成功「自我修復」。當然，這種治理架構也有其不足所在，那就是對王權約束的偏柔性化與彈性化以及儒學道統與皇權的緊密結合，這也是鄉村治理在傳統中國陷入周期性的破敗與崩潰的兩大大根源。如何突破這些不足，在達成鄉土社會低成本自治的基礎上再使其處於一種穩定持久並且能夠自我更新變革的狀態也是我們今天要去探討的一個時代大課題。

最後，從現實意義上來看，當下以民主選舉、民主決策、民主管理、民主監督爲基礎的村民自治，總體而言，並沒能打開鄉村治理良性循環的大門，諸多鄉村的日益空殼化、原子化和文化上的沙漠化，屢見不鮮的村政的劣化與痞化，甚至黑惡勢力控制鄉村這種登峰造極的劣政的湧現，都向我們表明了當下鄉村治理現狀之嚴峻。而這樣的治理現狀向我們表明，鄉村社會秩序的重建任重而道遠，鄉村社會治理的轉型必要而迫切，目前的徘徊在行政強控制與「鄉村基層民主」兩難之間的治理模式必須要有一個新的突破，否則我們的現代化社會轉型便很難順利進行。本文力圖從基礎理論層面與既往實踐總結層面入手，反思當下以「村民選舉」爲特點的農村基層民主實踐模式，試圖突破現代與傳統兩分的眼光，以文化網絡重建、鄉村多元自治秩序與精英培育、精英民主的思路，推動當下鄉村社會對低成本有效自治路徑與方法的實踐探索，爲具有中國特色的鄉村社會現代化道路的開闢提供一個新的選項。

## 二、研究現狀述評

國內外學術界對中國鄉村治理的關注與研究是伴隨著近現代以來東西方文化大規模的碰撞與交流而啓動的，而這些研究又隨著中國現代化進程的展開與傳統中國鄉村社會秩序的不斷解體，以及由此而來的鄉村治理的轉型而日益深入。既有的對鄉村治理的研究涵蓋了多個學科、多個領域、多種視角與多種研究方法。從研究所涉學科來看，社會學、人類學、歷史學、法學、政治學與經濟學等學科都有論述；研究領域則包括了鄉村文化、鄉村組織與制度、鄉里教化、鄉村社會權力結構、國家與鄉村社會的互動關係以及當下熱門的村民自治與基層民主選舉等；研究視角有國家與社會二分法、社會史、

心態史以及制度主義和新制度主義等；研究方法則既有宏觀的理論規範性研究，也有諸多微觀的個案實證性研究，還有中觀理論層面上的研究，具體來講則包含了歷史研究法、制度研究法、個案研究法、結構——功能研究法、過程——事件分析法、精英分析法、階級階層分析法等。在這些浩如煙海的研究中，與本課題相關度比較大的研究包括以下三個方面。

## （一）傳統中國的鄉村治理

關於傳統中國的鄉村治理，有通史性的研究，也有斷代史的研究；有關於鄉村治理某個方面或某些方面的細緻挖掘，也有對鄉村治理整體面貌的全景式描摹。本文在這裏對相關研究成果的概述，主要涵蓋的是對明清以降的鄉村治理的研究。之所以做這樣的界定，是因爲近現代以來的鄉村治理傳承與變革的對象主要是明清以來的鄉治，而本文的選題針對的是中國現代化進程啓動之後的鄉村治理的變遷與轉型。下面主要就傳統中國國家政權對鄉村社會的控制方式以及鄉村社會的權力結構、教化體系與組織制度方面的研究成果做一概述。

### 1、傳統中國國家政權對鄉村社會的控制方式

在傳統中國國家政權對鄉村社會的控制方式問題上，學界總體而言存在兩種觀點。一種觀點認爲傳統的國家政權通過各種組織、制度及相關人員對鄉村社會實行自上而下的行政強控制。在不同的歷史時期，這些組織和制度包括鄉遂制、鄉亭里制、三長制、鄰保制、保甲制、村社制、鄉約制、糧長制、里甲制、社倉社學制等，通過這些組織和制度在實現「編戶齊民」的同時，也控制人民的思想，從而達到全方位徹底控制的目的；實施控制的人員則包括胥吏衙役、鄉官鄉吏乃至鄉紳。這一觀點的代表人物是秦暉和蕭公權。

秦暉認爲傳統的國家政權實際上通過編戶齊民的方式並經由鄉吏鄉役將其控制延伸到鄉村的各家各戶，而在我國歷史上大部分時期，血緣共同體即家族或宗族並不能提供或者說不被允許提供有效的鄉村「自治」資源，傳統中國鄉村的眞實傳統是「國權歸大族，宗族不下縣，縣下惟編戶，戶失則國危」。〔註1〕

〔註 1〕參見秦暉，《傳統中華帝國的鄉村基層控制：漢唐間的鄉村組織》，載《傳統十論》，復旦大學出版社 2004 年版，第 1～44 頁；《帝制時代的政府權力與責任：關於「大小政府」的中西傳統比較問題》見 http://iccs.aichi-u.ac.jp/archives/report/010/010_03_08.pdf。

　　張新光通過分析古代中國的「縣政」之理與「縣政」之弊認爲，古代中國的皇權專制集權統治就是以縣令爲主官，下設若干僚屬和胥吏、衙役，上有都、府、州層層節制，下有鄉、里、保甲基層組織相維護，從而形成了自上而下、左右關聯、層層遞進的縱深型網狀控制體系，以達到國家統一治理的效果。與其說古代中國社會是「皇權不下縣，縣下皆自治」，還不如說是「國家的公共服務職能不下縣」更加準確一些。〔註2〕

　　蕭公權與上述兩位學者的觀點稍有不同，那就是認爲儘管政府設計了全方位的組織和制度，但其控制力卻並不強，甚至常常是失效的。他在其《十九世紀的中國鄉村》〔註3〕一書中對這一控制體系從治安、賦稅徵收、饑荒救助和意識形態四大領域進行了研究，並認爲清王朝這一控制體系對鄉村的滲透性是有限的，要依靠對州縣官直接負責的中介以及宗族力量來實現對鄉村的控制。19世紀的整個鄉村控制體系不可避免地蛻化爲例行公事，甚至演變爲準行政腐敗。不無矛盾的是，蕭公權在論著中又承認鄉村事務由鄉紳領導，但認爲鄉紳通常與普通居民有著不同的利益，所以即使在沒有政府控制的地方，村莊作爲一個有組織的共同體，也不是全體居民自我管理的自治體。由此他認爲「缺乏自治更接近鄉村生活的實情」。〔註4〕

　　另一種觀點則認爲傳統中國長期以來形成了「皇權不下縣」的傳統，國家政權對鄉村社會的控制非常有限，鄉村社會基本上處於由士紳或宗族大戶推行教化、維持秩序的自治狀態，鄉村社會的公共事務基本由鄉村社會自我管理。持這一觀點的代表學者有韋伯、費孝通、黃宗智、李懷印、王日根、張鳴等。

　　韋伯在提出傳統中國爲「有限官僚制」的基礎上，認爲皇權的控制力是非常有限的，鄉村在宗族組織主導下是自治的。〔註5〕費孝通在分析傳統中國對專制政治兩條防線即政治哲學上的無爲主義和行政機構範圍上的「王權止於縣政」的基礎上，認爲地方上的公益是由當地人民具體需要而生發形成的

---

〔註2〕參見張新光，《質疑古代中國社會「皇權不下縣、縣下皆自治」之說——基於宏觀的長時段的動態歷史考證》，載《學習與探索》，2007年第4期。

〔註3〕Rural China, Imperial Control in the Nineteenth Century, University of Washington Press, 1960.

〔註4〕Ibid, P.264.

〔註5〕參見〔德〕馬克斯‧韋伯《儒教與道教》一書中關於宗族組織和鄉村自治兩小節的論述，王容芬譯，商務印書館1995年版，第142～150頁。

自治團體管理的，自治團體享受著地方人民所授予的權力，不受中央的干涉。
〔註6〕

　　黃宗智通過研究寶坻縣的檔案及滿慣實地調查資料中的華北六村莊提出
了國家——士紳——村莊的三角結構，他認爲19世紀的國家政權只把權力延
伸到主管二十多個村的鄉保一級政權，而作爲最基層的半官職人員的鄉保是
由當地眞正的領導人物即士紳、首事等推舉出來的，是地方領導層與國家權
力之間的緩衝人物，鄉保沒有薪水，不由縣衙任命，這是因爲統治者深知縣
級以下的官方指派人員，缺乏操縱地方本身領導層的機關組織，不易執行任
務。士紳在鄉保一級政權上發揮重要的領導作用，而在自然村層面上，則是
由村莊內生的領袖即自然村宗族組織中富裕能幹的人來治理的，這些內生的
領袖一般情況下認同於自然村的利益多於外界的政權。〔註7〕他在後來的研究
中進一步提出，除了士紳精英和宗族在治理中所扮演的角色之外，中國基層
治理中的半官職人員具有很大的自主權，縣衙只有在基層社會發生訴訟或產
生糾紛之時才出面干預，而這一做法符合儒家的治理理念，那就是只要社會
自己能解決的問題和糾紛，國家都留給社會自己去解決，只有在社會的自我
管理機制和糾紛調解機制失靈而國家不得不出面時，國家才介入以恢復或維
持秩序〔註8〕。

　　李懷印通過對河北獲鹿縣檔案的研究解讀認爲，當鄉村制度能夠保證賦
稅按時足額交納和能夠維持鄉村社會的穩定時，知縣很少干預它的具體運
作。帝國的統治精英們深刻地認識到胥吏衙役這些傳統社會不入流的人物插
手鄉村事務所帶來的嚴重後果，而通過很大程度上受鄉村社群監督的人物來
完成徵收賦稅的任務造成的危害則要小得多，而且村社也有長期演進而來的
針對村社內生制度產生的弊端的解決辦法和慣例。因此，帝國的統治者樂意
減少對地方治理的行政干預，並且鼓勵村民們通過自願合作完成對國家的應
盡義務。〔註9〕

〔註6〕 參見費孝通《鄉土中國》一書中關於「基層行政的僵化」的論述，上海人民
　　　　出版社2006年版，第145～152頁。
〔註7〕 參見〔美〕黃宗智，《華北的小農經濟與社會變遷》，中華書局1986年版，第
　　　　229～259頁的論述。
〔註8〕 參見〔美〕黃宗智，《集權的簡約治理：中國以準官員和糾紛解決爲主的半正
　　　　式基層行政》，載《開放時代》，2008年第2期。
〔註9〕 〔美〕李懷印，《華北村治——晚清和民國時期的國家與鄉村》，中華書局2008
　　　　年版，第14～16頁。

　　王日根在其《明清民間社會的秩序》（嶽麓書社，2003 年版）一書中也從義田、會館、會社、家族等方面考察了民間社會的自治情形，提出了官方管理與民間自治的二元化宏觀管理模式。

　　張鳴認爲，傳統鄉村社會一般情況下處於自治狀態，絕大多數鄉村事務國家政權並不過問，即使極少數官方有所干預的事務，也主要由鄉紳出面由鄉村自行辦理，國家政權給個名義或者某些財政補助（比如興辦大一點的水利設施和國家要求的團練組織）；他還特別強調民間組織的作用，認爲民間組織承擔了農村社會的公共事務、祭祀娛樂、社會福利和自衛保護等所有官府不管的事情。只要鄉村能保有完整的自組織系統和能力，國家就可以以非常低的行政成本維持安定的局面〔註10〕。

　　此外，在研究宗族、家族與士紳的專著中，我們也能看到他們作爲鄉村自治的主體所發揮出來的多方面作用。弗里德曼的《中國東南的宗族組織》、林耀華的《義序的宗族研究》、《金翼——中國家族制度的社會學研究》都揭示出家族與宗族在鄉村社會所發揮的積極作用，特別是在與國家政權、當地官府的關係上所體現出來的自我保護和基層社會秩序維持的功能。費孝通的《中國士紳》、費孝通與吳晗等合著的《皇權與紳權》、張仲禮的《中國紳士：關於其在 19 世紀中國社會中的作用的研究》以及王先明的《近代紳士——一個封建階層的歷史命運》等士紳方面的研究則向我們揭示出，紳士在國家與鄉村社會間的中介作用以及在國家與鄉村社會利益發生衝突時，更多地維護地方社會利益的作用。

　　在看到宗族和士紳精英在鄉村治理中的主體作用的共識基礎上，不同的學者對宗族和士紳精英在鄉村的活動範圍的認知方面有所不同，也就是說他們對鄉村自治的運作範圍的看法不盡一致。一些學者認爲傳統中國的村落是一個獨立自主的自治共同體，持這一觀點的典型代表是日本學者旗田巍、平野義太郎和清水盛光〔註11〕。美籍華人學者楊懋春也持有這樣一種觀點。〔註12〕而另一

〔註10〕 參見張鳴《鄉村社會權力和文化結構的變遷（1903～1953）》（廣西人民出版社，2001 年版）一書中「傳統鄉村社會的民間組織及其政治功能」一節的論述，第 24～30 頁；及《熱鬧中的冷想》，載《讀書》，2001 年第 3 期。

〔註11〕 參見李國慶《關於中國村落共同體的論戰：以「戒能—平野論戰」爲核心》，載《社會學研究》，2005 年第 6 期。

〔註12〕 參見〔美〕楊懋春著，張雄等譯，《一個中國村莊——山東臺頭》，江蘇人民出版社 2012 年版。

些學者則認為鄉村自治是在超過單個村莊或村落的範圍內運作的，其代表是施堅雅的「基層市場社區說」和弗里德曼的「宗族說」，前者認為鄉村自治的單位是基層市場區域，農民的組織、社會交往範圍、婚姻範圍以及娛樂、方言、風俗習慣等大體上都以基層市場圈為邊界〔註13〕；後者認為地方宗族是解決成員糾紛、協助官府繳納稅收和維持秩序以實施自治的主要載體〔註14〕。

### 2、傳統中國鄉村的權力結構

關於傳統中國鄉村社會權力結構的研究與國家政權對鄉村社會的控制方式的研究密切相關，總體而言主要包括以下四種觀點：

一是認為官府權力是鄉村社會中決定性的權力，它通過各種組織和制度以及作為國家代理人的鄉吏鄉役及士紳等完全控制了鄉村社會，這種觀點以我們在上文中提到的蕭公權、秦暉、張新光等為代表；二是強調宗族權力在鄉村中的主導作用，以弗里德曼的《中國東南的宗族組織》、《中國的宗族和社會──福建和廣東》、馮爾康的《中國宗族社會》（杭州人民出版社，1994年版）等為代表；三是強調士紳在鄉村社會中的主導作用，前文提及的諸多學者所做的士紳的專門研究基本都持這種觀點，比如王先明認為，「紳士业不像官員那樣擁有欽命的權力，卻擁有基層社會賦予的『天然』的實際權威。一個屬於朝廷命官的知縣，要順利地完成屬下範圍內的教化、徵稅、治安、斷案、農事、水利工程等各項公務，唯一的依靠力量就是紳士。」如果說「普天之下莫非王土，率土之濱莫非王臣」是皇權一統權威的法定依據，那麼「天高皇帝遠」則是對紳權地方權威的社會認可〔註15〕。日本學者根岸佶也認為，在傳統中國，國家與社會相分離的格局下，紳士是基層社會的領導者，承擔著「維持治安、確保民食、排難解紛、勸善舉業、移風易俗」等多種社會職能，並且充當了國家（官僚）與社會（民眾）聯繫的紐帶〔註16〕。當然在宗族和士紳的專題研究中，也有不少研究注意到實際上宗族的頭面人物也是鄉

〔註13〕〔美〕施堅雅著，史建雲、徐秀麗譯，《中國農村的市場和社會結構》，中國社會科學出版社 1998 年版，第 40、49 頁。

〔註14〕〔英〕弗里德曼著，劉曉春譯，王銘銘校，《中國東南的宗族組織》，上海人民出版社 2000 年版，第 145 頁。

〔註15〕王先明，《近代紳士──一個封建階層的歷史命運》，天津人民出版社 1997 年版，第 60、68 頁。

〔註16〕參見郝秉鍵，《日本史學界的明清「紳士論」》，載《清史研究》，2004 年第 4 期。關於明清紳士研究的綜述，還可參見郝秉鍵《西方史學界的明清「紳士論」》，載《清史研究》，2007 年第 2 期。

村的士紳，因此二者的權力往往合而爲一。

關於傳統中國鄉村權力與文化結構研究的第四種觀點則是試圖融合皇權、宗族、士紳及其他鄉村精英而提出的鄉村社會中存在多元權力格局的觀點，費孝通先生在這一方面首開先河。他在《鄉土中國》一書的《無爲政治》和《長老統治》兩篇文章中對鄉土社會的權力結構進行了宏觀的概述，把鄉土社會的權力結構劃分爲橫暴權力即皇權，鄉土社會中因爲人們切身的公事需要而演化出來的同意權力以及教化性的權力。他認爲三種權力中橫暴權力作用有限，除了不想維持的末代皇帝外，皇權在人民的實際生活上看，是掛名的，無爲的，鄉土社會主要是在同意權力與教化權力下得以運轉〔註17〕。

杜贊奇也認爲鄉村社會中存在著多元權力，他用「權力的文化網絡」的提法來描述存在於鄉村社會中有利於治理的複雜文化關聯。這一網絡內涵豐富，大體上包括著：有形的組織，如宗族、村廟、集市、水利組織、社戲廟會及各種非正式的人際關係網絡；鄉村士紳及鄉村其他各類內生性精英；維持組織運作和精英發揮作用的各種內生性制度安排以及爲鄉村社區成員所認同的各種無形的象徵與規範。從功能上看，國家政權正是在很大程度上借助於文化網絡來使其控制滲透到鄉村社會中，鄉村精英和一般大眾的活動也是在文化網絡中得以展開的〔註18〕。

張鳴通過對直隸一份村圖的解讀，同樣向我們展示了鄉村中的多元權力結構：其中擁有功名的鄉紳是鄉村政治的中心，鄉紳中又分爲「在籍官員」和「舉貢生員」兩級，他們憑藉熟知正統儒家倫理的文化權威而擁有權力，鄉約、里（保）正這樣的「鄉村幹部」要看他們的臉色行事；宗族是鄉村權力結構中的又一重要因素，宗族在村政中的發言權取決於各族或族中各分支的功名分量和出仕情況；此外，廟會、集市及各村廟宇背後的組織者及領導者以及民間組織的頭目在鄉村權力結構中也有一席之地。除此之外，他在「虛擬」的鄉村政權中介紹到，官府主要通過胥吏衙役和鄉里社會發生關係，而由於胥吏尤其是衙役屬於賤民身份，鄉紳們不願意與其打交道，因此就有鄉紳們不願意出任的諸如里正之類的「鄉官」來和衙役們打交道。衙役和「鄉官」分別主要是地方官和鄉紳的跑腿人，是官府與鄉里社會發生日常聯繫的

---

〔註17〕 參見費孝通《鄉土中國》，上海人民出版社2006年版，第49～56頁。
〔註18〕 〔美〕杜贊奇著，王福明譯，《文化、權力與國家——1900～1942年的華北農村》，江蘇人民出版社2004年版，第10、15～16頁。

中介〔註19〕。

　　關於鄉村權力結構的運作情形，學者們也做了諸多研究。我們在這裏僅選擇較有權威性的研究做一介紹。費孝通以「雙軌政治」的提法分析了縣以下權力結構運作的具體情形：由縣衙的胥吏差人到地方上來把官府命令傳給鄉約（鄉約是個苦差，大多由人民輪流擔任，沒有權勢，只是充當自上而下的那道軌的終點），鄉約接到衙門裏的公事後，去請示自治組織裏的管事（管事也就是紳士，他們必須有社會地位，可以出入衙門，直接和有權修改命令的官員協商），如果管事認爲官府命令能接受，則進入執行環節；管事如果認爲不能接受的話就退回去，然後憑藉其紳士地位和地方官員以私人的關係開始接頭，如果接頭的結果達不成協議，管事會自己或委託親戚朋友，再往上行動，到地方官上司那裏去交涉。協議達成了，命令會修改，鄉約回鄉執行。〔註20〕也就是說，代表官府的胥吏衙役和代表士紳的鄉約直接打交道，其背後的權力則分別是官府和士紳。《皇權和紳權》一書中胡慶鈞的文章對此也有較爲詳盡的分析。〔註21〕

　　黃宗智通過對寶坻縣的檔案和滿慣實地調查中的六個村莊的考察，展現出來的19世紀的鄉村權力結構和上述的分析較爲相近，只是他將研究進一步深入，推進到了自然村層面上的權力結構。他認爲，清政府的正式官僚機構到縣衙門爲止，平均管轄20個自然村的鄉保級政權是國家權力下延的界限。作爲最基層的半官職人員的鄉保是地方領導層和國家權力之間的緩衝人物，由地方眞正的領導即士紳、首事等推舉產生，然後由縣衙門正式批准。自然村的領導則一般由自然村宗族組織中富有且能幹的人出任，是內生的村莊領袖，一般是自然村利益的維護者。

### 3、傳統中國鄉村的教化體系

　　傳統中國的統治階層，一般來講非常重視教化在統治中的作用，從董仲舒的「罷黜百家，獨尊儒術」被統治者採納之後，從「立太學以教於國，設癢序以化於邑」開始，統治階層就在探索並利用各種各樣的教化方式，就鄉村治理

---

〔註19〕　參見張鳴《鄉村社會權力和文化結構的變遷（1903～1953）》，廣西人民出版
　　　　　社2001年版，第7～20頁。
〔註20〕　參見費孝通《鄉土重建·基層行政的僵化》，載《鄉土中國》，上海人民出版
　　　　　社2006年版，第147～150頁。
〔註21〕　參見胡慶鈞《論紳權》、《兩種權力夾縫中的保長》、《從保長到鄉約》，載費孝
　　　　　通、吳晗等著，《皇權與紳權》，嶽麓書社2012年版，第106～132頁。

而言，教化方式的運用則更爲凸顯，傳統中國的鄉村治理總體而言是一種費孝通先生所講的「禮治」，鄉村的權力主體往往又是鄉村的文化權威，和鄉村的教化體系密不可分。從漢代在鄉村設三老專門掌教化到唐宋強調地方官在統治中注重教化的職能，再到宋明清，鄉村社會發展出了一套完整的教化體系。其中仝晰綱的研究主要考察了漢朝的鄉里教育與教化〔註22〕；王美華從革除陋習民俗、推行禮儀、勸行孝悌及興學養士等方面考察了地方官教化職能的制度化與規範化及推行教化的地方官從高到低的發展趨勢；〔註23〕張瑞泉從鄉約、耆老・鄉飲酒禮、宗族、義學與戲曲・小說五個方面考察了清代的鄉村教化的制度化狀況；〔註24〕王先明、尤永斌認爲清朝的鄉村教化體系是一個包括官方與非官方的教化組織與形式在內的二元同構性組織系統，其中官方的教化組織與形式包括社學、書院、保甲與旌表，非官方的教化組織與形式包括宗族、鄉約、私塾、義學及宗教戲曲等，在這個二元同構體中，紳士階層起著社會紐帶與領導力量的作用。這一教化體系在鴉片戰爭以後受到持續衝擊，鄉村教化的組織形式、內容等都發生了變化，晚清的鄉村教化體系出現了教化組織、教化主體的多元化，傳統的鄉村教化體系受到了衝擊。〔註25〕

### 4、傳統中國鄉村的組織與制度

傳統中國鄉村的各種組織和制度在鄉村治理中發揮了重要的作用，學者們在這一方面的研究成果也比較豐富。宗族既是鄉村社會治理中的一個極爲重要的權力平臺，也是一種組織和制度，關於宗族的研究我們在前文中已有介紹，在此不再贅述。除此之外，關於鄉村制度的研究比較有代表性的如聞鈞天的《中國保甲制度》（上海商務印書館，1935年版）對保甲這一源遠流長的鄉村管理制度的來龍去脈及其功能進行了闡述；黃強的《中國保甲實驗新編》（正中書局，1936年版）主要從歷史與現實的角度出發，對保甲制度在當時中國的實用性進行了論證；楊開道的《中國鄉約制度》（山東省鄉村服務人員訓練處印，1937版）對鄉約這一源於宋朝的由民間士紳自發創立的自治制度的作用、演變

---

〔註22〕 參見仝晰綱《道德教育與漢代鄉治》，載《學術論壇》，2000年第5期；《秦漢時期的鄉里教育》，載《山東師大學報・社會科學版》，1991年第5期。

〔註23〕 王美華，《唐宋時期地方官教化職能的規範與社會風俗的移易》，載《社會科學輯刊》，2006年第3期。

〔註24〕 張瑞泉，《略論清代的鄉村教化》，載《史學集刊》，1994年第3期。

〔註25〕 王先明、尤永斌，《略論晚清鄉村社會教化體系的歷史變遷》，載《史學月刊》，1999年第3期。

進行了闡述，趙秀玲的《中國鄉里制度》（社會科學文獻出版社，1998 年版）則在借鑒聞鈞天與黃強所做研究的基礎上，對中國鄉里制度的起源與嬗變，鄉里組織的領袖與管理形式，鄉里制度與宗族家庭制度、與官僚政治、與紳士以及與農民的關係做了一一闡述，並認爲鄉里制度既是國家政權試圖控制鄉村的制度性設計，也爲民眾提供了參與鄉村事務的制度平臺。

　　關於鄉村社會的組織，除了宗族、家族之外，還有諸多民間社會自發創立的其他組織，關於這方面的研究散見在學者們的相關論述中，比如王日根在其著作中對會館、會社在基層治理中的作用的研究；〔註 26〕魏光奇的著作則對地方存在的自發組織的團會如分別承擔某些農村社會職能的青苗會、農林會、練莊會、戒賭會、水會、救火會、老人會、堤工局等進行了簡要介紹；〔註 27〕鄭起東在其著作中專設一章對農村的社會組織包括自治、自衛、互助、教育、娛樂、宗族、宗教等組織進行了介紹；〔註 28〕張鳴也在其著作中對傳統鄉村社會的民間組織及其政治功能做了概括性的點評，這包括保護莊稼的看青會、興修水利的連莊會（有的廟會組織也兼管此事）、主管互助的臺會、最常見的進香的香會和迎神的賽會以及與此有關的戲頭和演戲與張羅演戲的組織。〔註 29〕

### （二）近現代以來傳統中國鄉村治理的巨變

　　清末民國以來，鄉村社會在經濟發展、政治生態、文化教育、權力結構、組織形態等諸多方面都發生了深刻的變遷，學者們圍繞著鄉村治理巨變的原因、具體情形以及後果等方面進行了探討，下面我們對相關研究成果做一介紹。

### 1、對鄉村治理巨變原因的探討

　　對於清末民國以來鄉村治理的巨變，不少學者都指出其根源在於中國「數千年以來未有之大變局」的發生，即這不僅僅是傳統中國王朝末年那種常見的鄉村的破敗與崩潰，而是被納入世界體系之後的中國要進行所謂「富國強

〔註 26〕　參見王日根，《明清民間社會的秩序》，嶽麓書社 2003 年版。
〔註 27〕　魏光奇，《官治與自治：20 世紀上半期的中國縣制》，商務印書館 2004 年版。
〔註 28〕　參見鄭起東，《轉型期的華北農村社會》一書的第二章「農村社會組織」，上
　　　　　海書店出版社 2004 年版。
〔註 29〕　參見張鳴《鄉村社會權力與文化結構的變遷》一書「傳統鄉村社會的民間組
　　　　　織及其政治功能」的論述，廣西人民出版社 2001 年版，第 24～30 頁。

兵」的現代化的大背景下鄉村治理發生的大變革。對於巨變的原因，梁漱溟、杜贊奇、張鳴、羅志田等都展開了比較有分量的學術探討。

梁漱溟在其《鄉村建設理論》一書中指出，自鴉片戰爭以來，中國的歷史就是一部鄉村破壞史，破壞的根由有三個方面：一是政治屬性的破壞力，即兵禍匪亂、苛捐雜稅等；二是經濟屬性的破壞力，以外國經濟侵略為主，洋行買辦等則是助手；三是文化屬性的破壞力，即從禮俗、制度、學術、思想的改變而導致的種種破壞力，其中主要由自毀引起的文化失調是極嚴重的，這就是對於西洋的模倣追趨和對固有文化的厭棄反抗所引發的自覺破壞〔註30〕。

杜贊奇的《文化、權力與國家：1900～1942 年的華北農村》一書通過考察慣調中 6 個村莊的縮影，反映了 1900～1942 年間中國國家政權的建設所導致的政權與華北鄉村社會間關係的變化，指出了國家政權下沉到鄉村所引發的鄉村衰敗和國家政權現代化失敗的嚴重後果。他認為，為了加強控制和汲取資源，這一時期國家政權不斷地向鄉村擴張和延伸，結果引發了國家政權的「內卷化」，並導致了國家政權現代化的失敗。作者認為國家政權現代化失敗的主要原因包括主客觀兩個方面，從主觀方面而言，是國家政權在現代化意識形態偏見的影響下，力圖斬斷同傳統的甚至被認為是落後的文化網絡的關係，在文化網絡外建立新的政治體系的企圖的不成功；而從客觀方面來看，則是現代化的國家政權財政需求過快，與傳統農業經濟的發展不相適應，而彌漫在中國大地上的戰爭和各級軍政當局的繁重勒索又加劇了汲取錢財的需求。

張鳴則考察了 1903～1950 年間鄉村社會的權力與文化結構的變遷，向我們展現出農村的政治格局如何從鄉紳主導的鄉村自治變為國家政權支撐的「幹部統治」，發達的民間社會組織是怎樣被排擠出局等問題〔註31〕。張鳴認為，中國農村的破敗，戰亂是一大原因，但更深刻的原因是被納入資本主義

---

〔註30〕 參見梁漱溟《鄉村建設理論》，上海人民出版社 2011 年版，第 10、54～61 頁。
〔註31〕 見該書第 2 頁。「在這個打著現代化招牌的軍事化進程中，原有的民間社會空間受到國家政權的全力擠壓和侵蝕，通過這種擠壓和侵蝕，實現國家政權的擴張，最大限度地將農村的資源集中到國家政權手上，以實現所謂『富國強兵』的目標。這種趨勢雖然沒有將民間組織完全驅逐出局，但畢竟將農村的自組織系統摧殘得七零八落，農村原有的互助、宗教、公益、自衛以及娛樂的功能大面積萎縮。」——張鳴，《鄉村社會權力和文化結構的變遷（1903～1953）》，廣西人民出版社 2001 年版，第 3 頁。

世界體系後殖民性破壞以及中國自身城市導向的現代化的結果。

　　另一學者羅志田認爲，是近代以降帝國主義的全面入侵造成了中國權勢結構的巨變，而中外競爭的新局面使得朝野面臨著政治方向、政治結構和政治倫理的根本變革。傳統中國的王朝政治模式作爲一個推行了數千年的小政府政治模式，被迫走向必須展現政府作爲的「富強」新路；而制度的困境，則使新政帶有自毀的意味。無論是廢科舉辦新學還是實施地方自治，都發生了意料之外的「國進民退」的後果，導致權力下沉、捐稅增加，民怨沸騰，鄉村衰敗。〔註32〕

### 2、鄉村文化教育、權力結構與組織形態的變化

　　清末民國時期，鄉村文化教育的蛻變是學者們研究的一個熱點話題。不少學者都考察了廢科舉、興新學在鄉村所引發的後果，這就是使得教育資源主要向城市傾斜，鄉村被日漸拋棄，鄉村社會讀書人數量日益減少，文盲率增加，鄉土精英持續外流到城市接受新教育，而接受了新教育後的青年要麼不願意回鄉村，即使回去也發現所學知識在鄉村無用武之地，這些最終導致了城鄉二元格局的形成。在這方面比較有代表性的成果是羅志田和王先明及王先明帶領的學術團隊所做的相關研究。〔註33〕

　　與鄉村文化教育的蛻變密切相關的另一大變化就是鄉村社會權力結構的變化。這種權力結構變化的一個方面是鄉紳階層數量方面的減少與質量方面的惡化。數量上的減少與質量上的惡化的原因在於：科舉制的廢除，使得紳士階層的繼替發生中斷，而辦新學又使得鄉土精英不斷外流，這樣鄉土社會日漸缺少文化精英；與此同時，清末民國時期國家權力不斷下沉以汲取資源，又使得留在鄉村的本就不多的精英日漸退出鄉村社會的公共事務。這樣就導致了掌握鄉村權力的人物要麼是已經劣化的鄉紳，要麼是以前處於鄉村邊緣的地痞惡霸式

〔註32〕 參見羅志田，《革命的形成：清季十年的轉折（上）》，載《近代史研究》2012年第 3 期；《革命的形成：清季十年的轉折（中）》，載《近代史研究》，2012年第 6 期及《國進民退：清季興起的一個持續傾向》，載《四川大學學報（哲學社會科學版）》，2012 年第 5 期。

〔註33〕 參見羅志田《科舉制廢除在鄉村中的社會後果》，載《中國社會科學》，2006年第 1 期；王先明、李麗峰《近代新學教育與鄉村社會流動》，載《福建論壇‧人文社會科學版》，2005 年第 8 期；郝錦花、王先明《清末民初鄉村精英離鄉的「新學」教育原因》，載《文史哲》，2002 年第 5 期郝錦花、王先明《從新學教育看近代鄉村文化的衰落》載《社會科學戰線》，2006 年第 2 期及郝錦花《新舊學制更易與鄉村社會變遷》，人民出版社，2009 年版。

的人物，這些人物主要成為國家政權汲取資源的代理人，並且在汲取資源的過程中中飽私囊，這導致了鄉村社會權力結構的質變，杜贊奇用「國家政權的內卷化」及「贏利型經紀」取代「保護型經紀」來形容這一變化。〔註34〕

鄉村社會權力結構變化的另一個方面是隨著清末地方自治的開展所導致的紳權的日益正式化，傳統社會中躲在幕後的擁有非正式權力的士紳們走向前臺，從傳統的不經手稅收到主動籌款，其行使權力的功利性成分日漸增多，而文化與道德威權的色彩越來越少，從而使得士紳的傳統的居於官民之間的緩衝角色發生了變化，紳民衝突日漸增加，基層的官、紳、民關係發生了紊亂。羅志田與王先明在這方面的研究較有代表性。〔註35〕

伴隨著鄉村文化教育的衰敗與權力結構的惡化，鄉村社會的組織形態也發生了重大變遷。尤其是進入民國之後伴隨著軍閥混戰而來的苛捐雜稅及各種攤派，國家權力不斷下沉以實現整合與汲取資源的目的，使得鄉村社會人員不斷外流，諸多自治性組織受到衝擊，有些組織日漸廢弛，有些組織的自治功能發生變化，成為國家汲取稅收與資源的工具。如鄭起東認為農村的社會組織（其「基本內核」是農村自治組織）原本獨立於國家權力之外，但近代以來，國家力圖整合農村社會，使其納入「國家建設」的軌道，結果不但未能完成「國家重建」，反而將農村自治組織改造成為了「尋租」組織。〔註36〕王洪兵通過考察民國時期華北農村青苗會組織的變遷揭示出了近現代以來國家政權不斷對村莊內生的組織機構進行蠶食，以國家的正式行政編制取代村落內部自生的組織形式的過程。〔註37〕

所有這些方面的變化都導致了鄉村政治生態的急劇惡化，國家對鄉村社會的治理越來越依靠行政強控制的手段，傳統中國的那種柔性的主要靠文化

---

〔註34〕 參見〔美〕杜贊奇著，王福明譯，《文化、權力與國家——1900～1942 年的華北農村》一書中「國家政權的現代化與地方領導」及「結論」兩部分的論述，江蘇人民出版社 2004 年版，第 156～187 頁。

〔註35〕 羅志田《國進民退：清季興起的一個持續傾向》，載《四川大學學報（哲學社會科學版）》，2012 年第 5 期；王先明《鄉紳權勢消退的歷史軌迹——20 世紀前期的制度變遷、革命話語與鄉紳權力》，載《南開學報》（哲學社會科學版），2009 年第 1 期；《士紳階層與晚清「民變」——紳民衝突的歷史趨向與時代成因》，載《近代史研究》，2008 年第 1 期及《變動時代的鄉紳——鄉紳與鄉村社會結構的變遷（1901～1945）》，人民出版社，2009 年版。

〔註36〕 鄭起東，《轉型期的華北農村社會》，上海書店出版社 2004 年版，前言第 3 頁。

〔註37〕 王洪兵，《衝突與融合：民國時期華北農村的青苗會組織》，載《中國社會歷史評論》，第七卷，2006 年，第 337～360 頁。

及教化的柔性治理手段日漸被廢棄。

此外，關於清末民國時期的鄉村研究，值得一提的還有三本綜合性著作。叢翰香主編的《近代冀魯豫鄉村》（中國社會科學出版社，1995 年版）一書從社會經濟史的角度，考察了鄉村的社會結構、市鎮、農業和手工業，以及田賦和徭役的演變和發展，爲我們展現了一幅近代以降冀魯豫鄉村變化的全景圖。魏光奇的《官治與自治：20 世紀上半期的中國縣制》（商務印書館，2004年版）在簡單介紹中國古代的縣制與鄉里組織的基礎上，著重考察了從清末新政到北洋政府再到國民政府時期縣制的沿革，刻畫出了 20 世紀上半期中國縣制的演變脈絡，描摹出了「紳權」正式化、組織化及其消長以及新的地方精英對縣及縣以下公共事務參與的情形。從中我們可以瞭解到在從古代的「王權止於縣政」到城鎮鄉自治到區鄉行政確立再到「寓保甲於自治」的縣制改革的背景下，鄉村治理演變的歷史與制度背景。任吉東的《多元性與一體化——近代華北鄉村社會治理》（天津社會科學院出版社，2007 年版）利用藏於北京第一歷史檔案館的寶坻縣刑房檔案與河北省檔案館館藏的獲鹿縣檔案，通過對清末獲鹿與寶坻兩地的比較研究，展現了傳統中國的鄉村治理在國家力圖建立一體化的行政體系過程中，由於鄉村內生秩序的不同而呈現出的多元狀態；而在討論現代化過程中由於國家政權下沉而導致的鄉村治理轉型時，又通過對民初獲鹿縣的考察，揭示出因爲國家政權建設對鄉村的改造而出現的一體化趨勢。

當然，鑒於中國遼闊的幅員和非勻質性的自然地理環境，清末民國時期的鄉村治理也有延續傳統中國鄉村治理的例外。前述李懷印對河北獲鹿縣的研究就表明民國時期獲鹿縣的縣政府對縣下的鄉村基本上採取的仍是傳統中國鄉村治理的模式，而在這種治理模式下，獲鹿縣的鄉村秩序得以較好地維持。廣東省社科院的陳忠烈以對檔案材料的分析解讀爲基礎，在對民國珠江三角洲的圍董和圍董會所做的研究中指出，由於當時的省政府沒有運用行政手段強行改變過去支撐著農田水利管治權正常運作的那部分傳統社會組織資源，因此在變化了的形勢下，那些諸如宗族、神廟和民間公約的傳統組織仍然有能力作出適應時代形勢的調適與改革，發揮出積極的作用，從而較爲順利地實現了珠江三角洲水利管治權的新舊形態的轉換。〔註38〕

〔註38〕參見翁有爲、徐有威《「近代中國鄉村社會權勢國際學術研討會」綜述》，載《史學月刊》，2004 年第 11 期。

## （三）當下中國的鄉村治理

學者們圍繞著當下中國的鄉村治理所做的研究也頗為可觀，這些研究中既有側重於展現鄉村治理現狀的田野調查和實證研究，也有圍繞著鄉村治理如何改革的政策建議與理論探索，還有綜合性的研究即在個案調查的基礎上探索鄉村治理問題的原因所在，並提出相應的政策建議和理論思考。

在鄉村治理現狀的實證研究中，「華中鄉土派」以及與這一學派有淵源關係的學者們做了大量的田野調查工作，出版了不少相關著作〔註39〕，他們的早期研究主要關注村民自治的運作績效、意義、功能及其理論資源，對於以村民選舉為主要特徵的農村基層民主給予了較高的期望與評價；〔註40〕但隨

---

〔註39〕 實證研究的代表作可參考吳毅《村治變遷中的權威與秩序——20 世紀川東雙村的表達》（中國社會科學出版社 2002 年版），吳毅、吳淼《村民自治在鄉土社會的遭遇——以白村為個案》（華中師範大學出版社 2003 年版）及《小鎮喧囂——一個鄉鎮政治運作的演繹與闡釋》（三聯書店 2007 年版）；賀雪峰《中國村治模式：若干案例研究》（山東人民出版社 2008 年版）；仝志輝《選舉事件與村莊政治》（中國社會科學出版社 2004 年版）；董磊明《宋村的調解——巨變時代的權威與秩序》（法律出版社 2008 年版）及羅興佐《基層民主建設研究——基於全國 10 省 14 村的村級民主管理調查與分析》（湖北人民出版社 2009 年版）等。除華中鄉土派學者外，與其有淵源關係的張厚安、徐勇、項繼權等《中國農村村級治理——22 個村的調查與比較》（華中師範大學出版社 2000 版）也是一部典型的田野調查著作。此外，應星的《大河移民上訪的故事》（三聯書店，2001 年版）、曹錦清的《黃河邊上的中國——一個學者對鄉村社會的觀察與思考》（上海文藝出版社，2000 年版）也是較有代表性的個案研究的代表作。

〔註40〕 這一觀點的代表性學者為徐勇，可參考其著作《中國農村村民自治》，華中師範大學出版社，1997 年版及論文《中國民主之路：從形式到實體——對村民自治價值的再發掘》（載《開放時代》，2000 年 11 月）；《我國基層民主政治建設的歷史進程與基本特點探討》（載《政治學研究》，2006 年第 4 期）及《現代國家的建構與村民自治的成長》（載《學習與探索》，2006 年第 6 期）。但針對村民自治對中國民主化進程的促進作用，其實學者們的觀點早有分歧，仝志輝將其分為以徐勇為代表的推進派，以黨國英為代表的懷疑派，以沈延生為代表的否定派（參見王麗、孟軍《鄉村治理的方法論：總結與反思》，載《理論導刊》，2006 年 12 月）。對村民自治在鄉村治理中的作用，也有不少學者持懷疑和否定態度，代表學者如榮敬本認為在壓力型體制下，村民自治的空間非常小（榮敬本《從壓力型體制向民主合作體制的轉變——縣鄉兩級政治體制改革》，中央編譯出版社，1998 年版）；徐湘林認為村級自治和民主選舉是形式上的，國家通過基層行政機構對農村社會的強控制治理模式並沒有發生本質上的變化（徐湘林《「三農」問題困擾下的中國鄉村治理》，載《戰略與管理》，2003 年第 4 期）；何清漣也提出為什麼現在中國鄉村組織面臨重建時，竟無法回到過去那種文明程度要高一點的「鄉紳統治」格局，而是能讓大批

---

著對村民自治實證研究的展開與中國愈演愈烈的三農問題的蔓延，華中鄉土派中的不少學者對村民自治的意義和效果產生了質疑，逐漸發現了其瓶頸所在，其關注範圍擴展到內涵更廣的鄉村治理，包括探求轉型期鄉村社會的性質，分析村莊的權力結構、治理資源及村莊秩序的社會基礎，通過研究自上而下的政策、法律和制度在農村實施的過程、機制和結果來理解中國農村，由此試圖為中國農村及中國整體的現代化提出其理論說明和實踐方案。〔註41〕

　　在鄉村治理資源的研究方面，王銘銘、蘇力、梁治平等學者認為應反思經典現代化理論關於傳統與現代對立性兩分的觀點，要善待並充分發揮宗族、包括民間信仰在內的宗教、傳統文化及習慣法的作用〔註42〕；而王滬寧、徐勇等則強調制度建設的重要性，認為鄉村秩序重建的希望只能來自制度創新，傳統不僅無益而且也無可避免地衰落了，以代表制民主為典型的由能人到法治的制度空間正在成長〔註43〕。關於鄉村社會的組織方面，張鳴認為傳

---

連《現代化的陷阱》，今日中國出版社，1998年版，第309頁）。

〔註41〕華中學者的這一轉型較為集中地體現在賀雪峰身上，他在其研究中以經濟社會分化和社區記憶兩個因素為標準，分析了村莊社會關聯的類型以及鄉村治理的結構與類型，並將村莊的權力結構分為體制精英—非體制精英—普通村民三個層次。參見仝志輝、賀雪峰《村莊權力結構的三層分析》（載《中國社會科學》，2002年第1期）；賀雪峰、仝志輝《論村莊社會關聯——兼論村莊秩序的社會基礎》（載《中國社會科學》，2002年第3期）及賀雪峰、董磊明《中國鄉村治理：結構與類型》（載《經濟社會體制比較》2005年第3期）。此外，徐勇本人後來也發現了村民自治的困境，但仍然對其給予希望。參見其文章《村民自治的成長：行政放權與社會發育——1990年代以來中國村民自治發展困境的反思》，載《開放導報》，2004年第6期。

〔註42〕參見王銘銘《村落視野中的文化與權力》，生活·讀書·新知三聯書店，1997年版；蘇力《法治及其本土資源》，中國政法大學出版社，1996年版；梁治平《鄉土社會中的法律與秩序》，載《鄉土社會的秩序、公正與權威》，中國政法大學出版社，1997年版。此外，錢杭、謝維揚的《傳統與轉型：江西泰和農村宗族形態》（上海社會科學院出版社，1995年版）通過對區域性宗族的系統考察認為漢人宗族的重建和轉型，不但有可能導致血緣因素在中國現代農村生活中的作用取得某種新的形式，而且還可能有助於推動並提高鄉村社會的自治程度和有序程度；轟莉莉的《從小傳統看儒家文化的影響》（載《社區研究與社會發展》，天津人民出版社1996年版）通過實地調查後認為儒家賦予的道德理想，成為了宗族、血緣集團內部及外部的各種倫理道德、生活中規矩的根基，並因此形成有序農村社會的基礎。

〔註43〕王滬寧，《當代中國村落家族文化》，上海人民出版社1991年版，第278～288頁；徐勇《從能人到法治——中國農村基層政治模式轉換》，載《華中師範大學學報》，1996年第4期。

統中國農村社會是具有非常強大的組織能力的，目前改善農村狀況，彌補農村的不二法門，就是使農村的組織資源再生，培養農民的自組織能力；吳重慶認爲在鄉村社會自組織資源嚴重流失的情況下對宗族等傳統網絡的再利用，起碼是提高村民自組織能力，達成村民自治的策略性選擇；〔註 44〕賀雪峰也認爲宗族的復興不僅意味著社區歷史記憶的恢復，而且在農民價值實現上，在重塑鄉村秩序上都在發揮著重要的作用；〔註 45〕而于建嶸則認爲，要警惕宗族勢力對農村基層政權的不良影響。〔註 46〕

在如何走出當下鄉村治理困境的研究方面，賀雪峰、莊孔韶等強調文化建設的重要性，賀雪峰認爲文化建設才是新鄉村建設的關鍵，進而提出了「低消費、高福利」的鄉村建設之路；〔註 47〕莊孔韶認爲鄉土精神正在被單純市場經濟的金錢力量取代，而沒有文化精神寄託的鄉村一定沒有未來的前程，因此需要和農人一起討論和整理鄉村人民的精神世界，推動已有的民俗生活，從而促成基層的文化認同。〔註 48〕張和清則認爲只有在中國鄉村逐步恢復鄉村自治、「善人善治」的「善政」格局，才能徹底擺脫中國鄉村治理的困境。〔註 49〕還有些學者則提出了針對基層政權建設改革方面的鄉村治理結構轉型，如徐勇提出「縣政、鄉派、村治」的農村治理結構主張，即將縣政權建設成爲國家在農村的基層政權，縣以下的鄉成爲縣的派出機構，村委會的工作則主要是搞好村民自治〔註 50〕；沈延生提出，應該在農村實行公務員制，實現「鄉治、村政、社有」〔註 51〕；于建嶸則主張鄉鎮自治〔註 52〕。吳理財認爲，科層化治理是鄉村治理的一個誤區，鄉鎮政府更須植入鄉村社會的「權

〔註 44〕 參見馮小雙，《閱讀和理解轉型期中國鄉村社會——「轉型期鄉村社會性質研究」學術研討會綜述》，載《社會學研究》，2002 年第 1 期。

〔註 45〕 賀雪峰、仝志輝，《論村莊社會關聯——兼論村莊秩序的社會基礎》，載《中國社會科學》，2002 年第 3 期。

〔註 46〕 于建嶸，《要警惕宗族勢力對農村基層政權的影響》，載《江蘇社會科學》，2004 年第 4 期。

〔註 47〕 賀雪峰，《鄉村的前途》，山東人民出版社 2007 年版。

〔註 48〕 參見莊孔韶，《中國鄉村研究三十年》，載《開放時代》，2008 年第 6 期。

〔註 49〕 參見張和清，《重塑權威之下的善政格局——中國鄉村治理困境分析》，載《人民論壇·學術前沿》，2012 年第 10 期。

〔註 50〕 徐勇，《縣政、鄉派、村治：鄉村治理的結構性轉換》，載《江蘇社會科學》，2002 年第 2 期。

〔註 51〕 沈延生，《村政的興衰與重建》，載《戰略與管理》，1999 年第 6 期。

〔註 52〕 于建嶸，《鄉鎮自治：根據和路徑》，載《戰略與管理》，2002 年第 6 期。

力的文化網絡」之中，而科層化治理根本不可能在這個「文化網絡」中立足、
生存。〔註 53〕徐湘林認爲只有通過國家政策結構上的重大調整和行政管理體
制上的重大改革才有可能徹底解決目前的困境，鄉鎮體制改革既應該著眼於
縣——鄉關係中的權力與責任的對應和平衡，也更應該著眼於鄉鎮權威來源
與利益共同體之間的有機結合和良性互動〔註 54〕；陳明明認爲全能國家和沒
有國家介入的村民自治都是神話，以培育既認同國家又代表和保護社區利益
的新鄉村文化精英爲載體的村自治是當代中國鄉村發展的現實選擇〔註 55〕；
張銘認爲應改變既有的政治與行政強控制思路，這種思路與市場經濟不兼
容，與科學發展觀不協調，因爲人類社會是一個複雜大系統而不是線性系統，
在此基礎上應破除民主選舉的神話，實行鄉土精英治理。〔註 56〕

### （四）英租時期的威海衛鄉村治理

作爲「大英帝國的灰姑娘」，威海衛被英國租借三十二年的歷史鮮有學者
關注，又加之英國歸還威海衛時把租借期間的檔案悉數帶走，更增加了國人
對這段歷史的隔膜與陌生感。威海市檔案館從 1996 年開始先後五次赴英國、
南非等地，通過各種渠道搜集複製了大批英租時期的歷史檔案，爲學者們的
研究提供了第一手資料支持。總體而言，目前對英租威海衛的研究日前主要
集中在英租威海衛事件始末、英租威海衛時期的立法與法律實施狀況、社會
文化及其變遷、人物與思想研究以及鄉村治理方面的研究。其中前三個方面
的研究與本課題的直接聯繫不大，只是爲本課題提供了外圍性的背景資料。
如圍繞著英租威海衛事件的研究和社會文化變遷方面的研究爲我們瞭解英租
威海衛的來龍去脈及英國人治下的威海衛的概貌提供了基本素材〔註 57〕；而

〔註 53〕 吳理財《科層化治理：鄉村治理的一個誤區》，載《學習月刊》，2005 年第 12
　　　　期。
〔註 54〕 徐湘林《「三農」問題困擾下的中國鄉村治理》，載《戰略與管理》，2003 年第
　　　　4 期。
〔註 55〕 陳明明《鄉村政治發展：自治與政治調控》，載《復旦學報》（社會科學版），
　　　　1999 年增刊。
〔註 56〕 張銘《鄉土精英治理：當下農村基層社區治理的可行模式》，載《蘭州大學學
　　　　報》（社會科學版），2008 年 1 月；《農村基層社區當下治理模式之反思》，載
　　　　《江蘇行政學院學報》，2009 年第 1 期；《行政強控制模式之認識根源批判——
　　　　——對當前農村社區治理思路的哲學思考》，載《福建論壇‧人文社會科學版》，
　　　　2011 年第 12 期。
〔註 57〕 英租威海衛事件的研究可參見威海市政協科教文史委員會編《英國租占威海
　　　　衛三十二年》；朱世全《威海衛問題》，商務印書館 1931 年版；鄧向陽《米字

對英租時期的立法與法律實施狀況的研究〔註 58〕展現了中英兩種法律文化在交流碰撞的過程中所發生的衝突與融合，也為我們瞭解英國人的治理方式提供了借鑒。

對英租時期的兩位主要行政長官駱克哈特與莊士敦的個人研究既有介紹性和傳記性的資料研究，也有對兩位行政長官的思想與治理實踐的解讀，這些研究觸及到了他們對中國傳統文化所抱有的欣賞與讚歎態度，以及這種態度與他們的文化守成主義治理實踐間的某種關聯。詹姆斯·亨利對駱克哈特這位學者式的殖民地文官在香港和威海衛的政治生涯及其學術交往和愛好進行了介紹；史奧娜·艾爾利為駱克哈特和莊士敦所做的傳記則全面展現了兩位行政長官的生平、個性、思想及其治理殖民地的理念與治理實踐；雷蒙德萊姆特·布朗給莊士敦所做的傳記則為我們進一步瞭解這位傳統中國歷史上第一位也是最後一位帝師的思想及其對中國時局的看法提供了資料。〔註 59〕

旗下的威海衛》，山東畫報出版社 2003 年版和梁月昌《英艦駛進劉公島——英租威海衛解讀》，中國文史出版社 2005 年版；Pamela Atwell, British Mandarins and Chinese Reformers：The British Administration of Weihaiwei（1898 ～1930）and the Territory's Return to Chinese Ruel, Oxford University Press, 1985。關於英租時期社會狀況的研究可參考張志超，《英租威海衛時期土地交易習慣的歷史考察》，載《山東大學學報》哲學社會科學版，2009 年第 2 期、《英國的統治與威海衛的自殺現象》，載《中國農業大學學報》社會科學版，2009 年第 3 期及《內聚與外放：花生對英租時期威海鄉村社會的影響》，載《江西財經大學學報》，2009 年第 1 期及郭曉《英租時期威海衛社會文化研究》（山東師範大學 2012 年碩士論文）。

〔註 58〕 這方面的研究可參考陳玉心，《清代健訟外證——威海衛英國法庭的華人民事訴訟》，載《環球法律評論》2002 年秋季號；王一強《英租威海衛法律制度研究札記》，載《環球法律評論》，2004 年春季號，《英租威海衛的外來法、本土法與民間法》，載《甘肅政法學報》，2005 年第 5 期；張志超《英租威海衛時期中國法律及習慣的法源考察》，載《昆明理工大學學報》社會科學版，2008 年第 12 期，《徘徊於東西方之間：英租威海衛時期的法治》，載《開放時代》，2009 年第 2 期，《英租威海衛時期的民事訴訟制度》，載《司法》2009 年第 4 輯及王嬈的《英租威海衛司法體制初探》載《環球法律評論》，2005 年第 5 期等。

〔註 59〕 Henry James Lethbridge, Sir James Haldane Stewart Lockhart: Colonial Civil Servant and Scholar. Journal of the Hong Kong Branch of the Royal Asiatic Society, pp. 55～88；Shiona Airlie, Thistle and Bamboo: The Life and Times of James Stewart Lockhart. New York: Oxford University Press. 1989.，史奧娜·艾爾利《回望莊士敦》，山東畫報出版社 2009 年版及 Raymond Lamont-Brown, Tutor to the Dragon Emperor: The Life of Sir Reginald Fleming Johnston, Alan Sutton Publishing, Ltd.1999.

此外，還有中國學者圍繞著莊士敦的儒學思想以及他在治理威海衛期間的實踐所做的研究與解讀，王一強和張志超都認為莊士敦在威海衛的治理是典型的「儒家化」的德治；潘崇則通過對莊士敦的儒學研究和演講來解讀莊士敦對儒學的認識和現代闡釋。〔註60〕

對威海衛鄉村治理方面的研究，章再斌和張志超將英租威海衛時期的鄉村治理實踐分為傳統的鄉紳、宗族、村董聯合治理、總董制治理和鄉村自治三個階段，並分別進行了介紹；張永強和李君對英租時期鄉村治理的特點進行了歸納；高雪討論了威英政府與地方精英的互動模式；王瑞豔則從管理學的角度對英租時期的治理模式作了成本－效益分析的嘗試。〔註61〕

### （五）關於現代化認知與發展模式的研究

「現代化」這一概念作為用來概括人類近五百年以來所發生的社會大轉型的一個新名詞，從20世紀60年代後才在西方社會科學研究中逐漸流行並在80年代引起國內學者的關注，但它所概括的這一歷史進程，早就為人們所熟悉，國內外學者對這一進程的關注與研究也比這一概念的出現早得多。總體來看，國內外學者對現代化的研究涵蓋了以下幾個領域：現代化的含義，現代化與傳統的關係，現代化的歷史包括世界各地諸如西方各國、拉美、東亞和中國等的現代化進程，現代社會的起源及其原因和對現代化道路、模式的理論探討。在這些研究中，和本課題相關度比較大且比較有學術分量的研究包括以下三個方面：

一是關於世界及中國現代化歷史的研究。對世界各國各地區現代化歷史的研究能使我們瞭解並比較在不同的國情和背景下，現代化得以展開的不同樣

---

〔註60〕 王一強《「你們倒使我們的人中國化了」──威海衛辦事大臣莊士敦臨別演說詞的法文化解讀》，載《法制與社會發展》，2004年第5期；張志超《莊士敦：洋儒的理想與威海衛的治理》，載《中國圖書評論》，2010年9月；潘崇《1933年莊士敦的儒學演講及其對儒學的認識》，載《保定學院學報》，2009年11月。

〔註61〕 章再斌《英租威海衛鄉村治理的制度演進》，載《華僑大學學報》哲學社會科學版2008年第1期；張志超《英租威海衛鄉村治理模式的變遷》，載《蘭州學刊》，2008年第12期；張永強《社會現實‧秩序‧價值理念──以英租威海衛時期的鄉村治理為個案》（山東大學2011年碩士學位論文）；李君《英租威海衛時期鄉村治理模式研究》（山東大學2011年碩士學位論文）；高雪《威英政府與威海地方精英間互動之研究》（山東大學2011年碩士學位論文）及王瑞豔的《基於SWOT分析的英租威海衛時期治理模式研究》，載《黃海學術論壇》，2011年第1期。

式，在這一方面，錢乘旦主編的《世界現代化歷程》叢書爲我們提供了一個較好的瞭解世界現代化歷史的窗口。這套叢書在總論卷對現代化研究的理論、學術演變以及現代化的歷史進程和現代化的一些專題進行框架性介紹的基礎上，在其餘九分卷中對包括東亞、北美、拉美、中東、西歐、非洲、南亞、蘇東及澳洲在內的世界各地現代化歷程進行了研究梳理。而圍繞著中國現代化歷史進程的研究則能使我們瞭解中國的現代化得以展開的背景、過程及其中的得失，有關這一方面的研究，較具代表性的人物包括羅榮渠、許紀霖和羅茲曼。羅榮渠提出了一元多線的歷史發展觀，介紹了現代化的世界進程尤其是第三世界及東亞的現代化，並對中國自 1860 年以來追求現代化的歷史及現代化思潮的演變進行了研究，提出了中國應該「會通中西，創新傳統」的現代化道路的設想；〔註62〕許紀霖則主要是從經濟變遷、政治變革、文化思潮與價值體系的演變三大領域對 1800 年到 1949 年間中國追求現代化的歷程進行了剖析；〔註63〕吉爾伯特‧羅茲曼主編的《中國的現代化》則介紹了從 18 世紀到 20 世紀中國展開現代化的國際環境以及中國的政治結構、經濟結構和增長、社會一體化和知識教育諸領域在這三個世紀中的情形及變化。〔註64〕

二是關於現代化與傳統之關係的研究。在這一問題上，學者們的觀點基本上可分爲兩派：一是認爲傳統與現代化是格格不入的，走向現代化的過程就是全面拋棄乃至摧毀傳統的過程，中國的「西化論」學者一般都持有這樣一種觀點，在他們眼裏，現代化就是以西方爲代表的工業化、理性化、民主、科學、個人自由與權利的實現與保障，而中國的傳統中缺乏這些價值甚或是中國的傳統與這些價值的實現格格不入，因此必須要全面拋棄傳統才能走向現代化。主張這一觀點的代表性學者有陳序經、李愼之與袁偉時等。陳序經於 1934 年出版《中國文化的出路》，明確提出「全盤西化論」，認爲西洋的現代文化比我們進步，而且是現代的趨勢，而中國從科學技術到政治教育到禮教道德都落後於西洋，因此要全盤西化才有出路。〔註65〕袁偉時雖然承認中國的傳統文化中有精華成分，但卻認爲中國傳統總體而言是宗法專制的，與憲政法治、民主平等、個人自由、權利等格格不入，因此要向西方學習，對

---

〔註62〕 羅榮渠，《現代化新論——世界與中國的現代化進程》，商務印書館 2009 年版。
〔註63〕 許紀霖、陳達凱主編，《中國現代化史 1800～1949》，學林出版社 2006 年版。
〔註64〕 〔美〕吉爾伯特‧羅茲曼主編，《中國的現代化》，上海人民出版社 1989 年版。
〔註65〕 參見陳序經《中國文化的出路》第五章「全盤西化的理由」的論述，中國人民大學出版社，2004 年版。

中國傳統進行清算，中國的現代化轉型才可能成功。〔註 66〕李慎之用「政教合一的專制主義」來概括中國的文化傳統，認爲兩千多年來中國文化的主流正脈是一種政治的文化、權力的文化，這樣的文化傳統阻礙了中國的現代化，因此必須要進行制度的民主化改革和變中國的「子民心態」爲「公民意識」的啓蒙教育，中國才可能實現現代化〔註 67〕。

另一種觀點則認爲傳統與現代化是相反相成的，拋卻了傳統的現代化是沒有出路也不會成功的現代化，只有立基於傳統基礎之上並對傳統進行創造性轉換的現代化才有可能成功。持這一觀點的代表學者有林毓生、余英時、杜維明、秋風、希爾斯、艾倫·麥克法蘭等。林毓生認爲傳統與現代化存在著不可分割的邏輯關係，爲了有利於現代化，要對傳統進行創造性轉化，轉化過程中，可以吸收外國的文化，但不能生搬硬套地移植，轉化的目的是使經過創造性轉化的傳統的符號與價值系統，變成有利於變遷的種子，同時在變遷過程中，繼續保持文化的認同。〔註 68〕余英時認爲所謂現代化即是傳統的現代化，離開了傳統這一主體，現代化根本無所附麗，因此不要把傳統文化和現代生活籠統地看作是兩個不兼容的對立體，應該努力發掘經過長期篩選的中國文化價值系統中的生命活力，使之適應現代生活並爲當代文明的發展服務。〔註 69〕杜維明則認爲「傳統文化是塑造現代文明的基石，是背景，是『零』，它加在任何數字後面，都是十倍數十倍的增加」〔註 70〕，因此只有以對傳統的多樣性和複雜性的深刻到位的把握做基礎，引入自身傳統的源頭活水，同時深入瞭解西方，在這樣知彼知己的雙重認知下，我們才可能真正汲取西方文化中的精華部分〔註 71〕。秋風則是在整合東西方文化學術資源的基礎上，重新解讀東西方文化以及現代化成功之要件，尤其是在全面反思五四新文化運動的「全盤性反傳統主義」的基礎上，對作爲傳統文化主體的儒家學說進行了正本清源式的再發現與再解釋，挖掘傳統文化中的普遍性價

---

〔註 66〕 參見袁偉時《文化與中國轉型》，浙江大學出版社，2012 版。

〔註 67〕 參見李慎之《中國文化傳統與現代化》，載《戰略與管理》，2000 年第 4 期；《不能忘記的新啓蒙》，載《炎黃春秋》，2003 年第 3 期。

〔註 68〕 〔美〕林毓生，《中國傳統的創造性轉化》，三聯書店，1988 年版。

〔註 69〕 〔美〕余英時，《中國思想傳統的現代詮釋》，江蘇人民出版社，2003 年版及《現代儒學的回顧與展望》，生活·讀書·新知三聯書店，2004 年版。

〔註 70〕 參見杜維明專題：http：//www.aisixiang.com/data/detail.php 抬 id=38222。

〔註 71〕 〔美〕杜維明，《現代精神與儒家傳統》，生活·讀書·新知三聯書店，1997 年版，第 307 頁。

值，並認爲儒家的學說及其實踐有著源遠流長的憲政主義的傳統，而建立儒家式現代秩序也是可欲並可能的。﹝註 72﹞希爾斯的專著《論傳統》一書則認爲一個社會不可能完全擺脫其傳統，傳統也不全是現代社會發展的絆腳石。﹝註73﹞劍橋大學的教授艾倫・麥克法蘭在對中世紀英國進行微觀史料研究的基礎上，顛覆了馬克思與韋伯建構起來的現代性發生學與現代社會轉型的理論，提出英國現代性的發生和現代化進程的展開是一個從傳統社會向現代社會「長入」的過程，是在繼承歐洲中世紀早期的多元社會結構與建基於公民社會之上的個人主義的基礎上逐漸向現代社會邁入的過程。歐洲大陸與英格蘭在 14 世紀前後出現的發展分叉，不是歐洲大陸一直停留在傳統社會中而英國逐漸開始了自己的全新發展，而是歐洲大陸開始背離自己的中世紀傳統而英格蘭卻獨特地將這些傳統保留了下來，並在這基礎上「擴展」了傳統，從而爲英國打造出了通向現代化的可能。﹝註74﹞

　　三是關於現代化含義與發展模式的研究。關於現代化的含義，學者們從經濟學、政治學、社會學、心理學及歷史學等領域進行了探討，認爲工業化是現代化的核心內容，人的現代化是現代化制度與經濟賴以長期發展並取得成功的先決條件；從社會結構方面看，現代化則表現爲社會結構的適應性增長、分化、容納和價值概括化，而政治結構的分化及功能的專門化程度與政治文化中現代風格所佔的優勢則是衡量政治現代性的主要標準。歷史學視野中的現代化則認爲現代化是一個多層面的過程，它涉及人類思想和行爲所有領域裏的變革。﹝註75﹞

　　隨著對現代化含義認知的深入以及世界現代化歷程的推進，對現代化發展模式的認知也經歷了由以線性發展觀爲基礎的「西化論」、「歐化論」向多

﹝註72﹞ 參見秋風，《重新發現儒家》，湖南人民出版社，2012 年版；《儒家式現代秩序》，廣西師範大學出版社，2013 年版及《儒家憲政主義傳統》，中國政法大學出版社，2013 年版。

﹝註73﹞ 〔美〕希爾斯著，傅鏗、呂樂譯，《論傳統》，上海人民出版社，2009 年版。

﹝註74﹞ 參見麥克法蘭關於英國現代性發生問題的論著，《給莉莉的信——關於世界之道》（商務印書館 2006 年版）、《英國個人主義起源》（商務印書館 2008 年版）、《現代世界的誕生》（上海人民出版社 2013 年版）及 Reconstructing Historical Communities（Cambridge University Press, 1977），The Culture of Capitalism（Blackwell, Oxford, 1987），The Making of the Modern World: Visions from the West and East（Palgrave, 2002）。

﹝註75﹞ 具體可參見錢乘旦主編《世界現代化進程・總論卷》的第一章「現代化的概念」的論述，江蘇人民出版社，2010 年版，第 3～15 頁。

元現代性、多元現代化道路的轉變。「西化論」或西方中心主義的觀點從其產生到現在仍然頗有市場，從馬克思的工業發達國家的今天就是工業不發達國家的明天的宣言到 20 世紀六七十年代興起的「依附理論」直到福山 20 世紀 90 年代拋出的歷史終結於自由市場經濟的「歷史終結論」都是這種觀點的代表。而與此同時，多元現代性與多元現代化道路的觀點成爲今天不少學者們的主張，如杜維明在反思大陸啓蒙運動與五四新文化運動的基礎上，提出多元現代性的觀點，並嘗試從東亞發展經驗出發，歸納出「儒家現代性」的特點；〔註 76〕村上泰亮認爲「現代化過程不是不斷清算前工業社會的傳統，向唯一的普遍性靠攏的過程，而是產業化的最低限度的要求與前產業社會的傳統不斷地相互克服，反覆地相互適應的過程，它採取了反映各個社會傳統的多線性發展道路的形式」；〔註 77〕金耀基認爲全球應存在「多元現代性」，「中國的現代化，在根本的意義上，是要建構一個中國的現代性，或者換一種說法，即是要建構一個中國現代文明的新秩序」；〔註 78〕布萊克在其著作中批判了認爲只有照搬西方的制度和價值觀念才能實現現代化的「西化論」的觀點，認爲對於任何一個社會來講，現代化不可避免地要同傳統文化發生互動，與正確對待傳統文化相比，如何對待來自外界的推動力是屬於第二位的問題，與其說現代化是與傳統文化的決裂不如說它在實質上是傳統的制度和觀念在科學和技術進步的條件下對現代社會變化需要所作的功能上的適應，從而具有不同文化傳統的社會，其走向現代化的道路也是不一樣的。〔註 79〕艾森斯塔德則明確提出了多元化現代化模式的觀點，認爲必須正視現代社會結構多樣化的實情，並在此基礎上探索一種能不斷「容納」各種內在於現代化進程中的社會變遷的制度結構。〔註 80〕他後來又提出了多元現代性的觀點，一方面強調現代性作爲一種獨特文明的特殊性，另一方面強調其中的具體制度和

〔註76〕　參見〔美〕杜維明《東亞價值與多元現代性》，中國社會科學出版社，2001
　　　　　年版；《多元現代性中的儒家傳統》，載《文化縱橫》，2010 年第 2 期。
〔註77〕　〔日〕村上泰亮：《對現代化的重新定義》，《現代外國哲學社會科學文摘》，
　　　　　1989 年第 4 期。
〔註78〕　參見金耀基《從傳統到現代》的前言部分，中國人民大學出版社，1999 年版。
〔註79〕　參見〔美〕西里爾·布萊克《日本和俄國的現代化》，商務印書館，1984 年版；
　　　　　《比較現代化》，上海譯文出版社，1996 年版及《現代化的動力》，四川人民
　　　　　出版社，1988 年版。
〔註80〕　〔以〕艾森斯塔德著，張旅平等譯，《現代化：抗拒與變遷》，中國人民大學
　　　　　出版社，1988 年版。

文化模式的巨大可變性和易變性。〔註81〕

綜觀上述五個領域已有的研究，有關鄉村社會治理方面的研究文獻，為我們認識傳統中國的鄉村治理模式與維持機制、清末民國時期鄉村治理巨變的原因與情形以及當下鄉村治理的現狀與治理思路提供了較為清晰的研究背景；而關於現代化認知與發展模式的研究，則為我們瞭解中國走向現代化的艱難探索與曲折歷程，人們對現代化的不同看法以及由此而來的不同發展道路和應對模式提供了多方位的視角，特別是圍繞著多元現代性與現代化多種發展模式的多線開放發展觀的探討，為我們今天開關以鄉村現代化為基礎的、有中國特色的現代化道路奠定了方法論與認識論上的基礎；關於英租威海衛時期鄉村治理的研究雖然處於起步階段，但也為我們進一步的研究提供了文獻資料與初步研究的準備。儘管如此，既有研究還是有些不足，這些不足主要包括以下四個方面：

首先，既有的對傳統中國鄉村社會治理的研究涵蓋了治理主體、治理制度及其演變、國家對鄉村的控制以及鄉村社會的權力和文化結構等方面，但總體而言，對鄉村治理模式的定位及其合理性缺乏有深度的理論分析框架，對鄉村治理模式的形成及其運作背後的社會結構與治理結構背景關注不夠，由此產生了對治理模式定位上的爭論及其合理性認識的偏差。因此我們認為本文對傳統中國鄉村治理模式背後的社會結構尤其是治理結構的宏觀審視和學理分析就成為我們更好地理解傳統中國鄉村治理模式及其合理性所在的必要環節。

其次，針對清末民國以來傳統中國鄉村治理的巨變，不少學者對巨變的原因及情形做了探討，這些探討涉及面相當之廣，涵蓋了政治、經濟與文化教育等諸多領域，但這些研究中除了極少數的研究比如梁漱溟注意到鄉村治理的蛻變是和我們主觀上對現代化的理解偏差有重大關係的，海外學者杜贊奇注意到我們受到現代化意識形態偏見的影響之外，其他的研究大多沒能完全擺脫「全盤性反傳統主義」的影響，對我們當時在一種「雙重無知」（對中國自身傳統的無知與西方現代化之成功背後的傳統支撐的無知）的背景下展開現代化的急行軍，由此摧毀了傳統鄉村自治賴以維繫的整個文化網絡系統和治理結構背景的關注很不夠，因此也很少認識到中國傳統鄉村治理中與現

---

〔註81〕〔以〕艾森斯塔德著，曠新年、王愛松譯，《反思現代性》，三聯書店，2006年版。

代性相合的共性與面相。現有的很多研究都認爲，傳統中國的鄉村治理模式是一種所謂適應小農經濟的治理方式，因此與中國的現代化是格格不入的，必須要摧毀之，然後再重新建立，當年正是這種傳統與現代兩分的思維方式在很大程度上導致了傳統中國鄉村自治的終結，也使得傳統中國鄉村向現代化的轉型之挫敗成爲難以避免的故事，而今天這種思維方式又使得我們在探討日益衰敗的鄉土社會的重建時仍然不得法門而入並出現了兩種很值得商榷的傾向：一種傾向是過分強調以民主選舉爲基礎的村民自治的作用，而沒有看到缺乏文化網絡支撐的民主選舉與自治必然會變形走樣，難以落到實處，收不到預期的效果。另一種傾向是主張行政權力繼續下沉，直接延伸到村一級，通過實行有效的公務員制來重建鄉村，這一觀點的主張者非但沒有看到加強行政強控制與我們這個多元時代不相兼容，而且也沒看到，沒有文化網絡支撐的行政強控制一定是一種高成本、低效率和腐敗風行的治理。由此我們發現，從校正我們對現代化的釋義角度始，到重視鄉村文化網絡的建設，再到注重發揮鄉村精英作用，培養鄉村自治秩序這一思路出發，便形成了一個極有開拓價值的研究空間。

再次，既有的英租威海衛時期鄉村治理的研究較多從史料梳理、歷史敘事角度出發，討論英國人治下的威海衛的變遷路徑與特點，而較少從「比較治理學」的視角去探討英租時期威海衛鄉村治理模式背後的治理理念，以及隱藏在其後的對於傳統與現代性關係的認識；不僅如此，既有研究大多沒能完全擺脫啓蒙思想對傳統全盤否定的陰影，很少對中國的鄉村治理傳統作出正面評價，從而很難對傳統與現代性在鄉村治理領域對接的可能性與必要性作出理論上有力的說明；而且既有研究也缺乏對世界現代化進程及其內在機理深入與全面把握的宏觀視野，因而缺乏一種高屋建瓴、從人類文明間交流、溝通與對話的角度去看待東西方在鄉村治理藝術上對接的可能與必要。

最後，對於傳統中國的鄉村治理方式能否與現代化成功對接，筆者至今尚未看到正面性的個案研究。秋風的《錢塘江以南中國：儒家式現代秩序》一文論述到儒家傳統保留較多的地方，往往也是更爲容易建立與實現現代秩序的地方，其觀點在很大程度上與我們的主張相契合，但在鄉村治理方面似乎還不夠深入和具有典型性。本課題將通過對1898～1930年間英租威海衛時期威英政府對作爲典型華北農村的威海衛的成功治理，提供一個傳統鄉治能與現代化成功對接的正面例證。

　　綜上，本課題在前人研究成果的基礎上，試圖從理論高度揭示出傳統中國鄉村自治運作的社會治理結構背景，由此認識傳統中國鄉村自治賴以運轉的機制與奧秘；然後揭示出清末民國以降我們在內憂外患、救亡圖存的巨大壓力下所展開的現代化急行軍運動如何破壞了傳統中國鄉村自治賴以運轉的機制並由此導致了傳統鄉村治理向現代化轉型的挫敗；而與之形成對比的是，威英政府在傳承傳統中國鄉村治理做法的基礎上進行調適改革，成功創造出了一種治理威海衛鄉村的模式，以此作為分析的基礎來討論威海衛鄉村治理模式的成因所在。最後以英國現代性生發的理論範式的最新變革為基礎，闡明英國現代性的生發是在傳統中逐漸「擴展」出來的，而不是像人們原來認為的，是建基在與傳統告別與決裂的基礎上產生出來的。而背棄傳統世界的結果一定會製造出文明社會的全面倒退，喪失任何生發出現代性的可能，英租威海衛鄉村治理作為從東方傳統中生發出現代性的一個典型個案，作為我們的對話文本，今天對我們而言仍有著重要的方法論意義。

## 三、研究方法與文章結構

　　本文採用的研究方法論和主要方法包括有：解釋學方法，唯物辯證法，系統論方法，個案研究法和檔案文獻資料檢索法。

　　首先，文章將運用解釋學方法以凸顯歷史發展中作為主體的人在認知領域中的建構作用，以及這種建構作用對確立人類自身行為的影響。解釋學的方法認為，人對現實和歷史的解釋不可能做到完全的客觀中立，祛除價值判斷，相反，任何解釋都滲透著「先見」。在特定的時代背景和政治氛圍下，人們對歷史的闡釋會不盡相同乃至大相徑庭，所謂「一切歷史都是當代史」。

　　毋庸置疑，現代化既是我們一百多年來一直在探索的歷史，也是當下我們在努力著的事業。而現代化在當下遇到的諸多問題，尤其是鄉村治理面臨的困境，都使得我們有必要重新去面對、重新去檢討、重新去解釋我們的前人在探索旅途中所走過的道路，需要我們對歷史上曾造成失誤的主體性原因做出反思與檢討。由此我們發現，中國社會現代化轉型艱難的原因，不只包含諸多客觀因素，也有我們自身對於西方成功經驗與現代性的特定詮釋與理解的因素在內。這一方法在豐富我們理解歷史的視界，激活當下對有中國特色現代化道路之開拓的多元探索，達成對昨日之我的超越方面，有著其獨到的地方。

　　解釋學方法表面上與唯物辯證法有一定距離，但是對影響歷史進程的主體因素的注意並不意味著必然陷進主觀唯心的泥淖。文章堅持用「生活世界」本身來說明人們做出特定詮釋的原因，來說明人們做出歷史抉擇的由來，來說明諸多理論最終的命運。正是在這一點上，文章依靠唯物辯證法來確立自己論證的理論邏輯基礎。

　　文章還將運用系統論方法來解釋傳統的鄉村社會自治結構及傳統社會文化網絡形成和發生作用的機理，來解釋作爲複雜大系統的社會不能用簡單線性思維的方式加以強控制。系統論方法認爲系統是現實世界的普遍存在方式，任何一個系統既有不斷調整自己內部各組成因素以適應外界變化的能力，也存在一個「可變異的拓撲空間」，即系統的變遷不是可以無所顧忌的，一旦系統變遷超越自身的「生存底線」，則變遷不僅不會帶來系統的躍遷，而是會使整個系統發生崩潰。在此意義上，系統的變革不僅要注意度的問題，也要注意到自身歷史的「傳承」問題。

　　系統論方法還告訴我們，系統分爲線性系統與複雜大系統兩大種類。對複雜大系統來說，它內在的複雜性、多元性、互動生成性和發展的開放性是它的本質特徵，正是這種特徵使它能夠成爲所謂的「自適應系統」。對複雜大系統的管理是一門藝術，任何建立在線性思維模式基礎之上的強控制都足以摧毀複雜大系統本身。

　　傳統中國鄉村社會的自治結構以及存在於鄉村社會中的傳統文化網絡顯然都是複雜大系統，是自耦合、自發演進而來的系統，不是任何外在力量強加於鄉村社會的。而且諸如此類的系統一旦形成，就有著自己的運行規律，並在與外界的互動中不斷形塑自己。傳統中國鄉村社會的自治結構是一統王權、儒家道統、小政府和低賦稅四者長期磨合演進的產物，在此基礎上形成了鄉村社會的文化網絡。而鄉村社會的文化網絡這一系統的存在既是國家政權在鄉村社會建立自己權威的重要平臺，也是鄉村社會中的各色人物展開活動的平臺，因此在傳統中國，儘管這一系統不斷被破壞，但由於系統得以維持的主要因素能得以保持下來，所以外界條件允許的情況下，這一系統會自我修復並再度運轉。而清末民國時期對這一系統核心部分的破壞，最終導致了系統的坍塌。傳統鄉村自治結構及社會文化網絡作爲複雜系統的坍塌，不僅涉及到國家治理成本與治理績效的問題，而且還涉及到政府的合法性問題，涉及到人類社會文明發展的檔次問題。如何再建我們時代有效的鄉村文

化網絡及其背後的治理結構支撐，是我們今天面臨的重大歷史任務。

　　個案研究方法是當下人文社會學科研究中經常採用的方法。論文採用這一方法以加強帶有共性化的理論假說。本文通過英租威海衛時期鄉村治理的個案研究使理論與歷史、理論與現實得以結合，以此來印證框架性假說，從而增強整體論證的說服力。

　　從歷史或現實中發掘個案是人文社會學科的一大特點，而這一特點決定了我們需要運用大量的檔案文獻資料。論文中有關威海衛鄉村治理個案的檔案資料相對集中在威海，充分運用檔案文獻資料檢索方法是本研究取得成功的重要保證。

　　在文章的結構佈局上，本研究包括緒論在內共有六部分，緒論部分將介紹選題的由來、研究意義、研究現狀和研究方法，論文的主體部分共有五章。第一章對傳統中國的鄉村治理模式進行再認識與再分析，認爲常態下傳統中國的鄉村治理是自治，從政治學的角度而言，這種自治模式的合理性在於，它有著和所有其他成功的人類文明都具備的共性，那就是通過自治的推行運作，使國家權力的運作及其職能保持在合理的界限與範圍之內，從而達成較爲有效地約束公權力這一所有人類文明要想長治久安都必須要遵循的法則，這一章裏還對傳統中國鄉村自治的社會治理結構背景進行詳細的分析，從而加深對傳統中國鄉治模式的認識；第二章在對清末民國時期展開的全國範圍內的現代化急行軍運動的主客觀原因進行分析闡釋的基礎上，對現代化急行軍運動如何破壞了傳統中國的鄉村自治並由此導致了向現代化轉型的挫敗進行描述分析；第三、四兩章是對英租威海衛時期英國殖民者治理威海衛鄉村模式的分析解讀，其中第三章是對威英政府鄉村治理模式的內涵、特點和效果的梳理與總結，第四章則是對這一治理模式建構中積極互動的諸要素的探索，由此加深對這一鄉治模式的理解，發掘其中可供我們借鑒的治理精神與成功因子；第五章是在上述理論探討和案例分析的基礎上，以英國現代性生成的理論範式的新變革爲前提，對話威海衛鄉村治理經驗，進一步挖掘傳統與現代性生成之關係，總結出英租威海衛鄉村治理體現的思路、藝術與著力點所在，並指出這一治理模式在當下對我們所具有的方法論意義。

# 第一章　傳統中國鄉村治理模式再認識

　　作爲世界上最爲成功的農業文明之一，傳統中國對鄉村社會的治理是學者們關注已久的一個大課題，尤其是近現代以來伴隨著中國現代化進程的展開而來的鄉村社會的日益破敗，使得學者們對傳統中國鄉村治理的研究不斷細化、深化。古老的「大一統」文明對鄉村社會實行的是全方位「行政強控制」下的「官治」還是放任無爲讓鄉土社會自我管理的「自治」抑或是居於強控制與自治之間的「折中式治理」？傳統中國鄉村治理模式的合理性何在？其賴以運作的宏觀社會治理結構背景又是如何形成並穩固下來的？傳統中國的鄉村自治是如何運作的？在這一章中，我們將圍繞著這些問題對傳統中國的鄉村治理模式進行重新的認知與評價。〔註1〕

## 第一節　傳統中國鄉村治理模式的定位：自治及其合理性再認識

　　傳統中國的鄉村治理在漫長的歷史演進與治亂交替循環的過程中，形成了複雜多樣的結構形態，要對之作出一種歸類式的概括會不可避免地帶上一種韋伯所謂的「理想類型」的色彩。在這樣一種「理想類型」的歸納下，學術界大體上形成了行政強控制模式與鄉村自治模式兩大觀點的分野，除此之

---

〔註1〕本章第一節和第二節的部分內容曾以《傳統中國鄉村社會治理模式問題再認識》爲題目在《東嶽論叢》2012 年第 11 期上發表。

外，還有一種介於強控制說與自治說之間的折中觀點。在這一節中，我們將在簡單介紹三種觀點的基礎上，對行政強控制說及折中說進行再檢討，並認爲傳統中國的鄉村在常態下是自治的，這種自治不但在傳統中國有著充分的合理性，它亦蘊含著成功文明所具有的共性，因此與現代社會的距離並非如我們想像得那麼遙遠，其自治的精神與內涵值得我們去認眞琢磨與品味。

## 一、傳統中國鄉村治理上的三種觀點

關於傳統中國的鄉村治理，學界大體上存在三種觀點。第一種觀點即鄉村自治觀肇始於馬克斯·韋伯，他在提出傳統中國爲「有限官僚制」的基礎上，認爲皇權的控制力是非常有限的，鄉村是自治的。〔註 2〕韋伯之後，不少學者又對此觀點進行了進一步的研究與確認，美國學者舒維安區分了傳統中國社會的兩種秩序和力量，即「官制」秩序或國家力量與鄉土秩序或民間力量，鄉土秩序以家族（宗族）爲中心，聚族而居形成大大小小的自然村落，每個家族（宗族）和村落是一個天然的「自治體」。〔註 3〕日本學者旗田巍、平野義太郎和清水盛光提出了中國的村落作爲一個共同體進行自治的觀點〔註 4〕。不少中外學者的著作都較爲詳細地分析了宗族和士紳在鄉村社會自治中的主導作用〔註 5〕；張鳴在注意到士紳作用的基礎上，強調發達的民間組織包括各種會社在鄉村自治中的作用〔註 6〕；黃宗智在研究華北農村的基礎上，

〔註 2〕〔德〕馬克斯·韋伯著，王容芬譯，《儒教與道教》，商務印書館 1995 年版，第 142～145 頁。

〔註 3〕具體論述可參見秦暉，《傳統中華帝國的鄉村基層控制：漢唐間的鄉村組織》，載《傳統十論》，復旦大學出版社 2004 年版，第 4 頁。

〔註 4〕參見李國慶《關於中國村落共同體的論戰：以「戒能～平野論戰」爲核心》，載《社會學研究》，2005 年第 6 期。

〔註 5〕比如弗里德曼的《中國東南的宗族組織》、林耀華的《義序的宗族研究》、《金翼——中國家族制度的社會學研究》都揭示出家族與宗族在鄉村社會所發揮的積極作用，特別是在與國家的關係上所體現出來的自我保護和基層社會秩序維持的功能。費孝通的《中國士紳》、費孝通與吳晗等合著的《皇權與紳權》、張仲禮的《中國紳士：關於其在 19 世紀中國社會中的作用的研究》、《中國紳士研究》以及王先明的《近代紳士——一個封建階層的歷史命運》等士紳方面的研究則向我們揭示出，紳士在國家與鄉村社會間的中介作用以及在國家與鄉村社會利益發生衝突時，紳士更多地維護地方社會利益的作用。

〔註 6〕參見張鳴《鄉村社會權力和文化結構的變遷（1903～1953）》一書中關於「傳統鄉村社會的民間組織及其政治功能」一節的論述，廣西人民出版社 2001 年版，第 24～30 頁。

提出了國家──士紳──村莊的三角結構說，注意到了自然村的內生平民領袖在自治中的作用〔註7〕；杜贊奇則用「權力的文化網絡」來分析存在於自治鄉村中的複雜社會關聯；〔註8〕李懷印通過對河北獲鹿縣的檔案研究將鄉村自治的研究進一步推進到了鄉村內的精英與普通民眾的互動上〔註9〕。概而言之，鄉村自治說認為，傳統中國長期以來形成了「皇權不下縣」的傳統，國家對幅員遼闊的鄉村只在宏觀上加以督導，總體而言鄉村只在徵收賦稅差役及重大治安事件上感受到皇權與官府的切實存在，除此之外的鄉村社會公共事務的運作、公共產品的提供和鄉村秩序的維持，則主要依靠宗族、鄉紳及鄉村社會的內生性組織和制度安排，而即使象徵收賦稅、維持治安這樣的官方事務很多時候也是借助於鄉村組織和精英來完成的。國家政權對鄉村社會的控制非常有限，鄉村基本上處於自治的狀態。

　　第二種觀點即「行政強控制」說認為傳統的國家政權通過各種組織、制度及相關人員對鄉村社會實行自上而下的全面控制，胥吏衙役們在政府實現對鄉村的強控制中發揮了主要作用，而由於胥吏衙役的薪水很低甚至沒有薪水，其收入主要靠陋規，所以他們弄權亂政、操縱賦役的現象十分普遍，甚至鄉紳也是國家控制鄉村的代理人。〔註10〕持這一觀點的學者中，對國家全面控制的效果又有兩種不同的看法，一種看法認為這種全面控制是強大有力的，其代表人物是秦暉。秦暉曾以走馬樓吳簡展示的三國時期的農村基層行政結構，說明當時政府權力深度下沉，形成一種政府直接強控制式的「吏民社會」。他由此推論，戰爭動亂分裂時期尚且如此，那麼王朝穩定時期國家的勢力更大，對鄉村社會的控制自然會有過之而無不及。〔註11〕

　　另一種看法則認為，儘管政府設計了全方位的組織和制度，但其控制力卻

---

〔註7〕 參見〔美〕黃宗智，《華北的小農經濟與社會變遷》，中華書局，1986年版，第229～259頁的論述。

〔註8〕 〔美〕杜贊奇著，王福明譯，《文化、權力與國家──1900～1942年的華北農村》，江蘇人民出版社，2004年版，第10、15～16頁。

〔註9〕 〔美〕李懷印，《華北村治──晚清和民國時期的國家與鄉村》，中華書局，2008年版。

〔註10〕 比如秦暉就認為，鄉紳是從朝廷那裏而不是從鄉土關係中得到巨大的利益，憑什麼說他不代表朝廷而代表鄉土利益？參見秦暉《帝制時代的政府權力與責任：關於「大小政府」的中西傳統比較問題》（見 http://iccs.aichi-u.ac.jp/archives/report/010/010_03_08.pdf，第82頁。）

〔註11〕 秦暉，《傳統中華帝國的鄉村基層控制：漢唐間的鄉村組織》，載《傳統十論》，復旦大學出版社2004年版，第30～31頁。

並不強，甚至是常常失效的。這一看法的代表人物是蕭公權（Kung-chuan Hsiao）。他在其《19世紀的中國鄉村》〔註12〕一書中對這一控制體系從治安、賦稅徵收、饑荒救助和意識形態四大領域進行了研究，並認為清王朝架構起的這一控制體系的滲透性是有限的，要依靠對州縣官直接負責的中介以及宗族力量來實現對鄉村的控制。19世紀的整個鄉村控制體系不可避免地蛻化為例行公事，甚至演變為準行政腐敗。他指出，地方自治的觀點與鄉村的控制體系是不相符合的。鄉村表現出來的任何主動性或共同體生活，之所以能被政府容忍，或者是為了便於控制，或者是由於政府認為不必要進行干預。〔註13〕不無矛盾的是，蕭公權在論著中又承認鄉村事務由鄉紳領導，但認為鄉紳通常與普通居民有著不同的利益，所以即使在沒有政府控制的地方，村莊作為一個有組織的共同體，也不是全體居民自我管理的自治體。由此他認為「缺乏自治更接近鄉村生活的實情」。〔註14〕

在傳統中國鄉村治理上的第三種觀點是一種折中觀。這種觀點承認士紳在鄉村治理中的作用，但認為士紳治理並不意味著鄉村自治，因此鄉村社會的治理既不是完全的「官治」，也不是鄉村自治。其代表人物包括瞿同祖、錢端升、項繼權等。瞿同祖和錢端升認為，鄉紳既非選舉產生，也非政府任命，他們的治理身份未經法律正式明確，沒有受法律保護的權利，並常常屈服於地方官的意志；而且，參與治理的只是少數士紳而不是大多數民眾；此外，士紳通常有著與普通民眾不同的、常會引發衝突的利益訴求，而這些都與自治要求不相容。〔註15〕項繼權則認為中國傳統社會鄉村治理的常態既非「自治」，也非「專制」，而是實行「官督紳辦」的體制。〔註16〕

三種觀點看上去似乎都有道理，其中鄉村自治說和行政強控制說還有一定的史料支撐，而且傳統中國政府對鄉村社會的實際控制程度在歷史上也的

---

〔註12〕 Rural China, Imperial Control in the Nineteenth Century, University of Washington Press, 1960.

〔註13〕 Ibid, P.7.

〔註14〕 Ibid, P.264.

〔註15〕 參見〔美〕瞿同祖，《清代地方政府》，法律出版社，2003年版，第337～338頁；錢端升（Ch』ien Tuan-Sheng），The Government and Politics of China, Cambridge：Harvard University Press, 1954. p.4: Kung-chuan Hsiao，Rural China, Imperial Control in the Nineteenth Century, University of Washington Press, 1960. p.264.

〔註16〕 項繼權，《中國鄉村治理的層級及其變遷——兼論當前鄉村體制的改革》，載《開放時代》，2008年第3期。

確是一個動態的，有所消長的過程。因而根據能找到的一些具體史料，把傳統鄉村社會治理的總體狀況用推論的形式定格在某一點上的做法可能都有失之片面之嫌。在這個意義上，對傳統社會鄉村治理的定位首先需要對華夏農業文明作出一種總體性的定位；其次還要考慮大一統社會在自身發展過程中社會結構與治理結構背景逐步發生的變異，這是鄉村治理的結構性背景要素。只有具有了這樣一種高屋建瓴的視野，我們對傳統中國鄉村治理的性質才能有一個準確的定位，對其中蘊含的合理性也才能得出較爲中肯的認知。不過在展開這些內容之前，我們需要先討論一下「行政強控制」說和折中觀的缺失以及不少鄉村自治觀的持有者對鄉村自治合理性評價的局限。

## 二、對「行政強控制」說與折中觀的質疑

在傳統中國對鄉村的控制問題上，行政強控制觀點有著相當的影響力。個中原因歸結起來大體有三：一是這一觀點的提出有著一定的史料支撐，並非空穴來風；二是這一觀點與近現代以來一再得到強化的反傳統思潮較爲合拍；三是與人們對自民元革命後政府權力專斷不斷得以強化的歷史根源的反省有關。儘管這一觀點的流行有著這樣的背景與基礎，我們還是認爲它特別值得商榷。

首先，傳統國家的目標與職能都十分有限，在常態下採用高成本、低效率的「行政強控制」治理手段缺乏必要的動機，也「得不償失」。從治理的縱向發展維度來看，「全能國家」之追求是近現代的產物，是以人類理性膨脹與自負作爲必要前提，以對社會進行「全盤改造」作爲動機的。中國傳統文明對人之理性雖然也相當重視，但眞正走上「理性自負」與蔑視傳統之路，完全是西風東漸的結果。〔註17〕瞭解了這一點，我們就不難明白，自上而下對社會的全方位周密控制，以及與之相關的「極權主義」的問世，都有著一種「現代性」背景。〔註18〕而傳統文明，哪怕是所謂的「大一統文明」都不可

〔註17〕奧克肖特認爲近現代歐洲給世界帶來的最引人注目的政治上的禮物並不是代議制，不是「平民」政府，實際上也完全不是任何式樣的政府，而是以信念論的方式統治與被統治的抱負與靈感。參見〔英〕邁克爾·奧克肖特著，張銘，姚仁權譯，《信念論政治與懷疑論政治》，上海譯文出版社 2009 年版，第192 頁。

〔註18〕支持這一說法的學者不少，我們這裏引證的是阿倫特的一個基本看法。參見〔美〕漢娜·阿倫特著，林驤華譯，《極權主義的起源》，生活·讀書·新知三聯書店 2008 年版，第 2～17 頁。

能有全盤改造社會的宏大目標，不可能有在這一目標要求下才會產生的，對社會進行全盤操控的一貫追求。在這個意義上，傳統國家治理的目標與職能是相當有限的。「大一統文明」在常態下，其鄉村治理更是圍繞著象徵收賦稅、保境安民、維持風化這樣有限的目標展開的。政府最為關心的是以較低成本較好地完成這些任務，而不是去追求某種特定的社會控制方式。可以說，「統治者並沒有具體規定縣級以下的管理規則，地方治理基本上依賴的是慣例，或是統治者和地方社會的主動精神」〔註19〕是對之較為真實的一種寫照。因此，把「大一統文明」與「極權主義」、「行政強控制」想當然地聯繫起來，是缺乏充分依據的。

　　當然，傳統中國在一些特定時期或特定地區，不是從來沒有產生過對鄉村實行行政強控制的意圖與行動。但這種現象的出現總體而言是圍繞著實用性目的而不是抽象原則展開的，因而也總會依最後的治理效果為轉移，很少會「一根筋到底」。兩漢時期實行的鄉官制度從表面上看是國家政權對鄉里社會的一種行政控制，但鄉官卻來源於當地鄉土社會，是鄉村地方社會勢力的代表或代言人，國家權力對鄉村社會的控制實際上非常有限，因此對這一時期鄉村治理的諸多研究關注的是民間秩序與豪強大族勢力之間的關係，強調的是地方勢力與政府權力之間的矛盾與衝突，更有學者認為漢代鄉治是以「本地人治本地事的地方自治」〔註20〕。即使清朝政府想把士紳納入官方的保甲里甲制之中的做法也難以改變鄉村自治的現實，有不少的史料說明，諸如里甲制、保甲制、鄉保制之類的制度在很多地方的實行中，都有很大折扣，或流於形式，或完全擱置，現實鄉村生活中盛行的是一種士紳牽頭下的民間自願合作，保甲、里甲、鄉保往往都是經過地方勢力認可了的代理人，縣衙不

---

〔註19〕　〔美〕李懷印：《華北村治──晚清和民國時期的國家與鄉村》，中華書局2008年版，第15頁。作者甚至還指出，「帝國的統治者樂意減少對地方治理的行政干預，並且鼓勵村民們通過自願合作完成對國家的應盡義務。只要地方村社的非正式制度在滿足國家的徵稅和地方治安方面被證明是行之有效的，國家也不願意把它的統治勢力延伸到縣級以下；相反，它允許地方村社及其代理人承擔政府管理職責。」

〔註20〕　「據秦漢文獻記載，鄉官主要有三老、嗇夫、遊徼、鄉佐，除嗇夫和遊徼由郡或縣委派外，名義上大都由鄉里民眾公舉，即便是嗇夫和遊徼也多由當地人擔任。這種以當地人治理當地事的原則，頗與近代意義的『地方自治』精神相吻合。」「兩漢時期的所謂鄉里『自治』，其主要意義在於鄉里教化」，「兩漢時期的鄉里『自治』還表現為利用宗族力量管理鄉里」。參見仝晰綱《秦漢時期的鄉里管理體制》，載《東嶽論叢》，1999年第4期。

會直接任命。〔註21〕即便在那些完全落實了政府制度設計的地方，其實際情形也並非就是自上而下單向的行政強力控制，因爲還存在著另一條費孝通所謂的，自下而上的「政治軌道」〔註22〕的制約。

那麼，如何來解釋像「走馬樓吳簡」所顯示的，政府行政組織體系直接延伸到各家各戶這類個案呢？在我們看來，這類個案反映出的大體上是地方性割據政權在戰爭壓力催逼下的無奈之舉，以行政權力全面「下沉」來超限汲取資源，以竭澤而漁的方式來應對危機。這種做法雖然可以救急但不能長久。因此，國家行政機器對社會實行周密控制與榨取稅收能力的提升，只能看成是社會治理形式的「野蠻化」與退化，而不能成爲衡量一個文明成功與穩定的標準，相反，最能體現文明成功與穩健發展的地方在於，它是否能有效防範和成功遏制統治者治理中的隨心所欲以及將自身短期利益最大化的做法，是否能在治理領域最大限度地運用「文化軟實力」來替代對「國家硬權力」的依賴。在這個意義上，秦暉先生從走馬樓個案出發，做出王朝穩定時期國家對鄉村社會的控制會更爲嚴密的推論，是站不住腳的。因爲在這推論的背後，隱含著這樣一種錯誤的理論預設：穩定而強人的傳統文明一定會把對社會進行周密控制作爲自己的追求目標。

其次，傳統縣級政府在常態下規模很小，胥吏衙役地位低下，名聲不佳，作用有限，不足以實施對廣大農村地區的直接強控制。行政強控制觀點的主張者一般都認爲，傳統縣級政府通過胥吏衙役以及自己在鄉間的代理人，實現直接的行政強控制。但這種看法同樣是值得商榷的。州縣官員要完成自己的職守誠然需要胥吏衙役的出手，但他們更離不開鄉村士紳們的配合。兩者孰重的問題不僅關係到政府治理鄉村的效率與成本，更涉及到儒家重文治與

---

〔註21〕參見〔美〕李懷印：《華北村治——晚清和民國時期的國家與鄉村》，中華書局，2008 年版，第 53～54 頁及〔美〕黃宗智，《華北的小農經濟與社會變遷》，中華書局，1986 年版，第 234～236 頁。黃著中明確提出作爲地方領導層與國家權力之間緩衝人物的鄉保不由縣衙任命，因爲統治者深知縣級以下的官方指派人員，缺乏操縱地方本身領導層的機關組織，不易執行任務。

〔註22〕費孝通在「鄉土重建·基層行政的僵化」一文中指出，「表面上，我們只看見自上而下的政治軌道執行政府命令，但是事實上，一到政令和人民接觸時，在差人和鄉約的特殊機構中，便轉入了自下而上的政治軌道，這軌道並不在政府之內，但是其效力卻很大的，就是中國政治中極重要的人物——紳士。紳士可以從一切社會關係：親戚、同鄉、同年等等，把壓力透到上層，一直可以到皇帝本人」。見《鄉土中國》，上海人民出版社 2006 年版，第 150 頁。

禮教的治理模式是否得以貫徹的大問題。依靠硬權力來統治，以「馬上治天下」，是文明發展史上的低級治理形態，而大一統文明最終得以成功的地方在於，它較早發現了這種治理方式的致命性。由此，我們不難明白，傳統文明爲什麼會給士紳以禮遇，爲什麼會對胥吏衙役的數量和社會地位做出嚴格的限制。〔註23〕

　　當然，胥吏衙役有著借執行公權力之便進行敲詐勒索、中飽私囊的機會，但總體而言，他們的這種盤剝是有限度的，只能以「零敲碎打」和「陋規」的方式進行，一旦超出限度就會引發社會「眾怒」。對於這一點州縣官員是十分清楚的。李懷印認爲實際上傳統中國統治精英對胥吏衙役們插手地方事務會造成對地方社區的危害有著深刻的認知，因此他們樂於將基層社會的事務交由社群自己處理。〔註24〕眞實的傳統中國的鄉政恰如張鳴所言，「是一種特別強調平衡的政治，朝廷的甚至地方官的私利必須要得到保護，鄉紳的地位及鄉民的利益也得考慮，不斷的調解，不斷的妥協，最終使大家的面子都能保住」。〔註25〕因此我們說，胥吏衙役即使掌有公權力行使上的某種彈性，在總體上還是受到相當限制的，他們遠不足以成爲政府對廣大鄉村社會實行行政強控制的代理人。除了王朝末年秩序蕩然的時期外，胥吏衙役的膨脹、弄權和地位的抬升，更多的倒是「全能國家」時代才會出現的常態。

　　最後，無論是科舉制確立之前有著自己強大勢力基礎的豪族士族，還是科舉時代的作爲「退役」或「後備役」的鄉村士紳，在鄉村治理方面他們手

----

〔註23〕在數量方面，有清一代行政法規明確將縣一級胥吏和衙役的人數分別限制在數十人的規模上；在社會地位方面，胥吏皆爲無望進入精英階層者擔任，而衙役更是屬於三代不能參加科考的下九流。

〔註24〕〔美〕李懷印在其著作中寫道，「整個帝制時期，在統治精英中間有一個根深蒂固的觀念，那就是衙門吏役參與地方事務，必然會導致不法行爲。……如果讓村社自己承擔這些職責的話，這些問題就會迎刃而解，因爲這些村莊代理人往往受社群監督；即使他們有濫用職權的行爲，也會在社群內部得以解決。」參見其《華北村治——晚清和民國時期的國家與鄉村》，中華書局2008年版，第15頁。從翰香主編的《近代冀魯豫鄉村》一書中對村社代理人濫用職權的遭遇進行了考察，並指出：處於官府和地方勢力之間的鄉保可能「飛帖打綱」，以種種藉口多索錢文，但這種多索必須限定在鄉紳及各莊首事能夠容忍的範圍之內，否則，便會遭到鄉紳或首事甚至普通民人的控告而被罷免。（參見該書第40頁，中國社會科學出版社，1995年版。）

〔註25〕張鳴，《鄉村社會權力和文化結構的變遷（1903～1953）》，廣西人民出版社2001年版，第23頁。

裏有著豐厚而獨立的資源。豪族士族自然不會仰國家權力之鼻息而行事，而鄉村士紳在鄉里社會有著不同尋常的聲望、地位、文化資本和社會關係網絡，以爲他們不過是一群向州縣官負責，看後者臉色，直接落實行政強控制的代理人，也不過是一種折射出近現代「全能國家」強控制陰影的嚴重曲解。

大量資料表明，科舉時代之前，鄉里豪族士族對鄉村治理的作用是國家政權無法忽視也難以替代的，雖然歷史上不乏一統王權對豪族士族的打擊，但這種打擊仍然難以動搖它們在鄉村治理中的主導作用，國家政權只能通過一定的制度設計如鄉官制對這些力量加以整合利用。〔註 26〕直到科舉制確立並不斷完善之後，豪族士族才逐漸退出鄉里社會的舞臺而爲鄉紳階層所替代。而科舉時代的鄉紳，其獨立地位雖然不能與此前的鄉里豪族士族相提並論，但作爲國家政權代表的州縣官員無論從官聲仕途，還是從治理績效來考慮，都不敢忽視鄉紳們的地位與影響力，他們的成功治理必須求得當地士紳的積極配合。因此，通常情況下，地方官到任後的第一件事，便是拜訪紳士，聯歡紳士，〔註 27〕力求得到地方紳士的支持。不僅如此，「紳士爲一方領袖，官之毀譽，多以若輩爲轉移」，〔註 28〕地方官一旦爲其治域內的紳士群體不滿，便會從上到下蒙受意想不到的政治壓力，會直接影響到他自己的仕途。因此在大多數情況下，州縣官員們在「禮遇」鄉村紳士方面，總是十分積極，以求得紳士對其治下的教化、徵稅、治安、斷案、農事、水利工程等各項事務的鼎力支持。

當然，這樣說並不意味著地方官員都是清一色的循吏、良吏，也不是說鄉里豪族士族的治理就　定是鄉民們的福音，他們在割據戰爭或「人文化成」不足的情況下，也完全有可能對鄉民們實行以榨取稅收與資源爲主要目的的暴力統治，而鄉紳本身也有可能橫行鄉里、包攬詞訟，與胥吏衙役沆瀣一氣。但就整個儒家「道統」與「治統」在傳統中國的地位日益鞏固這一背景，就士階層「讀書人」的身份而言，這種現象在傳統中國不可能佔有主流地位。

---

〔註 26〕這方面的論述可參考許倬雲《由新出漢簡所見秦漢社會》，中研院史語所集刊第 51 本第 2 分冊，《紀念李濟、屈萬里兩先生論文集》，1980 年；全晰綱《秦漢時期的鄉里豪民》，載《社會科學輯刊》1996 年第 3 期；馬新《兩漢鄉村管理體系述論》，載《山東大學學報（哲學社會科學版）》1997 年第 1 期及張智慧的《漢代鄉官研究》（華東師範大學 2006 年優秀碩士論文）。

〔註 27〕吳晗，《論紳權》，載《皇權與紳權》，上海觀察社，1948 年版，第 50 頁。

〔註 28〕蔡申之，《清代州縣故事》，第 16、26 頁。轉引自王先明，《近代紳士——一個封建階層的歷史命運》，天津人民出版社 1997 年版，第 68 頁。

正因爲如此，在王朝統治的常態時期，「士大夫階級多能擔負起『道在師儒』的光榮使命，爲民師表，移風易俗，促成郅治的太平景像。」〔註29〕

對於傳統中國鄉村治理上的折中觀點，我們以爲他們誤解了鄉村自治的內涵與性質。諸如認爲「官督紳辦」或者國家權力介入了鄉村社會的治理，鄉村社會就不是自治的觀點，是一種典型的誤會。鄉村自治並不意味著鄉村是獨立王國與世外桃源，也不意味著鄉村處於無政府狀態下，而是指在國家權力有著比較明確的界限和運作範圍、政府在維持基本秩序的前提下，由鄉村社會自我組織並通過各種制度架構和鄉土精英等來進行自我管理，自我提供必要的公共物品和服務的治理形態。只要鄉土社會能自己解決的問題，國家不出面干預。

此外，老一輩學者瞿同祖和錢端升等把西方自治社會採用的某些具體形式，如治理者一定要經選舉產生，治理者的權力一定要有法律的明確授予，自治一定要有民眾的廣泛參與等，拿來作爲評判社會自治的普遍標準，帶有濃厚的「西方中心主義」色彩，以這些標準爲坐標系，來否定東方鄉村社會自治的存在，在方法論上是完全站不住腳的，因爲中西並非同類文明發展模式。在我們看來，鄉村自治的內涵是有規定的，但其外在形式應該也必然是多樣的。將某些特定的外在形式作爲唯一標準，那麼與其說爲人們評判自治提供了一根準繩，還不如說展現了這些標準的主張者分析問題的角度與方法。而這樣的角度與方法可以說已經遠遠落在了時代認知的後面。

就傳統中國鄉村的情形而言，雖然鄉紳既非選舉產生，也非政府任命，但鄉紳對於鄉村社區事務的領導權是在「天高皇帝遠」的情形下，由儒家治理模式天然賦予並受到廣泛承認與鼓勵的。統治者期待士紳們「上可以濟國家法令之所不及，下可以輔官長思慮之所未周」，而清代一位著名的知縣王輝祖，曾總結說：「官與民疏，士與民近。民之信官，不若信士。朝廷之法紀，不能盡曉於民，而士易解析。諭之於士，使轉諭於民，則道易明而教易行。境有良士，所以輔官宣化也。」〔註30〕而再結合我們前文中所闡述的內容不難看出，事實上地方官和士紳通常是相互合作又相互制衡的，而且這一關係

---

〔註29〕 費孝通，《鄉土重建‧損蝕沖洗下的鄉土》，載《鄉土中國》，上海人民出版社 2006 年版，第 162 頁。

〔註30〕 王輝祖，《學治臆學卷上禮士》，載陳生璽，《政書集成》第 10 輯，中州古籍出版社 1996 年版，第 290 頁。

在長期演變中爲各方所認可並作爲一種慣例通行於鄉村社會中，因此士紳的權利實際上是受到這一慣例保護的。此外，我們認爲自治和民主參與是兩回事，自治有不同的形式，它並不以民主參與爲必要條件，而且自治也不意味著自治體內部不存在利益分歧。

總體來說，折中觀點誤解了鄉村自治的內涵與性質，而行政強控制說不僅不能解釋眾多的反例，而且在由點到面的推論方法上也很難站住腳。而更爲重要的是，無論是折中觀還是行政強控制說，其背後還隱含著對傳統文明的嚴重曲解，它把中國現代化過程中才形成的一些濃鬱陰影莫須有地投射到傳統文明的身上，其結果是既模糊了我們晚近幾代人對現代化受挫應承擔的歷史責任，也根本誤解了傳統社會將自己的農業文明推向世界歷史高度所憑藉的手段。在這一點上，即使不少主張傳統中國鄉村自治的學者也沒有能完全擺脫對傳統文明的誤解與認知上的偏差，他們仍然籠罩在傳統與現代對立性兩分的啓蒙理性的陰影之中，這集中體現在他們對傳統中國實行鄉村自治的原因及其合理性的認知上。接下來我們就對這一問題展開進一步的討論。

## 三、對傳統中國鄉村自治的原因及其合理性認知的評價

對傳統中國實施鄉村自治原因的探討，學者們的看法大體上可以歸結爲主觀性原因和客觀性原因兩大方面。以客觀性原因爲主導原因的學者認爲，鄉村的自治是國家政權行爲能力有限、無力控制的結果，也就是說國家政權不是不想控制鄉村，而是控制不了，即所謂「非不爲也，實不能也」。而國家無力控制鄉村的主要原因在於傳統中國的小農經濟基礎太薄弱，財政收入不足，控制手段有限。可以說，這一看法在持鄉村自治觀的學者中佔了主流，而且對現在人們關於鄉村自治的認知上也有著不容小覷的影響。這一觀點的代表人物包括溫鐵軍、徐勇、董磊明和孫遠東等。

溫鐵軍認爲，自秦統一全國實行郡縣制以降，由於小農經濟剩餘太少，所以歷史上「皇權不下縣」，縣以下只能維持鄉村自治。〔註31〕徐勇認爲在小農經濟基礎上，農村社會按照鄉土規則運行，實行鄉村社會自治。〔註32〕董

---

〔註31〕參見「溫鐵軍專題」，http：//www.aisixiang.com/data/2336.html。
〔註32〕徐勇，《東方自由主義傳統的發掘──兼評西方話語體系中的「東方專制主義」》，載《學術月刊》，2012年4月。

磊明也持相似的看法，認為民國之前皇權不下縣是因為國家財政不足以支撐這麼大的行政機器，所以皇權下不了縣，只能是鄉紳治鄉。孫遠東的表述更為直白，他認為國家固然想一竿子插到底實現正式控制，但囿於行政成本、交通、通信和組織技術等所限，「無遠弗屆」根本不可能；而小共同體的內生秩序構成的所謂「自治」是有限的，即使統一專制國家瓦解之時，大小割據政權也隨時構成國家的替代，基層鄉村不是桃花源。〔註33〕

以主觀性原因為主導原因的學者則看到了鄉村自治是符合國家的統治理念與利益的，它既與儒家要求政府無為，不與民爭利，以不取為予，以不擾為安的治道理念相符，也能降低政府治理的成本。持這一觀點的代表性人物為費孝通、林耀華、黃宗智、李懷印等。

費孝通認為為了皇權自身的維持，在歷史的經驗中，統治者找到了「無為」的生存價值，確立了無為政治的理想。政治哲學上的無為主義在精神上牢籠了政權，而在行政機構的範圍上，把集權的中央懸空起來，不使它進入人民日常有關的地方公益範圍內。中央所派遣的官員到知縣為止，不再下去了。地方上的公益由當地人民根據具體需要而生發形成的自治團體管理，不受中央干涉。〔註34〕

林耀華通過對福建義序的調查發現，縣衙與鄉村也只是在徵收賦稅領域發生關係，縣衙假以祠堂之手完成徵收賦稅的任務，所以官府鼓勵祠堂的發展，除此之外並不干預宗族內部的事宜。而在宗族內部則實行自治，而且在宗族的領袖人物即族長和鄉長之間形成了較為明確的任務分工，「族長的任務稍微偏重祠堂祭祀與族內事宜，鄉長職務則偏於官府往來，在外代表本鄉。地保任務在於奔波，報告並庶務事宜，臨時案件發生，由地保請命於族長或鄉長。官府派差來鄉，先見地保，由地保引見族長鄉長。」「官府與鄉村的衝突，可說等於零。族人存有姦人，官府則惟祠堂是問，這可見全族族人的集體責任。官府任意擒人，祠堂亦有權申辯。」〔註35〕

黃宗智認為，除了士紳精英和宗族在鄉村治理中所扮演的角色之外，中國的基層行政實踐還採用半正式的行政方法，依賴由社區自身提名的準官員（鄉地、鄉保、村長等）來進行縣級以下的治理，這些準官員不帶薪酬，在

---

〔註33〕 孫遠東，《傳統中國鄉村治理模式的宏觀透視》，載《粵海風》，2009 年第 2 期。
〔註34〕 參見費孝通，《鄉土中國》，上海人民出版社，2006 年版，第 52、148、150 頁。
〔註35〕 林耀華，《義序的宗族研究》，三聯書店 2000 年 6 月第 1 版，第 58～59 頁。

工作中也極少產生正式文書，一旦被縣令批准任命，他們在很大程度上自行其是，縣衙只有在發生控訴或糾紛的時候才介入，而這符合儒家所信奉的對社會事務至少干預的理念，國家機構尊重社會機制進行的糾紛調解，國家只有在這種機制失敗，不得不介入的時候，才進行干預〔註36〕。

李懷印認為整個帝制時期的統治精英對衙門吏役參與地方事務必然會導致不法行為有著深刻的認知，因此樂意減少對地方治理的行政干預，鼓勵村民們通過自願合作完成對國家的應盡義務；只要地方村社的非正式制度在滿足國家的徵稅和地方治安方面被證明是行之有效的，國家也不願意把它的統治勢力延伸到縣級以下，相反，它允許地方村社及其代理人承擔政府管理職責；同樣，地方社會也發現，這種相互合作的自治制度對它也有益處，因為它可以用來與官府打交道，並且最大限度地減少政府的有害侵入〔註37〕。

除此之外，不少學者要麼基於傳統與現代對立兩分的思維方式，要麼以西方的自治形態為坐標系，認為傳統中國的鄉村自治不符合現代的法治憲政標準，不符合近代西方的自治理念，因此其合理性是有限的，只適用於傳統中國那樣的小農經濟基礎與政治形態，與現代社會距離甚遠甚至格格不入。可以說，持這種觀點的學者不在少數。比如：

于建嶸就認為傳統中國的鄉村自治是一種家族專制式的自治，與現代的契約、民主社會格格不入，因此需要實現從傳統的專制家族社會向現代民主的個體社會的轉型〔註38〕。馮爾康在區分「自治」與「自治性」的基礎上，認為清代的宗族具有自治的成分，但自治程度低，與近代自治觀念差距甚大，因為其組織原則和管理原則都嚴重缺乏民主性，國家雖然認可其合法性但嚴加控制，而近代的自治其組織和管理原則都是民主的，自治組織也是得到政府承認的合法組織〔註39〕。祖秋紅認為在縣以下不設治的傳統體制下，鄉村社會的各種公共職能靠宗族、士紳和其他鄉里組織承擔，這是一種帶有民主

---

〔註36〕 參見黃宗智，《集權的簡約治理：中國以準官員和糾紛解決為主的半正式基層行政》，載《開放時代》，2008年第2期。

〔註37〕 〔美〕李懷印，《華北村治——晚清和民國時期的國家與鄉村》，中華書局2008年版，第14~16頁。

〔註38〕 于建嶸，《岳村政治：轉型期中國鄉村政治結構的變遷》，商務印書館2001年版，第439頁。

〔註39〕 參見馮爾康，《簡論清代宗族的「自治」性》，載肖唐鏢主編：《當代中國農村宗族與鄉村治理》，中國社會科學出版社，2008年版，第23~24頁。

色彩但卻與現代法治精神相背離的「自治」〔註40〕。

在我們看來，傳統中國的鄉村自治不僅僅是在客觀方面適應了所謂的小農經濟基礎，更是如持主觀原因占主導地位的學者們所言，它是符合整個統治階級以及多數社會成員的利益的，是歷史在長期的發展與試錯過程中演進而來的治理經驗的總結。傳統中國其實不乏對鄉村實施強控制的實踐，但這種強控制的實踐一般都會立即招致歷史的懲罰，比如剛剛確立起大一統政權的秦朝就竭力推崇「利出一孔」、國家壟斷、抑制民間競爭的法家政策，並在政治方面實行主要目標旨在「反宗法，抑族權，消解小共同體，使專制皇權能直接延伸到臣民個人而不致受到自治團體之阻礙」的鄉亭里制，〔註41〕但結果眾所週知，那就是秦王朝的二世而亡。不少現代國家儘管經濟基礎雄厚，通訊技術發達，控制手段有力，國家的控制能力和控制範圍從理論上講可以說是無遠弗屆，但這些國家的社會包括鄉村在內仍然有著強大的自治能力與廣闊的自治空間，英美兩國的情形就是極好的佐證。由此我們是不是能夠從中悟出傳統中國的鄉村自治還有其它方面的合理性呢？在這一方面，其實有部分學者已經做出了對我們極具啟發性的研究。比如費孝通認為皇權在歷史的經驗中找到了無為政治的價值所在，由是從觀念上確認了限制權力的必要性和重要性；而從制度機構設計上，則是「王權止於縣政」，縣以下的事務基本上由民眾自我管理。民眾只要完成皇糧國稅的繳稅任務，就可以鼓腹而歌，帝力於我何哉！羅志田也有同樣的體認，他指出其實中國古人可能很早就認識到了限制國家權力和國家機構擴張的必要性，並從觀念和制度兩個方面努力約束政治權力的邊界。政府所追求的，是「天威」的象徵性存在，而不是也不必是向老百姓提醒「國家」時時刻刻的存在。由此，傳統中國的政治至少從其追求的理想類型上來講，是一個小政府政治模式，主張政府無為，或者至少不特別鼓勵政府作為。最高明和最富有統治藝術的政府應該是百姓認可政府的權威，而又做到國與民兩相忘。〔註42〕而費孝通和羅志田的這一認知實際上有著大量史料的證明，鄉村治理中統治者的很多做法都反映了這一點，比如在案件處理方面，實行「民不舉官不究」以及讓民間通過鄉紳、耆

〔註40〕 參見其博士論文《山西村治：國家行政與鄉村自治的整合（1917～1928）》，首都師範大學博士學位論文，2007 年，第 9～10 頁。
〔註41〕 參見秦暉，《傳統中國社會的再認識》，載《戰略與管理》，1999 年第 6 期。
〔註42〕 羅志田，《國進民退：清季興起的一個持續傾向》，載《四川大學學報（哲學社會科學版）》，2012 年第 5 期。

老或宗族自我調解糾紛的做法；再比如在清代，朝廷爲了防止衙役的擾害，在每年的兩季徵糧徵稅中，禁止衙役下鄉催收，更多地依靠鄉里組織協助地方官完成這一每年最重要的公務。〔註43〕

由此，在我們看來，傳統中國的鄉村自治，是國家政權、民間統治力量與鄉村普通民眾在長期的互動博弈中演化而來的，這種治理模式是經過了歷史長時段的考驗而被篩選出來的。它有著所有成功人類文明的共性，那就是不主要依靠硬性的赤裸裸的權力進行統治，而是主要依靠柔性的文化與文化浸淫下的精英進行自治；國家權力必須受到某種形式的有效約束，其運作具有較爲合理的邊界，一般而言，社會能自己解決的問題，國家就不去插手，更不會去包辦。從政治學的角度而言，中國鄉村自治的眞正原因與其合理性所在恐怕正在於此。

不過我們的這一認知與判斷還需要展開進一步的支撐性分析，因爲傳統中國鄉村治理模式的形成及這種模式最後走向穩定和卓有成效的自治有一個漫長的過程，它不僅取決於鄉村自身的狀況，而且還在更大程度上取決於直接影響鄉村治理模式形成的社會治理結構的變化，在我們看來，華夏文明在隋唐科舉制逐漸成熟的基礎上，儒學所堅持的「道統」得到了制度性的加固，大一統社會在「王道」與「霸道」兩種「治道」間的遊移結束，儒學所重視的文治禮教得以上陞成爲立國原則，從而最終使得一統王權與小政府有機結合起來，使精英的培養、流動、選拔、使用與儲備在全社會範圍內最大限度地合理展開，使統治精英與社會精英都能兼具使命感、責任感與自律意識，使整個社會得以用較低的成本達成極爲有效的治理。可以說，這是中國傳統文明獲得歷史垂青，臻於世界農業文明發展巔峰的基礎，也是我們今天去正確理解傳統社會鄉村治理的前提。接下來我們就對這一社會治理結構背景展開進一步的分析。

## 第二節　傳統中國鄉村治理模式的社會治理結構背景

### 一、社會治理結構背景的形成與穩固

我們知道，華夏文明在「大河治理」、北方游牧部族入侵威脅、封建諸侯

---

〔註43〕張鳴，《鄉村社會權力和文化結構的變遷（1903～1953）》，廣西人民出版社，2001 年版，第 21 頁。

國戰爭博弈過程中逐步形成了對「大規模治理」的需要，〔註44〕而以秦漢爲起點的「大一統」架構正是順應了這一歷史性的要求，形成了頗具競爭優勢的「大一統政治」。秦王朝掃平六國，一統宇內，推行高度中央集權體制，在中國歷史發展上有著很重要的地位。自此，「大一統文明」拉開了自己的時代帷幕。不過，「大一統文明」作爲華夏文明當時的一種全新建構，還相當粗糙，只是在經歷了曲折而漫長的磨合與試錯後才逐步獲得優化，顯現出自身在文明競爭中的優勢，並由此獲得歷史選擇垂青的。

不難理解，大一統文明有著自己的比較優勢。這種優勢不僅體現在高度的中央集權能夠對各種資源進行集中與整合性利用，從而在與周邊國家的實力競爭中佔有先機，而且也體現在它爲整個社會的分工向縱深發展提供了更廣闊的平臺與空間，從而爲華夏農業文明的進一步提升提供了可能。不過有一喜亦有一憂，大一統文明也有著自身較難克服的致命弱點：那就是高度集中的權力易被濫用，易於異化，易被統治者用來自肥，也易助長統治者的狂妄心態，從而造成在政治目標追求與行爲邊界劃定方面的越界。很顯然，「大一統文明」要迎來一個屬於自己的時代，就必須在發揚其比較優勢的同時，直面其致命弱點，尋求到較爲可靠的克服之道。

而歷史地看，華夏文明在這一致命弱點的克服上似乎頗費周折。創立了大一統政治的秦王朝，甚至都沒有意識到約束自身獨斷權力的重要性。「始皇帝」張揚的個性，獨斷的意志，鐵腕的統治，好大喜功的風格，對於藉以滅六國、一統宇內的硬權力的迷信、炫耀和濫用，依賴毫無藝術可言的「刑律之治」，把行政強控制之手深深地插入到社會底層，其結果則是二世而亡。秦「二世而亡」所體現的，正是大一統文明這一「致命弱點」發作的內在邏輯。而如果這一弱點得不到較爲有效的克服的話，文明社會追求的長治久安和有效治理就不可能眞正得以實現。由於秦王朝在這方面的失敗，後世的有識之士和較爲清醒的統治者在這一方面做出了諸多探索。

秦王朝作爲一個失敗的個案爲後世的統治者提供了一個重大的教益，那就是，它令後世大一統王朝的統治者在寢食不安、反覆琢磨的基礎上，明白了天下可以由「馬上」得之而不能以「馬上」治之這個道理。漢初重黃老之

〔註44〕華夏文明歷史上所取的「大一統」政治形態，與其治理規模間存在有某種密切的關聯。這方面有關闡述可以參看吳稼祥先生的新作《公天下：多中心治理與雙主體法權》（廣西師範大學出版社，2013年版）一書的第四章。

說，尚無爲之治，到中期斷然採納董仲舒「罷黜百家，獨尊儒術」的治國方略，都可以被看作是一種對於「秦制」的糾偏與更化。可以說，大一統政治到了漢代才在「人文化成」的基礎上建立起錢穆先生所講的「文治政府」，〔註45〕搭建起了皇權與士大夫「共治」的治理架構，形塑成了刑治與禮俗共同治理的格局。〔註46〕

不過，對統治集團來講，認識到與民休息與文治禮教的重要性是一回事，而要將這種「治理理念」貫徹下去，並使之成爲一整套有政治信仰、政治價值與政治傳統支撐的東西，使之深入到整個民族的「集體無意識」之中，則是另一回事。而這屬於政治文化層面的後者也不是能由統治者在短期內刻意創造出來的。正因爲如此，儒家的治理理念與精神在漢代還大多停留在意識與功利性層面，缺乏來自穩固的文化無意識與制度層面的支撐。結果，王朝統治者的治理行爲便常常會在對「小我」或「一時」利益的算計影響下游移。行「王道」還是行「霸道」，抑或「干霸雜之」，常常會因人、因時勢而易。明白了這一點，我們也許就不難理解，爲什麼自漢初就努力打造的遵天命、行王道的願景，會經常被有意識無意識地打斷；儒學強調的「道統」爲什麼無法在一個較短的時期內獲得強有力的、不可逆的加固。

從大一統文明的優化歷史來看，一統王權的「治統」與作爲社會信仰的儒學「道統」間形成共生互利、相互支撐、并趨於穩定的雙贏關係，實際上一直要到科舉制度的漸趨成熟。因爲正是科舉制度的全面推行，使得儒學堅持的天道信仰與治道理念，逐漸浸淫到社會整個肌體之中，落實爲涉及面廣泛的制度安排，內化到社會幾乎所有精英的「無意識」之中，徹底改變了整個社會治理階層的身份結構與文化層次，最終加固了對一統王權的約束，華夏文明也才眞正有效提升了自己的社會治理結構。

具體來說，通過科舉制，儒學宗師鞏固了自己的「至聖」地位，儒學堅持的「禮教倫常」〔註47〕，潤物細無聲般地滋潤著上至皇室成員下至平民百

---

〔註45〕參見錢穆，《中國文化史導論》，商務印書館，1994 年版，第五章「文治政府之創建」，第 93～111 頁。

〔註46〕參見秋風，《重新發現儒家》，湖南人民出版社，2012 年版，第 302～303 頁。

〔註47〕提起禮教倫常，人們相應地會想到三綱五常，並很容易認爲它是代表君權、父權與夫權的「封建權利」。但實際上，禮教倫常在本質上不是只指向被統治者，只是用來「馭下」的一種工具。「三綱五常」對君權、父權和夫權的肯定只是事物的一個方面，而在另一個方面，君主、父親與丈夫在享有這些權力的同時也承擔了由這一角色規範所規定的、不容推辭的義務和責任。比如爲

姓，內化爲人們「心靈的習性」。由是，一套自上而下涉及到社會全體成員的道德與行爲規範得以確立，社會中每個人所承擔的角色及其相應的責任、義務與權利得以明確。儘管這種建立在禮教倫常基礎上的規範不具有剛性，但正是這種藉著信仰而形成的規範「大象無形」般地浸潤著人們的日常生活，形塑著政治精英的行爲，其有效性在很多時候甚至比剛性規範更爲突出（當然這種柔性約束也不無局限性）。在這一基礎上，儒家較爲成功地將對社會所有精英的思想與行爲約束建立在了以信仰爲基礎的「內省」與「自律」基礎上，從而開創了一種制約包括一統王權在內的一切權力的古典形式，體現出了對公共權力必須加以約束這一人類成功文明的「共性」。在這個意義上，一統王權的「至尊」與其按儒家道統要求的嚴格自律又是統一的。以爲一統王權的「至尊」與不可侵犯就意味著王權不受任何約束，就意味著「專制極權」，以爲儒家學說不過是掌握在統治者手中並由他們有意識地加以利用的工具，那不過是一種受理性主義政治影響而缺乏起碼歷史感的片面理解了。

「禮教倫常」並不是儒家推崇的道統全部。這一道統中還包含有很重要的「民本」取向。這一取向強調「民」對於統治者來說所具有的「本」的意義，指出了君與民孰重、孰貴的問題。按照這一價值規範，統治者只有循「重民培本」，「克己復禮」之引導，才可能確立起自身統治的政治合法性，才可能達成王朝的穩定與發展，才可能有社稷江山之保全。不僅如此，儒學還把自己的「重民」思想進一步神聖化，提出了「民心」的背後實際上就是「天命」與「天道」，後者只是前者的一種曲折表達。「天聽自我民聽」，「天視自我民視」之說所反映的，正是儒學將民本取向加以神聖化的努力本身。因此，對於大一統文明的歷朝歷代統治者來說，他們手中雖然有至尊的「一統君權」，但卻不得不認眞地關注神威莫測的天命，不得不認眞關注來自社會各方面的民心民意。所謂「民爲貴，社稷次之，君爲輕」，所謂「天道無常，唯德是輔」，所謂「民心嚮背」、「人言可畏」，所謂「敬天畏命」等古訓，都是要讓君主們明白一個道理：順應民心就是順應天意，就是王朝的「最大政治」。因此，在儒學政治文化傳統的薰陶中長大的君主，應該身體力行地去「愛民」、「親民」、「恤民」，應該將此準則貫穿到對社會的治理中去，並必須克制自己

孔子所尊崇的呂望，便在自己的《六韜・文韜・六守》中，對君主提出了應該作爲義務履行的行爲與思想操守：仁、義、忠、信、勇、謀。他稱之爲「人君六守」。

將短期利益最大化的衝動。在這種情況下，壓縮政府規模，〔註48〕推行「輕徭薄賦」〔註49〕政策便成為一種勢在必行的治道原則。

　　小政府，「輕徭薄賦」作為治道原則固然很理想，但是它真要在現實中推行下去並不容易。因為它還必須有個前提，那就是整個社會不能把提供公共產品的希望都寄託在政府身上。否則，這種治道原則便不具現實的可行性。而十分有意思的是，科舉制徹底全面打通了社會精英垂直流動的渠道，鄉村社會成為社會文化精英最大的「蓄水池」。作為「退役」及「後備役」的社會精英與文化精英，都以「耕讀並重」的生活方式大量棲息於鄉村社會，主導著鄉村社會的政治、經濟與文化生活，正是這些以士紳面目出現在鄉村社會的儒學文化精英，使得推行文治禮教所需要的「社會文化網絡」〔註50〕獲得

〔註48〕北京大學歷史系教授羅志田也認為，中國的傳統政治至少從唐中葉以後，是一個小政府的政治，接近於西方經典自由主義那種社會大於政府的概念。我們常說過去是中央集權，那只是在中央所在地這一區域才體現集權；到了地方上，則大體是一種比較放任的政治（參見 http：//news.ifeng.com/history/zhongguojindaishi/special/xinhaigeming2/detail_2010_11/09/3052534_0.shtml）

〔註49〕傳統社會中的輕徭薄賦，常被有些人認為是一種過於「理想化」的說法。的確，傳統社會中會有「苛政猛於虎」的時光，但我們認為，這大體都發生在「非常態」的特殊時期，不能說是普遍現象。而據馬嘎爾尼訪華使團成員約翰‧巴羅所著《我看乾隆盛世》（李國慶等譯，北京圖書館出版社，2007）一書提供的觀察，乾隆年代徵收上來的稅銀分攤到人均的話，只有同期英國的1/15，即使考慮實際購買力因素，也只有 1/5。（參見該書 292 頁）當然，這一數據不一定十分精確，還得加上像「火耗」、「攤派」之類的附加。但從中我們大體上還是可以看到中國大一統王朝常態時期較輕的稅負水平。

〔註50〕杜贊奇在《文化、權力與國家──1900～1942 年的華北農村》（王福明譯，江蘇人民出版社，2004 年版）一書中以「權力的文化網絡」（參見該書第 10 頁）這一概念來描述存在於鄉村社會中有利於治理的複雜文化關聯。這一概念較深刻地反映了影響傳統鄉村秩序的諸文化要素網絡，對我們理解傳統鄉村治理頗有助益。不過，杜贊奇的這一概念也易引起不必要的誤會，讓人認為文化網絡是由國家權力自上而下刻意編織出來的，而不是由鄉村內生精英在儒學與科舉制影響下不斷加以優化的結果。因此，我們在本文中使用了「社會文化網絡」的說法，這一網絡包括有形的組織，如宗族、鄉約、村廟、村學、集市、水利組織、社戲廟會；包括鄉村士紳及鄉村其他各類內生性精英；包括維持組織運作和精英發揮作用的各種內生性制度安排以及為鄉村社區成員所認同的各種無形的象徵與規範，如儒家倡導的以仁義禮智信為基礎的教化秩序、各種民間信仰以及通行於一鄉村社區的村規民約，鄉風鄉俗。在我們看來，一個有助於高效率低成本治理的社會文化網絡的優化，是社會中各種因素在主流文化影響下長期互動磨合、不斷博弈而自發演進的結果，是歷史長期篩選的產物，是所有人類政治文明大智慧的體現。它並非國家權力憑藉

不斷地優化，使得廣大鄉村社會具備了實行低成本有效自治的基礎。而在這樣一個基礎上，社會對政府提供公共產品的期待才有可能降到最低限度，「皇權不下縣」才會成為合理而必然的選擇。

綜上所述我們看到，至尊的一統王權、至聖的儒學道統、小政府、輕繇薄賦的治道原則與鄉村的社會文化網絡及其有效自治，在一個共同的時空中最終形成了極為緊密，極為穩定的耦合關係。可以說，這一結構性耦合體現了中國傳統文明中蘊含的歷史「大智慧」，刻畫出了傳統大一統文明探索與提升的主脈絡。而這樣的大智慧也正是大一統文明得以香火傳遞，在數千年文明發展長河中免於被中斷的密碼所在。在這個意義上，華夏文明作為被歷史篩選出來的一種「演進秩序」不是偶然的，更不是「誤入歧途」，它是人類文明在自身的多元探索中趟出的一條成功之路。

站在這樣一個角度上我們不難看到，傳統鄉村社會在文化精英引導下的成功自我治理，是華夏文明通過科舉制度才得以逐步鞏固下來的一大特色，不理解這一特色，否定這一特色，看不到它的「生成性」，我們便無法瞭解整個傳統文明的發展與優化路徑，無法瞭解這一文明成功背後的社會治理結構特點，無法瞭解它的成功要訣所在。

## 二、社會治理結構背景的破壞及其修復機制

至尊的一統王權、至聖的儒學道統、小政府、輕繇薄賦的治道原則作為傳統中國鄉村社會自治賴以運轉的宏觀社會治理背景，並不是一成不變、牢不可破的。隨著王朝政治周期性的演變，這一宏觀社會治理結構背景會受到各種內外因素的挑戰與破壞，從而使得鄉村社會的自治也隨之演變，在極端情況下，鄉村自治秩序甚至會陷入崩潰。這些因素歸結起來大體有以下幾個方面：

首先是統治者在羽翼豐滿情況下的蠢蠢欲動，試圖從王朝初建時的與民休息、無為而治向「有為政治」轉化。我們知道，一個王朝在建立之初，其統治者鑒於前一個王朝覆亡的沉痛教訓，往往會較為有效地約束自身的欲望，較大規模地任用一批「以天下為己任」的官員，勵精圖治，去奢省費，從而大體上達致一種吏治清明、天下大治的局面。在個別王朝的鼎盛之時如歷史上有名的「貞觀之治」時期，甚至會出現「路不拾遺夜不閉戶」的可喜

自己的意志而在一朝一夕間就能塑造出來。

情形。但隨著時間的推移，一個王朝在經營幾十年或上百年之後，承平日久，以皇帝為首的統治集團對王朝初建時百廢待興、民生疾苦的艱難情形已變得陌生，對「民可載舟亦可覆舟」的教訓亦缺乏切身的體會，此時驕奢之心日縱，往往會出現大興土木、貪圖享受、發動戰爭等擾民的舉措，而伴隨著這些「有為政治」而來的不可避免的就是與民奪時與賦稅水平的不斷提升。在這樣的背景下，輕繇薄賦的治道原則往往會不斷受到挑戰，變得難以為繼。

　　其次是官僚機構自身的膨脹與腐化。一般而言，新王朝建立之初，官僚機構規模較小，官僚集團比較廉潔，因此運作效率也較高。但隨著時間的流逝，官僚機構呈現不斷膨脹的趨勢，官員隨之增多，年復一年，日積月累，冗員濫吏漸漸充斥於官場，官僚機構自身也日趨腐化。關於這一點，金觀濤曾做過相關的比較研究，那就是儘管歷代官僚數量不盡相同，但任何一個王朝末期官僚的數量都比王朝初期大得多，常常膨脹了數倍或數十倍。如明初洪武時，文武官員為 24000 餘名，一百年後憲宗時膨脹為 80000 餘名。機構的膨脹也很快，以薊鎮為例，原為一個機構，到神宗時，把邊分為鎮，一鎮又分為三路，各路均設機構。這樣，機構為原來的十二倍，設官為原額的二十倍。〔註 51〕在這種情形下，「小政府」變成「大政府」，賦稅水平也隨之大幅提升，輕繇薄賦的治道原則往往會在「大政府」面前受到釜底抽薪式的破壞。不僅如此，官僚機構的普遍腐敗使得我們這個浸淫著以身作則的「垂範」政治文化的國度中彌漫著一種「世紀末」的風氣，所謂「上梁不正下梁歪」，而這時的鄉村社會也出現「劣幣驅逐良幣」的現象，那些謹守儒家教誨、保持操守的士紳不得不退隱，而豪紳劣紳成為把持鄉村事務的主體，他們往往和貪官污吏相勾結，從而使得以士紳為主要載體的社會文化網絡受到極大衝擊，不僅鄉村的公共事務陷入癱瘓，而且民眾也失去了抗衡官府侵害的有效屏障。

　　再者是人口的增多和土地兼併頑疾的復發。一般而言，一個王朝後期的人口往往是王朝初期時的兩到三倍，而在土地規模有限的情況下，人多地少的矛盾會隨著人口的增多而不斷凸顯。再加上土地兼併的頑疾復發，尤其是到了王朝後期，隨著系統中的無組織因素即皇權異化、官僚機構膨脹等的積纍，在政府的各種改革與抑制兼併的措施都收效甚微的情況下，會使得賦稅

---

〔註 51〕《神宗實錄》卷 234。轉引自金觀濤，《在歷史的表象背後：對中國封建社會超穩定結構的探索》，四川人民出版社 1984 年第二版，第 51～52 頁。

的主要承擔者自耕農的負擔日益加重。

最後是天災人禍及內外戰爭的沉重負擔。這幾大因素中的一個或幾個都有可能使得低賦稅難以維持，而提高賦稅又容易形成「權力下沉」與推行行政強控制的壓力，一旦付諸實施，小政府就會成爲大政府，而賦稅需求爲此又會上漲。尤其是到了王朝末年，幾大因素往往並發，從而使得儒學所堅持的道統及小政府與輕繇薄賦的治道原則難以在社會與政治實踐中付諸實施，在這樣的背景下，一統王權繼續統治的合法性也受到質疑，由是，作爲社會治理結構基本要素的至尊的一統王權、至聖的儒學道統、小政府以及輕繇薄賦的治道原則也就搖搖欲墜並最終瓦解，與此相伴隨的是鄉村社會中的文化網絡的支撐性背景不復存在，失去適調的彈性空間而不斷趨於衰敗，結果是鄉村自治秩序也由此陷入崩潰。

不過導致宏觀社會治理結構瓦解的因素，大體上會以改朝換代的大動蕩形式而終結。一方面王朝末年摧枯拉朽的農民起義與農民戰爭，系統掃蕩了官僚系統中的無組織力量，貪官污吏、土豪劣紳被大量鎮壓清除，而由於他們兼併大量土地而產生的問題也得到解決，加之農民起義後人口的劇減，使得土地關係獲得了調整的契機。而另一方面，傳統中國的宗法同構體使得保存了國家組織信息的家庭成爲新王朝重建的第一塊模板，而儒家的國家學說及其一體化則成爲第二塊修復模板。〔註 52〕通過這兩塊模板的修復作用，傳統的社會結構得以在周期性的改朝換代中保存下來。由是，伴隨著新王朝的建立，統治者在國家層面上開始調整政策，與民更始、與民休息、輕繇薄賦和無爲而治的新政的實施，科舉制度的正常運轉，使得宏觀的社會治理結構得以修復，由此鄉村社會以士紳爲主要載體的文化網絡也逐漸得以重建，小政府、低賦稅與鄉村社會文化網絡三者相互支撐的鄉村自治秩序便再度運作起來。因此，只要儒學道統與科舉取士制度沒有根本的改變，宏觀社會治理結構便有著一種很強大的自我修復能力，而以此爲背景的鄉村自治秩序的再生機制也有了保障。

一統王權與儒學道統的長期磨合在科舉制的推動下，最終達成了一種較爲穩定的結構性耦合，從而爲華夏文明登上世界農業文明發展的巔峰奠定了基礎。這樣一種認識當然拒絕對於傳統大一統文明的全盤否定與全盤抹黑，

---

〔註 52〕 金觀濤，《在歷史的表象背後：對中國封建社會超穩定結構的探索》，四川人
　　　　 民出版社 1984 年第二版，第 113～118 頁。

當然要去揭示華夏傳統文明存在的意義與合理性。然而，這並不意味著我們主張傳統文明是完美的。相反，傳統文明作爲一種生活方式，其優越性與局限性的並存是一個事物的兩個方面，這一點既很自然，也不可避免。

簡要說來，這種局限性具體地表現在：第一，對一統王權形成的約束具有柔性的特點，使得這種約束在王朝更迭的社會失範時期，以及對一些偏離常軌的帝王與王朝，無法作出制度上的即時反應，而只能通過歷史的懲罰與淘汰來形成警示，這就使得大一統文明的發展難免會產生偏離常態的「飄移」，使其發展路徑顯得較爲曲折。第二，儒學道統與一統權力的結合過緊，使得社會的單一化程度加深，使得多元試錯幾乎成爲不可能，從而必然會增加一個社會試錯的時間成本與機會成本。第三，傳統社會在達成穩定耦合的同時，也形成了高度的斥異機制，從而限制了自身多元性與應變彈性的發展，降低了自身的大幅適調能力。〔註53〕正是這些局限性的存在，使得華夏文明在應對西方文明與市場經濟的挑戰時，顯示出了自己的不足與不適。

然而，承認傳統大一統文明存在的不足，不等於說這種文明沒有其成功之處，不等於說這種文明沒有體現出人類成功文明所具有的共性方面。相反，傳統大一統文明在防範統治者將自己短期利益最大化的衝動付諸實施方面，在通過信仰與信念建立起社會精英嚴格的「自律規範」方面，在減少社會治理對於國家暴力機器依賴的程度方面，在培植社會資本與社會文化網絡方面，在降低社會治理成本與提升治理水平方面，在大力推動社會精英垂直流動方面，都以一種自己特有的或與其他成功文明相通的方式，顯現出了人類成功文明所具有的諸多共性。

只有在這樣一個認識基礎上去解讀傳統文明，我們才能告別始自於西方的理性主義專斷對傳統的蔑視與「妖魔化」，才能與西方文化中心主義劃清界線，才能站到我們時代所達到的認識論前沿去看待問題，才能看到傳統文明並不是偏離人類文明發展大道的一個謬誤，不是可以用愚昧、黑暗、專制、野蠻這類「詛咒」去加以定性的對象。同樣，也只有在這樣一個基礎上去解讀傳統文明，我們對於傳統中國鄉村自治秩序的理解，才會獲得一個全新的、更具解釋力的視角。而也只有這樣的視角才會使我們對傳統中國鄉村自治秩序的討論，擺脫就個案說事與就事論事的局限，並對鄉村自治的合理性所在

〔註53〕參見張銘，《關於東方社會現代化發展戰略取向的若干思考》，載《天津社會科學》，2006年第5期，第21頁。

得出一個相對公允的認識。

在對傳統中國鄉村自治得以存在和運作的社會治理結構背景有了一個宏觀的認知和把握之後，我們接下來以 19 世紀清王朝對華北鄉村的治理為例來瞭解一下傳統中國的鄉村治理是如何具體運作的。由於中國漫長歷史中的王朝更替和中國遼闊的幅員及非勻質性的自然地理環境，鄉村治理的圖景在不同的時空背景下肯定不盡相同，我們之所以把時間選擇在 19 世紀，一方面是因為近現代以來我們所面對和可以繼承的就是這一時段的鄉村治理傳統，因此瞭解這一時期的鄉村治理，有助於我們辨別我們後來的鄉村治理與這一時期的治理之間所存在的差別甚至變異所在；另一方面則是由於這一時期的鄉村治理距離我們最近、研究資料和成果也比較豐富，因此比較容易考察和透視。而之所以把地點鎖定在華北鄉村，則是對我們下文中對英租威海衛的鄉村治理做一背景性的交代，因為英租期間的威海衛是一個典型的華北鄉村，英國殖民者所接手的正是這樣一個清王朝傳統治理方式下的華北鄉村。

# 第三節　傳統中國鄉村自治的運作──以 19 世紀清王朝的華北鄉村治理為例

從清王朝確立統治到清末新政的 250 多年時間裏，清王朝的鄉村治理由於賦役制度的改革以及太平天國運動等因素的影響，在制度設計方面經歷了由里甲制、保甲制共同控制到以保甲制為主再到取代保甲制的各種非正式制度的興起這樣一個過程的變遷，但這些制度大體而言是在傳統的社會與文化結構的平臺上運作的。按照蕭公權先生的總結，19 世紀的清朝對鄉村社會的控制是由維護治安的保甲、徵收賦稅的里甲、饑荒救助的社倉以及鄉約等意識形態教化四大方面的控制所組成。那麼國家的控制體系是如何作用並實施於鄉村社會的？除了國家的控制之外，鄉村社會自身是否還存在自我組織、自我教化、自我提供公共產品與服務的自治性管理？換句話說，鄉村社會治理的真實圖景是什麼樣的？接下來我們就從國家政權的控制機制、國家政權與鄉村社會的互動以及鄉村社會的自治三個層面來對這一圖景做一概覽。

## 一、國家政權對華北鄉村社會的控制與教化機制

作為中國歷史上的最後一個大一統王朝，清朝的國家政權與此前的各個

大一統王朝一樣，也是以縣級政權作爲國家的基層政權，「王權止於縣政」，國家任命的官員到州縣官一級爲止，州縣官對其治下之縣掌握全權，負有全責。按《清史稿》的講法，「知縣掌一縣治理，決訟斷辟，勸農賑貧，討滑除奸，興養立教。凡貢士、讀法、養老、祀神，靡所不綜」。不過在現實的治理中，州縣官的主要職責是維持治安、徵收賦稅和司法〔註54〕。輔佐州縣官施政的人員主要包括六房書吏、三班衙役、長隨和幕友（也稱幕賓、師爺），其中書吏和衙役都有定額，由當地人充當，書吏的職責主要包括草擬公牘、塡製例行報表、擬製備忘錄、塡發傳票、塡製賦稅冊籍及整理檔案等；衙役則充當信差、門衛、警員或其他卑賤職役；長隨是州縣官的私家僕人，打理州縣官的家務生活並承擔某些行政職責；幕友是州縣官雇傭的行政管理專家，不是官僚體制中的常設人員，也不由政府支付薪俸，幕友中較爲重要的是協理司法的「刑名」幕友，協管賦稅的「錢穀」幕友以及管理簿記的「賬房」幕友；除此之外，每一州縣還設有人數不等的典獄官及兩個教育官員，典獄官負有警察職責，兩個教育官員即教學指導官（「學正」或「教諭」）和教學指導助理官（「訓導」），負責監督指導州縣學校的學生；有些州縣還設有佐貳官即州同、州判或縣丞、主簿，輔佐州縣官在一縣的治理，但通常而言他們的權力較小，承擔的職責也較少〔註55〕。

州縣官及書吏衙役是治理一州縣下轄鄉村的官吏，他們所組成的政府是官府在鄉村社會實施統治的基層政府，但由於清王朝實行「簡政」原則，嚴格限制書吏衙役們的配額，超過配額雇傭額外書吏衙役的州縣官，會受到程度不等的處罰，而這種配額一般遠遠不能適應一縣行政事務之需，〔註56〕又加之州縣的幅員較爲遼闊，縣衙門終究無法直接統治數百個村莊、上萬戶人家和數十萬口民眾，因此州縣官對鄉村社會的治理，除了依靠書吏衙役及自己雇傭的人員外，還要通過設在鄉村的基層機構及人員來進行治理。據學者們的考察，「清代的鄉村基層機構的設置，多沿明代之舊。縣之下，一般都是鄉都圖三級制，但各地名稱極不劃一，有的叫都村，有的叫鄉都里，還有的地方不是三級制，

〔註54〕〔美〕瞿同祖著，范忠信等譯《清代地方政府》，法律出版社2003年版，第31～32頁。
〔註55〕關於州縣官及其輔佐人員的進一步瞭解可參考瞿同祖《清代地方政府》一書中第一、三、四、五、六章的論述，法律出版社2003年版。
〔註56〕參見〔美〕瞿同祖，《清代地方政府》，法律出版社2003年版，第68～70、98～101頁。

而是二級制，或叫保里，或叫里甲，或叫鎮保等等」，〔註57〕這些諸如鄉、里、保之類的組織構成了州縣政權之下、村莊之上的中介組織。具體到華北農村來講，在清王朝統治前期，主賦役的里甲制與主治安的保甲制構成了州縣官賴以完成其主要職責即徵收賦稅與維護治安的主要制度。不過據蕭公權先生的考察，在 18 世紀早期，這兩種制度在華北已趨於式微，代之而起的是非正式的鄉地制，後來黃宗智、王福明以及李懷印對華北鄉村的研究也證明了鄉地制、鄉保制的廣泛存在。這些制度或是保甲制的變通或是保甲制的替代〔註58〕，但其承擔的主要職能與里甲、保甲制大同小異，我們在下文中將會進行進一步的考察。

清王朝的華北鄉村治理，除了里甲制、保甲制及其變體外，還有一個非常重要的制度，那就是以教化鄉民爲主要內容的鄉約制。鄉約由北宋時期陝西藍田的儒士呂大鈞首創，其主要作用是「德業相勸，過失相規，禮俗相交，患難相恤」，後來歷經明朝王守仁等的踐行而傳至清代。清王朝的統治者非常重視教化，清太祖就認爲以教化爲本乃是治國之道，培養仁讓之風，移風易俗，是治國的一大要務，〔註 59〕而鄉約制就成爲清政府在鄉村推行教化的重要載體，以前具有民間性與半官方性的鄉約在清代逐漸官方化、制度化。此後的諸多皇帝如順治、康熙、雍正等都特別強調鄉約在鄉村教化中的重要地位，並選定日期、場所、人員和宣講內容。日期定於每月朔望，宣講人員包括鄉村的耆老、里正以及讀書人，宣講內容包括清世祖的「聖訓六諭」、康熙年間頒佈的「聖諭十六條」以及雍正年間頒佈的《聖諭廣訓》等。〔註 60〕。直隸《滄州志》記載了鄉村宣講鄉約活動的具體做法：「每鄉置鄉約所，設約正一人，約副三人，以年高有德者充之；一司鼓，二司鐸；約贊一名，唱禮。每月朔望日集一鄉之父老子弟高宣《聖諭》，敷衍講解，以警勸之。復製善惡簿各一，講畢，地方保甲等人，將一鄉善惡之人，從公舉報登簿，每月終送

〔註57〕 白鋼，《中國農民問題研究》，人民出版社 1993 年版，第 139 頁。

〔註58〕 參見孫海泉，《清代賦役制度變革後的地方基層組織》，載《河北學刊》，2004 年第 6 期。

〔註59〕 清太祖嘗言，「爲國之道，以教化爲本。移風易俗，實爲要務。誠亂者輯之，強者訓之，相觀而善，奸慝何自而逞。故殘暴者，當使之淳厚，強梁者，當使之和順，乃可幾仁讓之風焉。捨此不務，何以克臻上理耶」。見《太祖實錄》卷六，中華書局 1986 年版，第 85 頁。

〔註60〕 轉引自董建輝，《「鄉約」不等於「鄉規民約」》，載《廈門大學學報》（哲學社會科學版），2006 年第 2 期。

地方官申報，以爲賞罰。約正免其雜差，地方有戶婚田圖爭鬥，務令勸解釋訟。」〔註61〕清朝統治者爲了保證鄉約的推進，還規定約正和約副由官府發給廩餼，州縣堂官朔望要與僚屬分赴各鄉鎮宣講聖諭，宣講聖諭情況還被列入清朝州縣官任期考覈的內容，成績突出的約正、約副會受到獎勵〔註62〕。

此外，清王朝還通過倡導建立社學和旌表的方式進行教化。社學是一種兼有學校作用的教化組織，從順治至雍正年間，清廷多次下令要求「每鄉置社學一區，擇其文義通曉、行誼謹厚者補充社師」，「凡近鄉子弟年十二以上二十以內有志學文者，俱令入學肄業……務期啓發童蒙，成就後人，以備三代黨庠術序之法。」社學的任務主要有兩方面：一是教訓生童，啓迪百姓，化民成俗，以收教化之功；二是教會學生識字讀書的基本技能。旌表是通過表揚和獎賞忠孝節義行爲而實施教化的一種形式，現實的頂戴與忠義祠堂、貞節牌坊往往會對儒家思想浸淫下的鄉土社會民眾有著不容小覷的感召力和吸引力〔註63〕。

倡導建立社倉是清王朝鄉村治理的又一項重要內容，社倉是國家倉儲系統的一部分，在鄉村社會中起賑災救貧的作用，其糧食儲備主要來源於民間捐輸的社穀，然後通過每年春貸秋還以及災年直賑、平糶等方式救助貧民。社倉的發展及規模在清王朝的各個階段有所不同，其管理方式也不盡一致，不過總體而言採取的是一種官督民辦的方式，社倉由官方牽頭布置，倉由民捐民管，出納由民便，官府行使稽查職責，但不干預進出〔註64〕。

綜觀以上所述，我們不難發現，代表國家政權的州縣衙門僅靠配額非常有限的吏役人員不可能做到對華北鄉村社會的有效控制，所以除了州縣基層政府的行政管理外，政府還要在鄉村社會倡行一系列的教化與救助機制。對於州縣官來說，即使要有效完成其徵收賦稅差役、維護治安的主要任務，僅靠官府的強控制力量也是遠遠不夠的，還必須要通過各種由國家倡導的設立

---

〔註61〕莊日榮等纂修，乾隆《滄州志》，禮制志。轉引自魏光奇，《官治與自治——20世紀上半期的中國縣制》，商務印書館 2004 年版，第 49 頁。

〔註62〕段自成，《論清代的鄉村儒學教化——以清代鄉約爲中心》，載《孔子研究》，2009 年第 2 期。

〔註63〕參見王先明，《略論晚清鄉村社會教化體系的歷史變遷》，載《史學月刊》，1999年第 3 期。

〔註64〕白麗萍，《試論清代社倉制度的演變》，載《中南民族大學學報》（人文社會科學版），2007 年第 1 期；杜玲，《雍正時期社倉的設立：皇帝、官僚與民間》，載《北方論叢》，2006 年第 6 期。

在鄉村社會的組織與制度，那麼這些組織與制度是如何運作的呢？國家政權
又是憑藉何種力量來推動這些組織與制度的運作？換句話說，官府與鄉村社
會是如何互動的？

## 二、華北鄉村治理中國家政權與鄉村社會的互動——以鄉保（地）制為例

　　既有的對傳統中國鄉村基層社會與鄉村治理的研究大都指出，作為鄉村精
英的士紳們在鄉村治理中發揮了無可替代的重要作用，他們是國家政權與鄉村
社會之間的紐帶〔註65〕，州縣官對其治下之縣鄉村的治理，無論是在賦稅徵收、
維護治安等領域，還是在地方公共事務與公益事業的舉辦方面，都必須依賴當
代士紳的支持，更有學者把這一點概括為州縣官與紳士共同管理基層社會事
務。與此同時學者們的研究也指出，傳統中國士紳是不被允許而正紳也是不屑
於涉足稅收一類的事務的〔註66〕，那麼對於以徵收賦稅為主要任務之一的縣衙
門來說，就無法直接依靠其治下的士紳們來完成徵稅的任務。在這樣的背景下，
在官府與鄉村社會中逐漸演變出來了一種以里甲長、保甲長或鄉保、地保、鄉
地等作為職役人員協助官府徵稅和維持治安的職役制。下面我們就以學者們的
既有研究成果為基礎，以 19 世紀廣泛實行於華北鄉村的職役制——鄉保（地）
制〔註67〕為例，對國家政權與鄉村社會的互動情形做一說明，以期對鄉村社會

〔註65〕 參見〔美〕張仲禮，《中國紳士：關於其在十九世紀中國社會中作用的研究》
一書中第一章第七節的論述，上海社會科學院出版社，1991 年版，第 54～74
頁。另一位學者重田德對鄉紳的紐帶作用總結為「鄉紳的意義和功能，似可
以從本地官民的媒介者這一點來尋求。也就是說，鄉紳在作為下意上達的導
管的同時，又以官方代理的資格努力使上意下達，甚至進而協助其行政，擔
任『治安維持，民食確保，排難解紛，官民聯絡，善舉勸業，移風易俗』等
的職務。參見〔日〕重田德《鄉紳支配的成立與結構》，載高士明譯《日本學
者研究中國史論著選譯：2 卷》，中華書局 1993 年版，第 200 頁。

〔註66〕 參見羅志田《國進民退：清季興起的一個持續傾向》，載《四川大學學報》（哲
學社會科學版），2012 年第 5 期。當然這並是說傳統中國就完全不存在劣紳包
攬錢糧的現象，只是從社會主流的價值觀以及長期運作的慣例來看，士紳是
不屑於徵稅事宜的。

〔註67〕 華北地方縣以下的基層組織，大多數是兩級，即鄉（保）和村莊，但也有以
村莊作為鄉級組織的例子。至於多少村組成一個鄉，各州縣不盡相同。如三
河縣，15 個鄉，557 個村莊；定州 44 約，417 個村莊；滄州，46 個鋪，500
個村莊；河間縣，64 個地方，706 個村；薊州，27 個保，972 個村；永清縣，
248 個地保，874 個村；青縣，12 個鎮，368 個村；任丘縣，13 個社，376 個
村；長清縣 44 個保，1018 個村；獲鹿縣，197 個鄉，197 個村；樂陵縣，113

治理中國家政權行使權力的方式有一更爲細緻的瞭解。

　　國內外學者對實施於華北鄉村的鄉保（地）制的認識有一個變化的過程，20 世紀五六十年代，瞿同祖和蕭公權都認爲鄉保、鄉地或地保是政府控制鄉村的準行政代理人，由州縣官任命，受州縣官控制〔註68〕。但後來黃宗智對寶坻縣刑房檔案的研究、王福明對順天府檔案的研究和李懷印對河北獲鹿縣檔案的研究向我們展現了不同的應該也是更爲眞實的情形。黃宗智的研究表明，從制度設計上看，十九世紀的寶坻縣的統治架構由負責稅務的里甲、負責治安的保甲和負責宣傳的鄉約制度三大系統組成，全縣分爲 19 個里，46 個保，包含 900 個村莊，各縣人民被編成 100 戶爲單位的甲和 10 戶爲單位的牌，與此制度各層級相應的「官吏」是書手、鄉保、甲長和牌頭。理論上，縣政府直接委任每一級的「官」，直到主管 10 戶的牌頭爲止。但實際上，它並沒有試圖把權力延伸到主管二十多村的鄉保一級之下。按照規定，鄉保要到縣衙門「具甘結」，但村級的牌頭和甲長則不必，他們事實上全由鄉保選拔，就職的鄉保向縣衙列出他們的名單，便算正式委任，縣衙門並不要求另辦委任手續或儀式。〔註69〕那麼鄉保是如何產生的呢？其權力和職責何在？國家權力在鄉保一級上又是如何發揮作用的？

　　黃宗智對檔案的解讀表明，鄉保不由縣衙直接任命，「歷來舊章，選舉鄉保，必須書手合同首事紳民人等，公議保舉……」，然後再由縣衙門正式批准，被提名的鄉保若願就職，才到縣衙具文「認狀」。也就是說，鄉保並不是其主管下的二十多個村的領袖人物，而只是由當地眞正的領導人物推舉出來，作爲地方領導層和國家權力之間的緩衝而已，他們手中的權力非常有限。那麼爲什麼官府不直接任命鄉保呢？黃宗智就此分析到，這是因爲統治者深知縣級以下的官方指派人員，缺乏操縱地方本身領導層的機關組織，不易執行任務。〔註70〕因此，鄉保必須要得到地方眞正領導人物的認可，才有可能完成

---

　　個約，947 個村等——轉引自孫海泉，《清代賦役制度變革後的地方基層組織》，《河北學刊》2004 年第 6 期。我們下文對鄉保制和鄉地制的介紹，即分別代表了縣以下基層組織爲兩級與一級時的情形。

〔註68〕〔美〕瞿同祖，《清代地方政府》，法律出版社 2003 年版，第 7～11 頁；Kung-chuan Hsiao, Rural China, Imperial Control in the Nineteenth Century, University of Washington Press, 1960. p.267.

〔註69〕〔美〕黃宗智，《華北的小農經濟與社會變遷》，中華書局 1986 年版，第 234～236 頁。

〔註70〕同上，第 237～238 頁。

其職責。

那麼爲什麼地方和村莊的領導人物不直接擔任鄉保呢？這是因爲鄉保這一「官職」權力非常有限，其收入主要來自各莊的幫貼，官府並不發給他薪酬，他的主要職責是催辦錢糧、承辦差役、稽查匪類、編排戶口，寶坻縣衙稱其爲「在官人役」，實際上處於官府和地方勢力即在籍紳士和各莊首事人（首事是村莊領袖在當地的稱謂）的夾縫之中，是一個有職無權、吃力不討好的角色。在實際工作中，要順利完成徵收賦稅的職責，鄉保必須與村莊內在的領導層合作；而一旦完不成職責，又會面臨到官府吃官司的危險。對於有著讀書人身份、重視自己社會地位與名譽的士紳來講，顯然不願承擔這種催收錢糧的職役角色，即使是一般的庶民地主也不屑於擔任鄉保一職。〔註71〕

黃宗智根據寶坻的檔案進一步分析到，由於華北農村考取功名的人比較少，下層士紳在村以上的鄉保一級中起著重要作用，在自然村這一階層之內，寶坻文獻所見的幾百個村級牌頭、甲長和首事幾乎全是庶民，多是從事耕作的「凡人」──中農、富農以及經營式農場主，他們是村莊公認的自生領袖，是村莊利益的維護者而非國家政權的代理人。他的這一分析同樣得到了滿慣調查材料中關於華北村莊權力結構實際情形和甘布爾對華北村莊調查的佐證。「根據我們的記錄，村莊的長老和官員都是無償地服務……大部分的長老，是較富有村戶的成員，因而有餘暇爲社團服務……通常甚少謀得私利的機會。」〔註72〕

不同於黃宗智對冀東寶坻管轄二十多個村的鄉保的考察，李懷印通過對河北獲鹿縣檔案的研究，考察了實行於當地的鄉地制。獲鹿的鄉地設於村一級或村下面的牌一級，與鄉保一樣，鄉地也是縣衙與當地村落之間的中間人，承擔由知縣委派的任務，如發放地契、催繳契稅、徵收捐稅、提供差役、向縣官報告當地治安情況、幫助衙役拘捕罪犯等，和先前保甲制的作用並無二

---

〔註71〕 參見王福明撰寫的「鄉級組織剖析──以寶坻縣和定州爲例」一節，載從翰香主編《近代冀魯豫鄉村》，中國社會科學出版社 1995 年版，第 37～40 頁。當然也有人想利用鄉保的職位謀利，黃宗智在其書中就舉了這樣的例子，但他分析到，在國家與地方社會之間複雜的權力關係中，以及一個地區自身的複雜利益集團間的關係中，鄉保長期濫用職權的事例只是例外。參見〔美〕黃宗智，《華北的小農經濟與社會變遷》，中華書局 1986 年版，第 239～241 頁。

〔註72〕 Gamble, Sideney. North China Villages: Social, Political and Economic Activities Before 1933. Berkeley: University of California Press, 1963. P.60.

致。鄉地由村民每年輪流充任,雖然鄉地可以作爲中間人抽傭,以彌補其墊付稅款所遭受的損失,但總體而言充當鄉地是一種費力不討好的負擔,所以村民們創立了「村規」、「鄉規」以規範鄉地的選任,規定村社中所有符合條件的村戶,每年都要輪任鄉地。李懷印認爲,鄉地制作爲一種鄉民間內生的合作制度,既方便了村民納稅,保護了村社免受來自國家制度或衙役及包收人的非法行爲的外來侵擾,也由於其平穩運作保證了田賦及時、全額完納,因此得到了官方的認可,並將其視爲功能漸失的保甲制的理想替代。〔註73〕而鄉地制在獲鹿縣的流行,與當地相對穩定的生態環境、以自耕農爲主體的社會結構及宗族紐帶相對牢固等因素密切相關〔註74〕。

由此我們可以看出,在華北鄉村的治理中,雖然由於自然生態環境、宗族親族紐帶牢固度的不同而演變出了不同的制度,但無論鄉保還是鄉地,其承擔的職責是大同小異的,主要是在徵收賦稅領域作爲官府和鄉村社會之間的中介。鄉紳等地方精英在這一領域並不與官府直接打交道,而是居於幕後,國家權力當然也沒有深入到自然村一級。如果鄉保、鄉地能按時向官府完納稅收,則官府與鄉村民眾之間會相安無事。如果出現不能完納的情況,如鄉保潛逃時,官府也無法使保舉鄉保的地方顯要人物承擔收稅之責,只能敦促另選他人;〔註75〕如果州縣衙門徵收的賦稅超過了一定的限度,士紳們就會如費孝通所言,「可以從一切社會關係,親戚、同鄉、同年等等,把壓力透到上層,一直可以到皇帝本人」,從而使得官府從鄉村社會汲取稅收的額度受到鄉土精英們的制約。

## 三、華北鄉村社會的自組織與自治——以青苗會爲例

對華北鄉村社會而言,除了通過鄉保制(鄉地制)在賦稅差徭的徵收及查報案件等方面支應官差之外,其餘的鄉村公共事務的管理及公益事業的興辦,則主要是由鄉村社會通過自組織與自治的方式來完成,國家政權在這些領域基本上放手不管或者只起勸諭的作用。既有的研究大都指出,諸多鄉里

---

〔註73〕〔美〕李懷印,《華北村治——晚清和民國時期的國家與鄉村》,中華書局2008年版,第13、58~60、81頁。

〔註74〕〔美〕李懷印,《晚清及民國時期華北村莊中的鄉地制——以河北獲鹿縣爲例》,載《歷史研究》,2001年第6期。

〔註75〕根據黃宗智的研究,鄉保潛逃的情況下,寶坻檔案中完全沒有國家勒令其保舉人賠償的例子。參見黃宗智《華北的小農經濟與社會變遷》,中華書局1986年版,第238頁。

公共事務諸如民間糾紛的調解和社會風氣的維持、鄉里像築橋鋪路、修葺祠堂廟宇、修補水利和村防設施等公益事業的興辦、鄉村社會的自衛、教化、教育、福利救濟、祭祀、祈雨等事宜基本上是由鄉紳、宗族首領及其他富有威望的鄉村精英牽頭，通過宗族或成立其他各種組織及會社來完成，其資金來源包括私人性的捐助捐納以及經營民間公款公產的利息收入等，〔註76〕成立的自發性會社則多種多樣，如興修水利的「閘會」組織，生死相助的「老人會」，村落祭祀的「香會」，春祈秋報的「迎神賽會」，生產互助的「搭套行為」，籌措資金的各類「錢會」，還有保護社區安全的「聯莊會」等組織，而與華北鄉村社會關係最為密切的則是以保護莊稼為根本目的的「青苗會」組織。〔註77〕下面我們就以青苗會的組織結構、主要功能及其運作為例對華北鄉村社會的自治情形做一描摹。

青苗會是清王朝統治中後期華北鄉村較為普遍的自治組織，據學者們對順天府檔案的研究，有明確文字記載的青苗會的歷史至少可以追溯到19世紀初，到19世紀後半期則遍及各村。〔註78〕從宗教信仰的源頭上看，青苗會最初源於民間的農業保護神信仰，由於華北農村頻繁的旱澇災害及蝗災等的侵擾，鄉民們多通過建立廟宇求助於神靈來保佑農業生產，「青苗神」就是鄉民們祈求的用來保護青苗茁壯成長的農業神之一，而青苗會則用以組織村落信仰、修建廟宇及主持儀式；從世俗功能的角度上看，青苗會成立的背景則是一個或幾個村落在莊稼成熟收穫之際，自發組織起來用以看青，以防止莊稼被人偷盜或被牲畜踐踏〔註79〕。

在嘉慶道光年間，青苗會的主要職能是看護莊稼。有些村莊的青苗會也主持本村的祭祀祈雨等宗教信仰儀式。〔註80〕在青苗會職能相對簡單的這一時期，青苗會的組織結構由首事（有些地方也稱為會首）、看青人、會眾三個相對固定的群體組成，首事司理全會一切事宜，宗族、知識和財富是充當首

〔註76〕 具體論述可參見魏光奇，《官治與自治──20世紀上半期的中國縣制》，商務印書館2004年版，第51～53頁；鄭起東，《轉型期的華北農村社會》一書中的第二章「農村社會組織」，上海書店出版社2004年版，第100～202頁。

〔註77〕 張松梅、王洪兵，《青苗會組織淵源考》，載《東方論壇》，2010年第1期。

〔註78〕 從翰香主編，《近代冀魯豫鄉村》，中國社會科學出版社1995年版，第93～95頁。

〔註79〕 張松梅、王洪兵，《青苗會組織淵源考》，載《東方論壇》，2010年第1期。

〔註80〕 參見楊念群，《華北青苗會的組織結構與功能演變──以解口村、黃土北店村等為個案》，載《中州學刊》，2001年第3期。

事不可或缺的三大要素。有些華北村莊只有一名首事，有些則有多名首事，在有多名首事的村莊裏，由眾首事輪流承擔會首，首事接替需訂立字據，字據詳細言明接替雙方職責、義務的轉移。看青人則是首事雇用的用來在莊稼成熟收穫期負責看護莊稼免遭偷竊及牲畜踐踏的人員，會眾是加入青苗會的莊眾。這一時期青苗會的活動大體包括三個方面，主要由首事負責：一是操辦起、散會事。「立會」時間一般在莊稼收穫季節之前，立會時的主要議程包括加入青苗會的各家呈報地畝數，首事與莊眾公議青苗地規，訂立攬青合同。此外，入會各家還會在村廟內聚餐（稱「吃會」）。在起、散會之時以及神佛誕辰之日，還會舉行演戲酬神活動以祈禱或慶祝豐收。二是雇用看青人並徵收青錢。看青人的工錢來自入會各家按照地畝數支付的「青錢」，因為收穫前普通農家多無力支付，青錢通常是首事在立會時墊付，收穫後向各家歸撑，因此首事必須擁有一定的財富方可擔起這一責任。三是對偷青事件的處罰及賠償的執行。對偷青事件的處罰在立會之日的攬青合同中都有規定，有些合同還會詳細規定罰金的數額。一般而言處罰偷青及執行賠償都由青苗會按照合同中的規定及相應的村規民約解決，在不能有效解決的情況下，也有告官事件的發生〔註81〕。

　　總體而言，在嘉慶道光年間，大多數華北村莊的青苗會的職能與活動內容都比較簡單，組織結構也比較鬆散。但在 19 世紀中期以後，由於天平天國運動及捻軍起義等的影響，青苗會的職能開始溢出看青領域，擴展到維護村莊的治安方面，並且以接手徵收差徭為契機，逐漸擔負起支應官差、經管公產、修堤鋪路等村莊公務，從而發展為華北鄉村最重要的自治組織。青苗會之所以接手徵收差徭的事宜，是由於頻繁的戰事使得以往相對固定的少量差徭變得量大且無常化，而青苗會存留的「青錢」有時就用來應付這些量大無常的差徭，由此青苗會就逐漸接手了村莊其他公務。隨著職能及活動內容的增多，青苗會的組織結構日漸固定化、完善化，運作程序也相應地複雜化。在青苗會的組織結構方面，因為差徭以村莊為單位進行攤派，所有種地的人家都必須按照地畝數承擔相應份額，因此入會由以往的自願相應地變得具有強制性。由於青苗會管理事務的增多，除了首事之外，不少村莊的青苗會都有人數不等的理事人及管賬先生。在運作程序上，由於會眾承擔的會費大增，

---

〔註81〕參見周健、張思，《19 世紀華北青苗會組織結構與功能變遷——以順天府寶坻縣為例》，載《清史研究》，2006 年第 2 期。

除了青錢還有差錢，而青苗會還經管公產，因此會眾對青苗會運營的監督也相應增加，首事在秋後要算清當年青苗會帳，在村內張貼清單，向村民公佈青苗會同時也是全村的財政狀況，如果村民們認為某位首事在辦會過程中辦事不公、摟吞肥己，便可公議將其罷免，如果公議不能解決問題，村民或其他首事便會告到官府〔註82〕。

綜上不難看出，無論是職能相對簡單的看青時代，還是職能複雜化之後的「會事繁冗時期」，青苗會作為華北鄉村的一種內生自發組織，能通過組織結構及運作程序的調整與完善，比較有效地擔負起維護村莊公益、處理村莊公務及應對官府征派差役的角色，成為華北鄉村有效自治的重要載體。

清王朝對華北鄉村的治理，是傳統中國鄉治的一個縮影。從這一縮影中，我們不難管窺出，這種治理是一種依靠以儒家文化為主體的鄉村社會文化網絡進行柔性的間接治理方式，是一種以教諭、訓諭為手段的禮治教化為主、刑治為輔，依託於鄉村社會的內生精英進行統治的自治模式，這一模式是在一個非常精緻微妙的系統下得以運作的。在這一系統中，國家政權與鄉村社會打交道的主要領域是徵收賦稅差役，而在這一領域，又是通過諸如鄉保、鄉地這種職役人員把官府與鄉村社會聯繫起來，賦稅差役徵收的多少不由官府直接決定，職役人員也不由官府直接任命，如果官府徵收的賦稅差役量超出了慣例，那麼鄉保、鄉地背後的真正勢力即以鄉紳和首事們為代表的民間精英就會和官府接頭，進行討價還價的商議。所以在國家政權和鄉村社會之間實際上存在著兩道緩衝，一道是常設的職役人員，他們沒有地位和權力，是官府的跑腿人，也是國家政權和鄉村權勢人物之間的緩衝；再一道是擁有身份和地位的鄉紳，他們是官府和鄉村社會之間的緩衝，在職役人員和官府發生衝突時，會站出來和官府協商或抗爭。鄉紳總體而言既認同國家政權，又在鄉土社會擁有根基和利益，憑藉文化威權和道德威望進行治理。而除了賦稅差役及重大治安事件之外的領域，則由鄉土社會通過自組織的方式進行自我管理、自我服務，對鄉土社會的糾紛官府也奉行「民不舉官不究」的原則，儘量由民間自己解決。當然作為職役人員的鄉保地保也有從中漁利的機會和行為，鄉紳中也有包攬詞訟、魚肉鄉里的劣紳，但熟人社會的鄉土中國的大背景及儒家讀書人身份的陶冶，使得這些現象的出現在一個王朝統治的

---

〔註82〕參見周健、張思，《19 世紀華北青苗會組織結構與功能變遷——以順天府寶坻縣為例》，載《清史研究》，2006 年第 2 期。

常態時期都是比較個別的例外，鄉土社會在這一長期演進而來的微妙系統下擁有一定的彈性和應變能力，大體能保持較爲有效的自治，國家治理鄉村社會的成本因此也比較低廉。一句話，華夏文明在鄉村治理方面在世界諸農業文明中處於一個領跑者的位置上。

　　然而，華夏文明在近代遭遇到西方文明全方位衝擊下形成的震撼是空前的，人們在亡國滅種陰影下對自己傳統文化的失望進而絕望，推動著國家掀起了一輪又一輪激進變革的浪潮，開始了古老文明對現代化的狂熱追求。而正是在這場面向現代化的急行軍中，經歷史反覆磨合與篩選出來、有著自己特色、更有著人類文明成功治理共性的傳統鄉村自治模式，意外地成了這場急行軍最早的犧牲品，由此也使得傳統中國鄉村自治向現代化的轉型失卻了自身的根基與憑藉，其轉型的挫敗成爲至今我們難以揮去的陰影。

# 第二章　現代化急行軍與傳統中國鄉村治理轉型的挫敗

　　傳統中國的鄉村自治因爲其賴以運轉的宏觀社會治理結構的修復機制而得以不斷再生，直到清末新政前，清王朝對鄉村社會的治理延續的仍然是這樣一種自治模式。但近現代以來面對西方強勢文明的進逼與邁向現代化的巨大壓力，這一自治模式受到了前所未有的挑戰，而國人也在這一巨大壓力下逐步邁上了全盤學習西方、全面否定自己歷史與傳統的現代化急行軍之旅。在我們現代化急行軍的實踐中，儒學道統與一統王權不斷受到批判乃至唾棄，最終使得鄉村自治賴以運轉的宏觀社會治理結構背景遭到了巨大的破壞，其自我修復機制也被中斷，鄉村社會的文化網絡在廢科舉、辦新學以及沉重賦稅的打擊下日漸凋零破敗，傳統中國的鄉村自治模式受到極大破壞，結果百多年來我們追求現代化的一個副產品就是鄉村社會的不斷衰敗，而鄉村社會的衰敗又使得我們的現代化事業不定時地得不到來自鄉村社會的正面支持。以追求國家富強始，到作爲國家富強根基的鄉村社會破敗終，這是一段充滿了諷刺意味的「現代化」歷史，也是我們今天的社會轉型之痛。歷史當然無法重新來過，但是現代化事業在我們這個時代的再度展開，使得我們有必要對現代化急行軍的原因及其對傳統鄉村自治所造成的破壞的歷史脈絡與後果進行再審視，以期對我們今天現代化事業的展開提供歷史之借鑒。

# 第一節　現代化急行軍的客觀背景及其背後的現代化釋義

眾所週知，近現代以降，自成一體的華夏文明進入到了一個「數千年未有之大變局」的變革時代，從洋務運動到戊戌變法，從清末新政到辛亥革命，從五四運動到民國政府的一系列改革，我們效法西方展開變革的步伐越走越急迫，越走越偏離自己的歷史與傳統，以至於最後走上了一條全面否定自身歷史與文化的林毓生先生所謂的「全盤性反傳統主義」〔註1〕的道路，傳統的鄉村自治模式也在「歷史與文化虛無主義」的大浪中備受衝擊，受到了不容小覷的戕害。那麼推動我們走向現代化急行軍道路的原因何在呢？應該說對這一歷史性問題的解答並不簡單，現在我們嘗試從客觀的時代背景以及我們主觀上對現代化的理解偏頗兩個方面做一闡釋。

## 一、現代化急行軍的客觀背景

我們知道，在世界歷史的舞臺上，西方國家率先邁入了現代化的歷史進程。自從英國在其自身的歷史發展脈絡與演進中逐步建成迥異於自然經濟的市場經濟體系與大機器工業之後，就向其他國家展現出了現代市場經濟無可匹敵的競爭能力。它作爲一種具有強烈擴張性質的經濟形態，在民族國家的庇護之下，不斷在全球範圍內尋找自己的原料產地和銷售市場。與此同時，「它迫使一切民族——如果它們不想滅亡的話——採用資產階級的生產方式。」〔註2〕由是，世界其它國家便在英國帶來的沉重生存壓力與無法抵禦的示範效應下，或先或後、或主動或被動地邁上了走向現代化的社會轉型之路。不同於英國「先發內生」型的現代化之路，世界很多其他國家包括中國走的都是一種「後發外生」型的現代化道路，而我們走上現代化急行軍的道路正是在這樣的背景下展開的。

我們知道，自從 1840 年鴉片戰爭開始，西方文明中發展出來的堅船利炮就對傳統中國造成了一定衝擊，自成一體有著悠久歷史的華夏農業文明所面臨的世界格局已然發生了如康有爲所言的從大一統到萬國林立的競爭局面的

---

〔註 1〕「全盤性反傳統主義」爲林毓生在《中國意識的危機——「五四」時期激烈的反傳統主義》一書中用來形容五四時期知識精英所掀起的全盤反對中國傳統的用語，穆善培譯，貴州人民出版社，1986 年版。

〔註 2〕《馬克思恩格斯選集》第一卷，人民出版社，1995 年版，第 276 頁。

變化。雖然我們當時對這一變化的認知還比較模糊，還不那麼到位，但不少有識之士已認識到對中國現狀進行變革的必要性並開始將變革付諸實施，第二次鴉片戰爭後我們隨後展開的以「舊學爲體，新學爲用」爲基本理念的洋務運動即是這一變革的集中體現。但 1894 年的甲午中日戰爭，天朝大國敗於蕞爾小國的事實使得我們面臨的國內外局勢發生了明顯的惡化。在國內，無論是清朝統治者還是一般的社會精英都眞切地感覺到了變法圖存的緊迫性；而國外勢力面對虛弱的清王朝則掀起了瓜分的狂潮，這又進一步加劇了國人亡國滅種的危機感。在這樣的背景下掀起的帶有激進主義色彩的戊戌變法不僅沒有緩解當時的困境，反而因爲變法本身的激進性而注定了其失敗的命運，並由此使得國內激進派和保守派之間的分歧更加極致化〔註3〕。隨後的庚子事變則使得清王朝的權威呈加速度流失的狀態，訴諸於「怪力亂神」表明清王朝的統治在社會層面已經不像既往那樣依靠士人群體，而這導致了士人對政府能夠救亡圖存能力的懷疑。在內部合法性和權威性不斷流失、外部面臨列強侵擾憂患的背景下，清王朝展開了大規模的自上而下的變革，這就是我們今天所熟知的「清末新政」，清王朝也在自己發起的這場新政中壽終正寢。而清王朝被推翻後建立起來的民國，人們更不滿意，袁世凱的統治也好，北洋軍閥體制也罷，不僅沒有使彼時的中國重新煥發出生機，反而在維護社會基本秩序方面都比不上腐朽沒落的清王朝。國人在這樣越來越惡劣的時局背景下，進一步追根溯源，把帳一直算到老祖宗的「落後」的文化身上，然後就有了全面否定中國文化的五四運動。舊的王朝統治秩序崩潰了，但一個能爲大多數人所認可的新秩序卻建立不起來，由此就使得激進的思想無止境地發展下去，並陷入了惡性循環：惡化的現狀滋生激進的思想，思想的激化又加深現狀的動蕩。〔註4〕

　　從器物層面的學習到試圖變革典章制度再到對政治倫理秩序本身的懷疑最終走向了全面反叛自己的歷史和文化傳統，今天回首我們走過的這條路的背後，的確，西方的堅船利炮及其物美價廉、琳琅滿目的商品對我們的古老文明所造成的極大衝擊是我們一步步展開變革的大背景，而在變革過程中，

---

〔註3〕關於戊戌變法的激進性及其失敗後果的分析可以參考蕭功秦，《危機中的變革——清末政治中的激進與保守》一書中第四、五、六三章的分析，廣東人民出版社 2011 年版，第 35～91 頁。

〔註4〕余英時，《現代儒學的回顧與展望》，生活・讀書・新知三聯書店 2004 年版，第 29 頁。

一次次的戰敗求和、一次次的割地賠款以及西方國家在通商口岸所帶來的物質文明之豐盛的示範效應又不停地打擊併吞噬著我們的自信心，最終使得我們的變革步伐失去了自己的主體性而失控。更為根本的是，當傳統中國面臨這一史無前例的困境即邁向現代化的轉型困境之時，在如何變革、以何種方式何種速度變革、朝著什麼樣的方向變革以走出困局、完成轉型方面，世界上尚沒有現成的經驗總結，中國歷史中也沒有多少可供借鑒的歷史經驗可言，我們只能向當時獨領風騷的西方文明去學習，而西方文明也並非鐵板一塊，向哪個國家學習，學習哪些方面，我們也只能在跌打中摸索試探，而並沒有一個大體一致的認知。在外部嚴峻環境的挑戰下，留給我們試錯的時空餘地似乎也不多，於是變革越到後來越陷入困境，這就為激進主義思潮成為人們的主導心態和激進革命的爆發提供了現實的土壤，但革命之後的現狀更不值得去「保守」，於是激進的思潮和改革更加有市場，我們在現代化急行軍的道路上越走越遠。

總而言之，西方文明的巨大壓力和示範效應，大一統文明在變革中缺乏經驗可循、實現「華麗轉身」難度之大及在變革中表現出來的不盡如人意構成了我們現代化急行軍得以展開的外部環境。由此看來，作為「後發國家」的我們全盤照搬西方，走上對自身傳統歷史文化全盤否定的現代化急行軍之路，差不多出自一種本能式的自然反應。然而，時至今日，當我們以事後的眼光來重新審視這一問題時，這種認為全盤否定自己歷史文化的虛無主義做法僅僅是我們被動的本能式反應的答案，似乎很難站住腳。因為當這一虛無主義後來走向自己巔峰的時候，上述那些我們以為的真正推動原因實際上大都出現了緩轉，不少甚至已經不復存在。這一情況的出現在很大程度上說明了，近代以來佔據後發國家主流舞臺的歷史文化虛無主義，實際上還有著更深層次的原因，而這就是我們對現代化的理解及其背後的時代信念支撐。

## 二、現代化急行軍背後的「現代化釋義」及其時代信念

在今天經歷了現代化反覆挫敗的後發國家看來，這種將激進的反傳統視為通向現代化必由之路的看法，雖和緊迫逼人的外在形勢有關，但更與我們對現代化和傳統的認識、與我們對實現強國之路的認識有關。在這個意義上，我們以激進反傳統為底色的現代化急行軍之路是和我們的認識、以及建立在這種認識基礎上的「主體性建構」分不開的，它實際上是建基於當時認知方

法論之上的一種「神話」、一種對於現代化的特定「釋義」。

這種神話性質的「現代化釋義」有兩個方面最值得一提。一個方面是把傳統看成是現代化的絕對對立面，兩者勢不兩立。在這一源自歐洲大陸啓蒙運動、充滿理性主義精神的解讀下，現代化實現的前提就是盡可能地擺脫傳統、甚至全面地摧毀傳統。我們知道，大陸啓蒙運動將歐洲國家之所以能成功走向現代國家的原因，完全歸結為與中世紀的「黑暗」、「野蠻」、「愚昧」、「落後保守」和「封建專制」作最徹底的決裂。歐洲的「文藝復興運動」也好，「啓蒙運動」也好，都把自己看成是人類理性徹底擺脫「中世紀」神學思想專斷的勝利。在這種對於歐洲現代化的解讀中，一個社會現代化的實現程度可以用它和傳統歷史文化之間拉開的距離來衡量。不難看出，中國近代在「西風東漸」影響下掀起的「五四」新文化運動將激進的反傳統做法奉為圭臬，傳承的正是這樣一種要「與傳統作最徹底決裂」的精神。正是在這樣一種精神的指引下，當時的不少社會精英與政治精英背離了我們華夏文明幾千年以來積澱傳承下來的中庸智慧和審慎美德，對自身的歷史與文化傳統展開了極為激進的全面檢討與全面清算，對成功治埋了一個幾千年文明古國因此而蘊含有複雜性、豐富性與含混性的古老傳統進行了全面的抹黑、詛咒與妖魔化，「全盤性反傳統主義」的思想、文化與政治、社會運動愈演愈烈，最終摧毀了傳統的社會治理結構。

這一釋義的另一個方面是把現代化看成就是工業化，就是西方化。在這種釋義看來，西方強勢文明最直接的體現就是它的工業化和組織工業化的方式。因此現代化要加以實現的，也就集中地體現在這個方面。「西方或歐洲的制度本身是現代化的根本內容，其他社會可以忘掉自己的歷史傳統而採納西方和歐洲式的現代價值標準和尺度」〔註5〕，而「工業較發達的國家向工業較不發達的國家所顯示的，只是後者未來的景象」。〔註6〕在這樣一種釋義的影響下，後發國家的人們一步步地在「西方化」方面不斷尋找差距，層層深入，努力改變自己，不惜「脫胎換骨」，不惜「全力以赴」，不惜與「昨日之我」開戰。當然，「後發」國家對工業化、「西化」的借鑒與模倣不能說是絕對的錯。對於那些與「早發」國家有著較深歷史文化親緣關係和相近社會結構的「後發」國家來說，這種借鑒與模倣不只是可行的，也有成功的個案。但是，

---

〔註5〕〔美〕布萊克，《日本和俄國的現代化》，商務印書館1992年版，第24頁。
〔註6〕《馬克思恩格斯選集》第二卷，人民出版社1995年版，第100頁。

這種借鑒與模倣對那些與西方「早發」國家有著大相徑庭的歷史文化傳統和社會結構的「後發」國家來說，不僅很少會有成功的可能，相反會出現「逾淮爲枳」式的結果，會導致傳統社會產生嚴重的「結構性震蕩」，引起這類後發國家的現代化進程中「受挫」與「反向運動」的頻發。〔註7〕

顯然，這樣的「現代化釋義」對於華夏傳統農業文明及其鄉村治理結構造成的衝擊，是極其致命的。不過，如果我們再深入一步看的話還會發現，這種特定的「釋義」如果沒有來自那個時代的信念的支撐，恐怕也難以進入到整個民族的「集體無意識」之中，難以如此堅韌持久地影響華夏文明的現代化探索史。因此，我們對於問題的討論不能不追蹤到隱藏在這「現代化釋義」背後的時代信念。站在今天對於「理性主義政治」反思的高度，我們不難發現，這個左右著「後發國家」現代化「釋義」的時代信念是：我們能通過自己的理性去把握和操控作爲線性系統的社會，我們可以按自己的意願去創造未來。

可以說，正是在這樣一個建基於牛頓經典力學提供的方法論與機械論世界圖景之上的時代信念的支撐下，我們將人類「致命的自負」表演到了極致：我們對於「最眞」、「最善」、「最美」的識別信心滿滿，在沖決傳統網羅束縛、與之作最徹底決裂方面，沒有絲毫猶豫；我們產生了自己的「哲學王」，也形成了在地上建立「天國」的不可遏制的衝動，並將獲得、加強與獨斷政治權力視爲通向理想天國的不二法門；我們徹底背離了文明史積澱下來的治理藝術，追求對於社會方方面面的政治與行政強控制，最終把社會驅趕上一元封閉的道路；我們對於政治權力產生了持續而強烈的期待與幻想，使政治權力無法不越出自己的合理邊界去追求宏大的理想目標、一統的社會秩序；我們拒絕接受任何對國家權力有效約束的做法，把國家權力變成「後發國家」現代化進程一再受挫的眞正「麻煩製造者」，變成追求自身理想的「不自覺摧毀者」。

正是在這樣一種時代信念支撐下的現代化釋義使得我們當年眞切地相信，只有通過走一條洗心革面、「痛改前非」、全心全意向西方學習的道路才可能實現中國的富國強兵，開創華夏文明的未來。然而結果卻是喪失了自己文化主體性的我們不但無法做到「在一張白紙上畫最新最美的圖畫」，反而成

---

〔註 7〕參見張銘，《現代化視野中的伊斯蘭復興運動》，中國社會科學出版社 1999 年版；《東方社會轉型與社會主義歷史課題》一文中的論述，載《福建論壇‧人文社會科學版》，2007 年第 11 期。

為西方各種主義和思潮試驗的「跑馬場」，使得整個社會陷入到了文化失調與全方位危機的「失範綜合症」之中。傳統中國的鄉村自治就是在這樣一種背景下走向了終結，失卻了向現代適應轉型的自身根基。接下來我們將對現代化急行軍中導致鄉村自治走向終結的幾大做法進行考察。

## 第二節　廢科舉、辦新學與鄉村社會文化網絡的衰微

庚子事變之後，在變法自強、救亡圖存以緩解內憂外患的悲情氛圍中，清王朝拉開了一系列改革的帷幕，從廢除科舉制到立憲再到舉辦地方自治，改革力度之大、速度之快前所未有。而正是在這樣大刀闊斧的改革中，清王朝長期實行的鄉村社會自治開始真正受到衝擊，1905 年的廢科舉使得鄉村社會治理的主體——鄉紳階層的繼替發生中斷，鄉村精英為了接受新學教育而不斷流向城市，城鄉之間日益疏離，城鄉二元結構發軔。始於清末的「地方自治」一方面使得紳權正式化、體制化，改變了基層鄉村社會傳統的官、紳、民權力結構，國家政權和民眾之間的緩衝空間日漸縮小，另一方面「地方自治」運動的展開也增加了民眾的賦稅負擔。到了民國時期，國家政權對鄉村社會的改造與整合力度越來越大，邁向現代化的急迫感使得國家政權不斷下沉以從鄉村汲取資源，又加之軍閥戰爭、日本侵華戰爭等的戰亂洗劫，鄉村民眾的賦稅負擔急劇增加，鄉土精英的外流愈加顯著，鄉土社會日益衰敗，逐步完成了由傳統的自治到行政強控制的過程。在這一節裏，我們首先來考察一下廢除科舉制與舉辦新學如何使得鄉村社會的文化網絡日漸衰微，從而對傳統的鄉村自治造成了難以彌補的戕害。

誕生於隋唐之際的科舉制，到明清時期日臻成熟完善，對於鄉村社會而言，科舉制的推廣完善，使得鄉村社會形成了一個耕讀並重的鄉紳階層，這一擁有功名的階層既認同王權，又在鄉土社會擁有自己的利益根基與文化道德威權，由此成為溝通國家與鄉村社會的橋梁，也是在鄉村社會實施教化使得鄉村自我治理得以實現的主要載體。而對於城鄉關係而言，科舉制的成熟造就了城鄉互動、同步一體發展的格局，遍佈鄉村的士人從鄉村流入城市，最後又從城市回到他們心理與情感上真正認同的人生歸宿——鄉村〔註8〕，這

---

〔註 8〕羅志田，《科舉制廢除在鄉村中的社會後果》，載《中國社會科學》，2006 年第
　　　1 期。

一落葉歸根的傳統為鄉土社會保持著地方人才，這些人物即使躍登龍門，也並不忘本，不但不損蝕本鄉的元力，送往外洋，而且對於根源的保衛和培養時常看成一種責任，人才不脫離草根，使中國文化能深入地方，也使人才的來源充沛浩闊，〔註9〕使中國的城鄉之間共享著同一文化，保持著一體化的格局。而伴隨著 1905 年清廷宣佈廢除科舉制，興辦新學堂，對士紳階層的存續與城鄉一元化的結構並最終對鄉村治理都帶來了一系列意想不到的衝擊。具體來講，這些衝擊表現為以下五個方面：

首先，科舉制的廢除很大程度上使得儒學中國迷失了自己的「文明之魂」，而一個不再具有自己文明主體性的國度，想要達成具有穩定性與可持續性的鄉村治理難免會成為水月鏡花。歷史地看，科舉制度實際上是經自然演進而為歷史所篩選出來，承擔著支撐儒學信仰與教化、人才培育與精英優選、國家與社會既定治理結構等重要功能的核心制度；是大一統政治得以優化、得以成功「人文化成」的柱石；是中華民族藉以自立的「意義世界」之養成機制。而廢科舉則從制度上釜底抽薪地斷了儒家道統延續的香火，中國社會出現了信仰與價值規範的巨大真空；辦新學儘管在科技領域培養了不少有用之才，但新學教育如舒新城所言，「是由逼於外力的一種反動所產生的。雖然此種反動是以『圖強』為主要原素，但當時之改行新教育制度而將舊的——書院制、私塾制、考試制——一筆勾銷，並不是主持者真正明白新教育制度的優點與洞悉舊者的缺點，不過眼見得外力逼，國勢日弱，特運用『以其人之道，還治其人之身』的推證，而極力模倣其種種設施」。〔註10〕被我們模倣而設的新學教育功利性凸顯，人文精神匱乏，而一個社會的文化底蘊和精神氣質卻離不開人文精神長時段的薰陶與浸淫，我們此一捨本逐末做法的後遺症是，自此幾千年的文明古國迷失了自己的精神家園而成為一塊荒蕪的跑馬場，任由外來的主義與思想輪番踐踏。

其實早在廢科舉之初就有賢明人士大體預見到了這一可怕的後果，如嚴復在 1909 年的在《與學部書》中稱：「親見近日時世，自科舉既廢，民氣之閉塞益深，國學之凌遲日亟，以為吾國顛危之象，此最可憂。」〔註11〕而到

---

〔註 9〕費孝通，《鄉土重建‧損蝕沖洗下的鄉土》，載《鄉土中國》，上海人民出版社 2006 年版，第 165 頁。

〔註10〕舒新城，《近代中國教育思想史》，中華書局 1932 年版，第 14 頁。

〔註11〕馬勇編，《嚴復語萃》，華夏出版社 1993 年版，第 172 頁。

了民國時期，嚴復的擔憂變成了現實，廢科舉造成的文化衰微與精神迷茫的後果在那時就已經充分展現出來，時任中華民國教育部長的朱家驊曾經針對其周圍的道德滑坡現象發出這樣的喟歎，「禮貌和謙卑沒有了，秩序和規則消失了，責任感顯而易見地少之又少。腐敗、迷茫、空虛及厭世情緒像毒草一樣蔓延滋生……自義和團起義以來，中華民族對自己的命運完全喪失了信心。雖然我們也曾發起過許多改革運動……但它們不過是對外國的機械模倣，最終導致中國人民在歷史上曾經展現出來的民族精神完全被湮沒。所有外國的政策和制度都被拿來當作醫治中國社會、政治頑疾的靈丹妙藥，卻根本不考慮其是否符合中國的實際情況。無政府主義、共產主義、國際主義和其他形形色色的主義使得儒學的境遇變得更加糟糕，導致我們原有的制度崩潰、自身的文化遺產遭到破壞。更為嚴重的是，青年一代被這種迷亂的氛圍擊倒在地上爬不起來，這就給未來埋下了災難的種子，民族的活力也因此喪失……」〔註12〕可以說，時至今日，當那些外來的主義和思想因種種原因喪失影響力，國人也不再為之瘋狂的時候，我們似乎也淪落到不知文明治理為何物，盲然地退回到「人文化成」前的「秦制」和「物質主義」中去的地步。正所謂「皮之不存，毛將焉附」？鄉村社會在今天令人觸目驚心的不只是物質方面的貧困化，還有文化方面的沙漠化，造成這一沙漠化狀態的原因當然是多方面的，其中廢科舉所造成的華夏文明主體性的喪失以及隨之而來的統治的野蠻化與返祖化可以說是一大根源。

其次，廢科舉、辦新學造成了鄉村教育的日益荒蕪，鄉村社會的文盲率增加，識字率下降，抽空了鄉村自治的文化資源。之所以出現這樣的局面，原因主要有以下四個方面：第一，相比於舊式教育來講，接受新學教育的成本陡然增加。廢科舉沒多久，候補內閣中書黃運藩曾在其建言中提到：「科舉辦法，士子自少至壯，一切學費，皆量力自為，亦無一定成格，……鄉間書塾，每省輒盈千萬，官所經營僅書院數十區，脩脯膏獎，率多地方自籌；少而易集，集即可以持久，無勞歲歲經營。」〔註13〕而辦新學的費用卻大為增加，籌建校舍、延請師資、購買現代教學儀器等都需要經費投入，而科舉制

---

〔註12〕 《字林西報》，1934年3月28日。轉引自〔英〕莊士敦著，潘崇、崔萌譯，《儒學與近代中國》，天津人民出版社，2010年版，第143～144頁。

〔註13〕 《候補內閣中書黃運藩請變通學務、科舉與科學並行、中學與西才分造呈》，載故宮博物院明清檔案部彙編，《清末籌備立憲檔案史料》下冊，中華書局1979年版，第982頁。

度下的傳統教育機構如義學、私塾、書院等運營成本較低，對就學者而言或是免費或收費很低，書本筆墨費用也少，學生並不集中上課，但是辦新學之後，新學教育多爲全日制，對學生的時間要求增加，新學堂又大多建在城市，甚至小學堂也大多設在州縣所在地，那麼學生就學需要花路費、食宿費等，所需的書本筆墨費用也比以前增多〔註 14〕，這就使得缺乏必要財力支持的家境貧寒而又有志於學的子弟因受教育成本的增大而失學。第二，新學教育在教育內容方面與鄉村社會的實際需要相去甚遠，新學教育中許多自然科學和社會科學等課程乃至於音樂、體操等是近代西方社會的產物，對於當時尚停留於農業和手工業的鄉土社會而言，諸如聲光化電之類的東西很難派上實際用場。這一點胡適剛從美國回來時就注意到：「如今中學堂畢業的人才，高又高不得，低又低不得，竟成了一種無能的遊民。這都由於學校裏所教的功課，和社會上的需要毫無關涉。」〔註 15〕雖然傳統中國的讀經教育看上去也與鄉土社會的日常生產有一定距離，但讀經實際上是一個教人知書達理從而人文化成的過程，它對整個鄉土社會的風氣教化有著難以量化但卻不可低估的形塑作用。第三，就新學堂的分佈格局而言，在政府各項政策的引導下，近代新式學堂將從前分散在鄉、村、鎮的佈局變成集中於城市尤其是集中於大都市。高等學堂、專門學堂、實業學堂、師範學堂等全部集中在京城、省城或其他重要的城市，中學堂基本上都設在各府、廳、直隸州的所在地，較爲正規的中小學校也都在縣城，區、鄉有名無實的國民學校大都只「存在」於表冊上，許多農村僅有「蒙養學」（低級的舊式私塾）。有人估計，鄉村學校僅占全國學校總數的 10%，即使是服務於鄉村社會的農業學校也有將近 80%設在城區。〔註 16〕這樣的教育結構佈局使得鄉村教育的發展愈發滯後，鄉村失學現象愈益顯著。第四，在科舉制度廢止後，和科舉制度聯繫密切的義田制、學田制瓦解，傳統的宗族學堂日漸衰落。新興學堂既不眷顧農村也在農村紮不下根來，舊有的學堂教育、私塾教育又衰敗了，這就使得中國很多農村的文盲率相比於傳統社會來講反而有所上陞，到 20 世紀 20 年代，全國具有小

〔註14〕 李美霞，《科舉制廢除對鄉村社會的影響》，載《山東省農業管理幹部學院學報》，2008 年第 4 期。

〔註15〕 胡適，《歸國雜感》，載《胡適文存》卷 4，亞東圖書館 1920 年版，第 10 頁。

〔註16〕 郝錦花、王先明，《從新學教育看近代鄉村文化的衰落》，載《社會科學戰線》，2006 年第 2 期。楊齊福、吳敏霞，《近代新教育在廢科舉後發展取向的偏差》，載《福建師範大學學報》（哲學社會科學版），2001 年第 2 期。

學文化程度的人數只占總人口的 17%，以致於梁啓超批評道，二十年辦教育使得全民不識字﹝註 17﹞，而鄉村的文盲率在五四前後高達 90%以上。﹝註 18﹞

　　再次，廢科舉、辦新學破壞了傳統的城鄉一元化結構，並最終導致城鄉日漸隔離，城鄉二元化結構形成，鄉村社會日漸遭到拋棄。如我們前文所言，由於新式學堂大都設立在城鎮都市，而鄉土社會的子弟要接受新式教育，就必須到城鎮都市去，而接受了新式教育後的鄉村子弟發現返回鄉村也無用武之地。更重要的是，新式教育使得讀書人的心態也發生了不小的轉變，莊俞早在清末就注意到，新學堂教育出來的學生「驕矜日熾，入家庭則禮節簡慢，遇農工者流尤訕誚而淺之」；章太炎也指出：「自教育界發起智識階級名稱以後，隱然有城市鄉村之分。」所謂「智識階級」，其實就是新教育建制的產物。由於「城市自居於智識階級地位，輕視鄉村」，進而產生了整體性的城鄉「文化之中梗」。實際上，廢科舉不久，即有有識者預言這將會導致人才日漸流向集中於城市，而鄉村則讀書人越來越少，負擔越來越重，造成城市人有權利無義務、農村人有義務無權利的城鄉二元對立格局。﹝註 19﹞這一預言到了民國時期幾乎被完全印證。在城鄉二元教育格局的背景下，城市開始邁入現代化的入門，而鄉村卻日漸凋零，這就進一步加劇了城鄉二元對立的格局，也使得鄉村越發失去吸引力，恰如民國時期時人所觀察的那樣，「近代社會變遷之後，通都大邑完全接受了西洋文明的洗禮，工業設施西方習俗日漸傳入，影響所及遂使城鄉之間由程度之差變為性質的不同。學校特別是高等學校既大多設立於通都大邑，乃使分散於各地的求學青年逐漸集中於少數都會。都市與農村的習俗不盡相同，在長期的教育過程中必要受到都市習俗的薰染終至不能與農村的習俗諧調；畸形發展的近代都市其物質設備又特別富於誘惑，比起農村中的簡陋單調自然使人留戀都市，而不肯回到農村，這不僅紳士的子弟如此，連那些辛苦掙起來的農家子弟一旦走進新式教育的領域，也往往要儘量留在都市不願回鄉。」﹝註 20﹞而隨著人才集中於都市，鄉村的發展也由此失去了可資依賴的人才基礎，更為嚴

﹝註 17﹞　楊齊福、吳敏霞，《近代新教育在廢科舉後發展取向的偏差》，載《福建師範大學學報》（哲學社會科學版），2001 年第 2 期。
﹝註 18﹞　王先明、李偉中，《20 世紀 30 年代的縣政建設運動與鄉村社會變遷——以五個縣政建設實驗縣為基本分析樣本》載《史學月刊》，2003 年第 4 期。
﹝註 19﹞　轉引自羅志田，《科舉制廢除在鄉村中的社會後果》，載《中國社會科學》，2006 年第 1 期。
﹝註 20﹞　費孝通、吳晗等著，《皇權與紳權》，嶽麓書社 2012 年版，第 147 頁。

重的是，伴隨著科舉制的廢除和新式學堂的興辦所帶來的人才向城市的單程流動，使得城鄉之間的文化日漸脫節，城鄉二元化結構的固化使得中國的現代化進程充滿了挫折和不穩定性。

　　第四，廢科舉、辦新學使得鄉村社會中士紳階層的維持出現了難以為繼的局面，使得鄉村社會出現了「現場治理者」的匱乏，鄉村社會的自治由此受到極大衝擊。之所以出現這樣的局面，一方面是因為廢科舉使得上千年的讀經傳統與培育「士」階層的機制被中斷，作為「士」階層的鄉村社會中的鄉紳的繼替自然也斷了後路；而另一方面「新學」教育及新式學堂偏向城市、疏離鄉村社會的歷史特徵，又成為鄉村精英脫離「草根」，駐足城市的一支強效催化劑。〔註21〕隨著新學教育在城市的發展以及城鄉之間二元結構的日益固化，「耕讀並重」的生活方式對「讀書人」來說已經很難再有往昔的吸引力，年輕一代的「學子們」紛紛奔向城市去接受教育，而學成後的學子由於知識結構與城鄉距離不斷拉開等原因，也很少有可能再回農村，結果「這種流動越來越變成是單程的遷移」。〔註22〕產生士紳的舊機制已不復存在，新機制的運作又使得鄉土精英不斷流向城市，士紳作為一個階層在鄉村社會的銷聲匿迹就成了一件很自然的事情。這一點早在廢科舉當年，就有有識者已經預料到這一點，「廢科舉設學堂之後，恐中國識字之人必至銳減。而其效果，將使鄉曲之中，並稍識高頭講章之理之人而亦無之。遂使風俗更加敗壞，而吏治亦愈不易言。」〔註23〕而在風俗日漸敗壞與文化日益荒漠化的背景下，即使有部分精英滯留在鄉村，也已經很難扭轉大局，這些精英要麼不肯與現實同流合污而退隱，要麼適應現實而放下道義約束變為「土豪劣紳」。而這一點也在時人的觀察中得到了充分的印證。山西舉人劉大鵬在其日記中記載道，當時的留鄉紳士大多都借著管理鄉村公共事務之便謀取錢財，而且與官府沆瀣一氣，由是在那樣一種惡化的農村政治生態環境中，久而久之，一些紳士蛻變為痞棍，而一些以往處於農村社會邊緣地位的痞棍卻搖身變為紳士。〔註24〕如果說劉大鵬的記載還只是他個人聽聞與經歷

〔註21〕郝錦花、王先明，《清末民初鄉村精英離鄉的「新學」教育原因》，載《文史哲》，2002 年第 5 期。

〔註22〕〔美〕孔飛力，《中華帝國晚期的叛亂及其敵人》，中國社會科學出版社 1990年版，第 238 頁。

〔註23〕《論廢科舉後補救之法》，載《東方雜誌》第 2 年第 11 期，第 252 頁（欄頁）。

〔註24〕劉大鵬遺著，喬志強標注，《退想齋日記》，1913 年 5 月 13 日，山西人民出版社 1990 年版，第 181、336、497～498 頁。

的一家之言的話，那麼日後國民黨和共產黨都在農村掀起聲勢浩大的打擊「土豪劣紳」的鬥爭則提供了更具普遍性的證明，雖然兩黨這一做法的背後都有著意識形態偏見的支撐，但也並非完全空穴來風，而是在很大程度上說明了鄉村社會的治理環境與權力結構已然發生的「生態性質變」。而我們知道，穩定的士紳階層一方面是鄉村社會與國家政權之間的中介人，是費孝通所言的「雙軌政治體系」中自下而上軌道中的主導者，起到上通下達並維護農村社區利益、抵禦官府侵害的屏障作用；另一方面士紳又發揮著「農村文化生活與社會生態環境的組織者與調節者」的作用，〔註25〕是農村社會小共同體和文化網絡的最重要支柱。士紳階層的逝去與滯留鄉村社會精英的劣化徹底抽空了鄉村自治的根基，鄉村社會在這種情況下，已經不再能長期「維持其健全性的習慣、制度、道德、人才」，結果剩下了貧窮、疾病、壓迫和痛苦，〔註26〕鄉村政權的痞化、鄉土社會的衰敗及落入國家的單軌統治即自上而下的行政命令與控制之手也就完全在意料之中了。

最後，興辦新學過程中的一些激進做法還激化了鄉村社會的矛盾，惡化了鄉村治理的政治生態環境。這一點主要表現為兩個方面：一是興辦新學堂增加了民眾的稅收負擔，但民眾卻難以享受到辦新學的好處，從而引發民眾的「毀學」運動。如我們前文所言，相對於傳統中國的教育機構的經營，興辦新學堂經費開支巨大，而既有的小政府、低賦稅的模式難以對教育增加投入，尤其是清末民國時期內憂外患的局勢、鉅額戰爭賠款以及連年的軍閥混戰使得政府無力也無暇顧及農村教育，鄉村辦學的經費主要來自民間。據羅志田的考察，新學興辦之初，其辦學的經費來源主要是地方上原先存在的各種各樣的「會」及這些會所擁有的「公費」（晚清的「公」在官與私之間，不是今天所說的「公款」），但這些公費並非源頭活水，隨著時間的推移和興辦新學規模的擴大，公費不敷支出時，籌款對象就逐漸轉向相對富有的士紳，並進而轉向一般的民眾，辦新學的款項加上戰爭賠款及其他需要支付的稅收，成為百姓肩頭的重負，由此引發民怨，也造成了普遍而激烈的毀學行動〔註27〕。二是伴隨著興辦

---

〔註25〕蕭功秦，《危機中的變革——清末現代化進程中的激進與保守》，上海三聯書店，1999 年版，第 238 頁。

〔註26〕費孝通，《鄉土重建·損蝕沖洗下的鄉土》，載《鄉土中國》，上海人民出版社，2006 年版，第 163 頁。

〔註27〕參見羅志田《革命的形成：清季十年的轉折（上）》，載《近代史研究》，2012年第 3 期。

新學而來的「毀廟」及沒收佔用佛道寺觀田產的激進做法，既衝擊了眾多僧尼道士的既有生活方式從而引發了其對立情緒，也衝擊了廣大民眾的村落信仰，引發了僧道信徒對新學的敵視和對政府行為的牴觸。「廢廟興學」始於清末，宣統元年即 1909 年政府頒佈「廢廟興學令」，最先以天津為試驗區；由當地紳董出面組織廢廟興學委員會，沒收各處廟產。到了民國時期，毀廟興學的運動越發普遍，在高陽縣，因為國家實施毀廟興學的政策，打破了村民的正常生活秩序，鄉民以歌謠的形式予以譏諷，「中華民國改了良（梁），拆大廟蓋學堂」。1927 年，北京政府內政部正式下令「廢廟興學」，當時馮玉祥在河南省沒收寺產，搗毀佛像，強令 30 萬僧尼還俗〔註28〕。由此我們不難看出，政府主導下的毀廟興學是一種激進並且充滿功利性的做法，這樣的做法極大衝擊了鄉村社會民眾的生活方式與信仰世界，不利於鄉村社會良好教化與風俗的維繫。

綜上我們不難看出，科舉制度的廢除與新式學堂的舉辦，使得鄉村社會無論在文化教育方面還是在人才精英的培育與儲蓄方面都受害匪淺，不僅如此，這一舉措還造成了城鄉之間的隔膜乃至對立，惡化了鄉村社會的政治生態環境，動搖了傳統鄉村自治模式的基礎。

## 第三節 「地方自治運動」對傳統鄉村自治模式的 衝擊

推行地方自治運動是清末民國以來我們師法西方進行自我改造的又一大政治改革運動，這一運動始於清末新政，是清末新政中的一大重要舉措，到民國時期雖有短暫的中斷，但基本上為各屆政府所堅持。雖然地方自治運動在某些地方也具有一定的成效，運動過程中成立的地方自治機構在辛亥革命後的動亂時期也在某些地方起到了維持社會基本秩序的作用。但總體而言，這場以推行自治為初衷的政治改革，在付諸實施的過程中卻不斷走向自己的反面，以推行自治始，以國家權力的日益下沉並加強行政控制終，這又是一

---

〔註28〕 參見劉紀榮、李偉中，《清末民初「廢廟興學」的歷史人類學考察》，載《玉林師範學院學報（哲學社會科學版）》，2007 年第 6 期；王洪兵《衝突與融合：民國時期華北農村的青苗會組織》，載《中國社會歷史評論》第七卷，2006年，第 341 頁。具體內容可參見故宮博物院明清檔案部編：《清末籌備立憲檔案史料》（下），中華書局 1979 年版，第 728～729 頁。

項不無諷刺意味、東施效顰般的現代化急行軍運動。而這一場持續數十年的地方自治運動卻對傳統的鄉村自治模式造成了意料之外的莫大衝擊，在展開對這些衝擊的分析之前，我們首先來瞭解一下始於清末的地方自治推行的背景和及其大體的歷史脈絡。

## 一、地方自治運動的推行背景及其歷史沿革

　　地方自治思潮和自治運動濫觴於清末，並成為清末民國時期在舉國範圍內具有重大影響力的政治思潮和政治改革運動之一，清末發起這一運動，是西學東漸和內憂外患的背景之下諸多原因諸多勢力共同作用的結果。新興知識分子及相當數量的留日學生希望通過地方自治培養公民意識，增強民權，進而可以致強救亡；不少傾向於君主立憲的士大夫也在向西方學習探索的過程中找到了地方自治這個他們認為可以醫治傳統中國政治弊端的藥方，並同樣認為通過地方自治可以強國救亡；而清王朝也希望通過推行地方自治運動，調整中央與地方之間的權力關係，增強士大夫和民眾對統治的支持，挽回庚子事變後日漸流失的合法性權威，並為日後的立憲做鋪墊〔註29〕。當時一些留日學生根據自己在日本的觀察和體驗，還提出了地方自治改革的具體設想，他們認為傳統中國擁有地方自治的厚實基礎，紳士是地方自治的主體，「紳士者，實地方自治之代表也」，紳士所得管理之地方事務，其範圍與各國地方自治體略同。但由於缺少自治組織和機構，傳統中國地方自治的成效很少，因此實施地方自治的關鍵在於「組織地方自治機關」。〔註30〕日後地方自治運動的付諸實施和清政府頒佈的地方自治章程，基本上是以組織地方自治機關為切入點和著力點的。

　　在上述各種勢力的共同作用下，清政府開始將地方自治運動付諸實施。以 1909 年為分界線，地方自治運動大體上經歷了自發舉辦和政府試辦兩個階段，在自發舉辦階段成立了很多地方自治團體，這其中既包括地方紳商公舉創辦的團體，也包括地方官員直接督導推行的團體，其中影響力較大的有湖南保衛局的設立、東三省保衛公所、上海地方自治活動以及袁世凱在天津

---

〔註29〕關於清末地方自治思潮和運動推行的原因和背景，可參考賀躍夫《論清末地方自治思潮》，載《中山大學學報論叢》，1994 年第 1 期及曉丹《清末地方自治的種瓜與得豆》，載《華中師範大學學報》（人文社會科學版），1998 年 3 月。

〔註30〕攻法子，《敬告我鄉人》，載《浙江潮》，1903 年第 2 期。

實施的自治活動〔註31〕。政府試辦階段以 1908 年底清政府頒佈《城鎮鄉地方自治章程》和 1909 年頒佈《府廳州縣地方自治章程》爲標誌，在這兩個自治章程文件中，清政府對實行地方自治的範圍、地方自治機構、自治機構的職責權限及議事方式、自治人員的名額任期及產生方式等做了詳細的規定。〔註32〕除了頒佈地方自治章程之外，清政府還採取了幾大措施，主要包括：設立地方自治籌辦處，從事調查、選舉事宜；開辦自治研究所，培養、訓練自治人才；選舉各級議事會、董事會等自治團體和自治職員，建立地方自治公所。〔註33〕

從《城鎮鄉地方自治章程》的內容來看，這一章程以傳統中國鄉村治理的主體及範圍爲基礎，結合了西方近現代的地方自治理念，要求士紳以制度化、組織化的形式參與地方政治，具有一定務實性，也迎合了當時紳民及新興知識分子要求地方自治的思潮。但是一方面由於清末要求大幅度快速改革的激進社會氛圍，另一方面由於地方自治在付諸實施的過程中，圍繞著自治經費、自治捐的籌集以及自治運動對鄉村社會既有權力結構均衡的衝擊方面出現了不少問題，使得朝野都寄予了厚望的地方自治運動「出師未捷」，清王朝已經分崩離析。進入民國之後，因爲長期缺乏一個富有權威及合法性的中央政府的存在，地方自治要麼成爲中央政府加強對地方社會控制的幌子，要麼成爲地方勢力藉以反對中央政府的憑藉，從而出現了更加紛繁複雜的局面。但總體來講，由於地方自治思潮當時已經深入人心，因此無論是袁世凱政府還是北洋軍閥體制抑或是後來蔣介石的國民黨政府，大體上都仍然將推行「地方自治」作爲政府的一大施政措施。

袁世凱當政後，意識到自己主政直隸時親手倡辦的地方自治運動對當時中央政權的威脅，曾一度取消地方自治，但後來迫於形勢壓力又恢復，袁世凱去世之後的北洋政府主政時期，縣及其縣以下的地方自治大體延續了清王

〔註31〕關於自發舉辦階段的地方自治實踐，可參考梁景和《論清末地方自治的實踐》，載《西南交通大學學報》（社會科學版），2000 年第 4 期及馬小泉《國家與社會：清末地方自治與憲政改革》一書的第三章「地方自治的早期萌發」，河南大學出版社，2001 年版。

〔註32〕具體內容可參見故宮博物院明清檔案部編，《清末籌備立憲檔案史料》（下），中華書局 1979 年版，第 727～741 頁。

〔註33〕馬小泉，《國家與社會：清末地方自治與憲政改革》河南大學出版社 2001 年版，第 144 頁。魏光奇，《官治與自治：中國近代的縣鄉行政體制》，載《中國改革》，2002 年第 11 期。

朝的做法，縣鄉除了主要履行國家賦稅和司法職能的州縣公署的「官治」外，大多數地方都有時人稱爲「地方公益機關」和「法團」的各種地方性的局、所、團（如勸學所、教育局、勸業所、實業局、警察所、警務局、理財所、財務局、保衛團等），這些局、所、團後來逐漸演變爲民政、財政、建設、教育「四局」。「四局」均屬於地方自治性質的機構：由地方推舉本籍人擔任首領，身份屬於「紳」而不是「官」；主要是辦理地方性教育、實業、警務、財務、保衛事務；由地方自籌經費；在縣公署之外利用地方公共場所（如廟宇、祠堂）辦公。〔註34〕

南京國民政府統一全國後，繼續推行地方自治。1928 年頒佈《縣組織法》，仿照山西的「村制」改革和「編村」制度，在全國推行以「區村閭鄰」爲體系的鄉村自治制度，即「縣下設區，區下設村，村下編閭，閭內編鄰」，以此對基層社會實行有效管理。〔註35〕1929 年 3 月 23 日，國民黨第三屆全國代表大會通過了《確定地方自治之方略及程序以立政治建設之基礎案》，主要內容包括：第一，清理和健全鄉村行政系統，重新劃分縣以下的行政區劃，建立健全各級行政機構，清查戶口，健全和完善地方武裝；第二，實施土地整理、田賦整頓和租佃改良工程爲主要內容的三位一體鄉村改良計劃。〔註36〕以後國民政府陸續頒佈了《鄉鎮自治施行法》、《鄉鎮閭鄰選舉暫行規則》、《鄉鎮坊自治職員選舉及罷免法》等，著力於推進鄉村的自治改革，後又不斷修正自治方案，並加大對縣鄉行政的整合力度，但在當時嚴峻的內外政治時局和國民黨現代化意識形態偏見的影響下，縣以下自治的方案越發偏離「自治」，而一步一步地行政化。從橫向上來講，北洋政府時期還具有自治性質的「四局」經歷了成爲「縣政府下設機構」再到變爲由縣政府直接管轄的科室的變革〔註37〕；從縱向上來看，儘管這中間經歷了管轄幅度上的變革，即由 1932 年的縣、區、鄉鎮、閭、鄰五級制改爲 1934 年的縣、鄉鎮村

---

〔註34〕魏光奇，《官治與自治：中國近代的縣鄉行政體制》，載 《中國改革》，2002年第 11 期。

〔註35〕朱宇，《中國鄉域治理結構：回顧與前瞻》，黑龍江人民出版社 2006 年版，第79〜80 頁。

〔註36〕張鳴，《鄉村社會權力和文化結構的變遷(1903〜1953)》，廣西人民出版社 2001年版，第 105〜108 頁。

〔註37〕魏光奇，《官治與自治：中國近代的縣鄉行政體制》，載 《中國改革》，2002年第 11 期。

兩級制，〔註38〕但其通過行政控制來汲取資源加強整合的目的卻是前後一致的。

與此同時，由於國內政治形勢的變化尤其是「剿匪」之需，國民政府又於 1934～1935 年間確立起了「納保甲於自治」的原則，一方面強化「黨治」，一方面強調「地方自治」應先樹立保甲組織，進一步強化了對鄉村基層的控制。1939 年 9 月，南京政府又頒佈了《縣各級組織綱要》，推行「新縣制」，綱要規定縣爲「地方自治」單位，縣以下爲鄉（鎮），鄉（鎮）內的編制爲保甲，由此建構起縣——鄉（鎮）——保甲的層層控制體系，「新縣制」一直推行到 1949 年國民黨政府退出大陸爲止，至此始於清末的地方自治運動劃上了句號。

## 二、地方自治運動對傳統鄉村自治模式的衝擊

在對始於清末民國時期的地方自治運動的背景和歷史脈絡有了一個大體瞭解之後，我們來看一下地方自治運動對傳統鄉村自治模式所造成的衝擊。在我們看來，這些衝擊，主要包括三個方面：

第一，地方自治運動改變了鄉村基層社會傳統的官、紳、民權力結構，使得傳統的作爲非正式權力的紳權日益正式化、體制化，士紳作爲官、民之間緩衝與中介的傳統角色日益淡化，官、紳之間和紳、民之間的對立衝突都日趨增加，官府和民眾之間失去了鄉紳階層這一緩衝空間和「防震安全帶」，而失卻了鄉紳階層的鄉村社會，其自治根基受到了嚴重破壞。如我們前文所述，在傳統中國的鄉村社會中，鄉紳作爲一個重要的階層，在官府和民眾之間起著橋梁作用，其權力來自於官府的默認和鄉土社會自然的賦予，鄉村的自治事業也是由鄉紳牽頭髮起，鄉紳憑藉其道德和文化權威而在鄉村的自我治理中發揮著中堅作用，「明清時期的鄉紳主要是這樣一種社會力量的代表者，他們雖然不能明確地被界定爲一種現代意義上的『自治組織或團體』，但卻不可否認地在當時的社會生活中發揮著以上的功能，使國家與社會之間保持一種動態的平衡。」〔註39〕始於清末的地方自治立法賦予了傳統的自發演進而來的非正式的紳權以正式法律地位，允許並要求士紳以組織化、制度化的

〔註38〕 李國青，《南京政府「地方自治」制度設計的演變》，載《史學集刊》，2010年第 5 期。

〔註39〕 徐祖瀾，《鄉紳之治與國家權力——以明清時期中國鄉村社會爲背景》，載《法學家》2010 年第 6 期。

方式參與地方的教育、實業、衛生、公營事業、慈善救濟、財務及其他地方公益事業，「使大批紳士從體制外走向體制內」〔註40〕，有了明確法律地位的士紳的權力一時間獲得了大規模的膨脹和擴張，成為官府權力之外的舉足輕重的一級社會權力，但是紳權的膨脹和擴張像是「迴光返照」，隨著地方自治運動的展開，士紳階層屢屢與官府發生衝突，同時，因興辦自治增加了地方民眾的經濟負擔，士紳階層恰恰因充當了自治費用徵收人的角色而導致他們與庶民的衝突。士紳加夾在官府和民眾之間，一方面因為其權力的擴張而被地方官員群體排斥，另一方面又因為其徵收費用的較色而為普通民眾所不容〔註41〕。官與紳的爭執主要集中在地方公款的管理權和學務、警務的用人權上。如1910年膠州議員邱桂齊因「地方公款官府把持」，「紳董概不得問」，要求撫院「將把持諸款提歸公正富紳管理，酌分勸學所等處以資辦公」。由自治研究所畢業的紳士則紛紛回縣要求安置職位，也與州縣官形成很大矛盾。束鹿縣知縣張鳳臺形象地描繪了當時官紳爭權的情景：「各州縣拮据不遑，日坐窮城。未幾而東洋遊學者返回矣，未幾而省城各學堂畢業者回籍矣，未幾而天津自治畢業生又執文憑求見矣，今日求見，明日求事，款將焉出？紳索之官，官索之民，民無款以應官，官即無事以應紳，而官紳衝突矣，紳與紳亦日互攻矣，攻之不已，積成巨案」。〔註42〕而紳與民之間的衝突根源則主要在於自治費用和自治捐的籌集問題上。1910年山東萊陽的民變，據說即因辦自治而「地方紳士藉口經費，肆意苛徵。履畝重稅，過於正供；間架有稅，人頭有稅，甚至牛馬皆有常捐；悉索敝賦，民不聊生」。儘管「跡其亂變之所由來，固莫非官吏之製造而釀成之」；但卻導致「紳民相仇，積怨發憤，而亂以起」〔註43〕。

　　傳統的作為官民之中介和緩衝力量的鄉紳階層，在地方自治推行的過程中日漸陷入兩面受敵的尷尬處境，而後隨著國家政權控制力量的不斷增強而逐漸淡出了歷史的舞臺，而以鄉紳為主體的鄉間自治力量退出之後，並未能形成新的民間社會力量取而代之，結果便是國家政權的控制之手不斷下移，從而使得自治根基日漸薄弱，自治空間日趨逼仄。

---

〔註40〕劉偉，《晚清督撫政治》，湖北教育出版社2003年版，第384頁。

〔註41〕荊月新，《體制內之殤——論近代地方自治對紳權的損害》，載《華東政法大學學報》2012年第5期。

〔註42〕鄭起東，《轉型期的華北農村社會》，上海書店出版社2004年版，第44頁。

〔註43〕羅志田，《國進民退：清季興起的一個持續傾向》，載《四川大學學報》（哲學社會科學版），2012年第5期。

　　第二，地方自治運動下的「新政繁興」和新設機構增加了民眾的賦稅負擔，抽空了鄉村自治的財政基礎。在傳統中國鄉紳主導的鄉村自治中，辦理鄉里公共事務的財務方式有兩個特點：一是臨時性，因事而興，事畢而息，既無經常性收支，也無常設經理機構；二是私人性，所需經費主要靠私人自願募捐（及少量公款公產生息），而不是靠以公共權力和有關制度為依託的強制性稅費。如山東沂水縣民國初年的「自治調查」說：「本縣各項公益事業……前清未舉辦自治以前，均繫本地紳士自行辦理。」「所有公款公產均由士紳公同籌集，自行管理收支，事竣開列收支清單，張貼週知。事後報縣備案」〔註44〕。清末舉行地方自治時，開始在地方上成立各種自治機構以主持自治事業，但中央財政和地方財政對自治機構的維持運轉及自治事業的開展並不提供多少經費支持，經費的主要來源除了地方的公款和公產外，就是各種自治捐。自治經費主要是士紳出面籌集，但最終實際上還是主要落在民眾肩上，隨著各種自治機構的建立和自治事業的展開，各地公款、公產已經不敷支出，於是導致民眾的賦稅負擔日漸沉重，各地「自治風潮」頻發。前文我們述及的萊陽民變即為一典型。時人胡思敬則更是一針見血地指出，在「新政未興之前，民間相率斂錢，以成義舉」，從孤寡廢疾到水旱盜賊，以至橋梁道路，捨藥施茶，「莫不有會」，教育有機構，訴訟也有相應的調節機制；「蓋不必張樹地方自治之幟，搖炫四方耳目，而各府州縣隱然具一自治之規。自新政大行，民氣日囂，漸藐官長，何論族鄉！公產盡為豪強吞併，一切義舉，剗破無遺。而地方自治之基壞矣！〔註45〕」

　　而到了國民政府時期，由於地方自治制度的新變化以及國民黨「黨治」的發展，經費的支出除了清末及北洋政府時期的推行的地方自治措施如教育、警察及實業建設經費的支出外，又有新的增加，這主要包括兩個方面：一是由於地方自治和保甲制度的推行，各地新增了自治籌備經費、區公所經費、保甲經費和保衛團經費等新支出；二是伴隨著國民黨訓政的實行，一些地方新增了國民黨縣黨部和農會、教育會等地方團體的經費支出〔註46〕。而當時的經費來源

〔註44〕 魏光奇，丁海秀，《清末至北洋政府時期區鄉行政考略》，載《北京師範大學學報》（社會科學版），2004 年第 2 期。

〔註45〕 轉引自羅志田，《國進民退：清季興起的一個持續傾向》，載《四川大學學報》（哲學社會科學版），2012 年第 5 期。

〔註46〕 魏光奇，《官治與自治：20 世紀上半期的中國縣制》，商務印書館 2004 年版，第 279 頁。

並沒有多少變化，尤其是在工商業不發達的地區，仍然以田賦收入和雜捐雜稅為大宗。結果是徵收來的捐稅都用來供養機構的開支了，有研究在分析了1928～1933年河北靜海縣各項支出的用途後，也指出薪工占絕大部分，事業或購置費極其有限。這樣的支出結構，只不過勉強維持各辦事機關的存在而已，這使得大部分鄉村治理措施無法落到實處，而僅僅流於形式。〔註47〕馬寅初先生也在其著作中提到，當時一位有機會看到很多縣份的預算和工作報告的專家做了一篇題為《取之於民，用之於民》的文章，發表在《世紀評論》創刊號上，文章的結論是：「概括地說，現在很多縣份的收入，大部分是拿來養活縣政府的職員。他們的薪水、津貼、生活補助費等等的開支，佔了縣政府支出很大的百分數。縣政府把自己的秘書、科長、科員、辦事員、警察、工友等生活問題解決之後，餘下的錢已經無幾了，所以請不起教員，開不起醫院，顧不到救濟，一切建設的計劃，變成紙上空談。」〔註48〕梁漱溟先生也認識到了國民政府推行的地方自治給民眾帶來的不良影響，〔註49〕地方自治所辦的事情，「只不過籌經費、定章程、立機關、派人員、人員虛擲經費即完了！」〔註50〕由學者的研究和時人的觀察我們不難看出，發軔於清末延續到國民政府時期的地方自治運動不但沒有培養起民眾的民權意識和自治能力，反而因為捐稅的增加超出了鄉村社會的承受能力，抽空了鄉村社會自治的財政基礎。

　　第三，伴隨著地方自治運動中新設自治機構的日漸官方化，國家政治和行政權力也不斷膨脹、下沉，擠壓、蠶食並最終吞噬了鄉村社會的自治空間。我們在前文中曾述及，清末新政前，清王朝的國家政權只延伸到縣一級，縣以下的鄉作為基層組織，不是國家官僚體制的一部分，只是國家管理社會的一種社會組織，鄉保、鄉地、地保等也不是國家行政人員，而是輔助官府徵收賦稅差役的職役人員。自清末推行地方自治後，各地開始建立如勸業所、實業局、警察所、教育局等地方自治機構，這些自治機構有了自己的辦公場所和辦公人員，主要承擔興辦新式教育、發展近代實業、編練新式警察以及

---

〔註47〕 馮小紅，《鄉村治理轉型期的縣財政研究（1928～1937）——以河北省為中心》，復旦大學博士學位論文，2005年，第37～46頁。

〔註48〕 馬寅初，《財政學與中國財政——理論與現實》（上），商務印書館2001年版，第183頁。

〔註49〕 梁漱溟，《敢告今之言地方自治者》，載《村治月刊》，1930年第2期，第24頁。

〔註50〕 梁漱溟，《中國之地方自治問題》，鄉村建設研究院出版股1935年版，第4頁。

建設公共設施等職能。這些自治機構在北洋政府時期逐漸演變成民政、財政、建設、教育四局，在縣公署之外利用地方公共場所辦公，有自己的經費來源、辦公場所和辦公人員，並不仰縣政府之鼻息而存在。但到了國民政府時期，既往具有自治性質的四局卻一步步蛻變爲由縣政府直接控制的官方科室機構，自治色彩最終完全褪去。

與此同時，隨著 1929 年新的《縣組織法》的公佈，區公所作爲「自治機構」普遍建立起來，區長一職不僅正規化，而且官僚化，區鄉一級行政得以確立。區長由縣政府報請省民政廳任命，成爲國家最下一級的行政官員，區公所成爲縣衙門之下的小衙門，國家政權眞正深入到縣政權之下。〔註 51〕後來隨著「納自治於保甲」「鄉鎮內的編制爲保甲」的保甲制度的推行以及新縣制的實施，國家政權進一步下沉至鄉鎮。當時定縣建設研究院對河北定縣的自治活動進行調查時曾指出，該縣的鄉鎮公所普遍缺乏主動性，管理地方自治事務的區長和鄉鎮長事實上成了縣長的下屬，辦理地方自治事務的區公所和鄉鎮公所，事實上成爲縣政府的下級行政機關。關於這一點，國民政府自身也並不諱言，「蓋所謂自治機關，本爲民眾自身集合之所，以謀本身之福利。而結果乃純變爲下級行政機關，負傳達公文及徵發之任，於是本身所負之責任，幾乎渺不相涉，故有時觀其步驟雖甚合，考其實質則全非，馴至人民因辦理自治而負擔日重，怨望日增。長此以往，不獨有背本黨訓政建國之初衷，實爲國家前途莫大之隱患。」〔註 52〕

國民政府本來想通過自上而下的自治機構的設立來整合鄉村資源，實現鄉村社會的現代化，而結局卻是南轅北轍，到 30 年代初，「地方自治這件事，實行始於光緒三十四年，已經有二十多年的歷史，日子也不算短了；可是直到現在仍然看不見一點蹤影，還在倡議之中，全國任何地方，都無其可行之端倪」〔註 53〕。即使與國民黨政府很接近的學人聞鈞天也指出，從民初以來包括國民黨統治的這幾年（1928～1932），「所謂地方事業，不操之於官，即操之於紳；等而下之，又操之於棍痞。生殺欺奪，民之所能自存者幾希，民之所能自主者幾希，民之所能以自致其治者亦幾希矣。且連年多故，兵匪劫持，流民載道，

---

〔註 51〕從翰香主編，《近代冀魯豫鄉村》，中國社會科學出版社 1995 年版，第 59 頁。

〔註 52〕《地方自治改革案（轉載內政部內政會議提案）》，載《河北月刊》第 1 卷第 2 號，1933 年 2 月。

〔註 53〕梁漱溟，《梁漱溟全集》，山東人民出版社 1995 年版，第 309 頁。

其或幸存，苟且旦夕者，僅一稍恃其自衛自保之力耳」。〔註 54〕轟轟烈烈的地方自治運動「它從根本精神上觀察起來，是一種自上而下的官治式的自治制度，與實際民權的擴張和社會的改造，沒有絲毫關係」〔註 55〕，它最終造成了錢穆所說的「政府來革社會的命」的結局，不僅沒有培養起民眾的自治能力，反而破壞了既有的鄉村自治資源和組織，最終使得鄉村秩序的維持日益依靠政府這只大手的力量。

## 第四節　賦稅劇增與鄉村社會的貧困化

有清一代，田賦是國家對農村征派的主要形式，除了田賦外，還有徭役、兵差以及釐金、牙稅、煙酒稅、契稅和雜捐等。田賦分為地丁、漕糧和租課，此外還有田賦附加，尤其是光緒中葉以後，由於支付大量賠款和舉辦新政之需，民眾繳納的田賦有所增加，當時大多採用徵收差徭、加收耗羨和附加畝捐的形式。差徭主要分為常年應徵的雜差和臨時攤派的兵差，前者主要是縣衙門的陋規，後者主要是在國家需要平息內亂和對付外患時徵收的臨時差。道光年間，「法守猶存，額外需索尚微，且承平日久，無軍事以為橫征之藉口」，但咸同年間由於圍剿太平軍和捻軍，兵差負擔增加。釐金徵收始於 1855 年，是清朝後期徵稅範圍最大、影響最深的一個稅種；牙稅是營業稅的一種，凡市場交易買賣的貨物經由牙子為媒介者，均需徵收牙稅，牙子與人說合，從中取得傭錢，官府予以承認，發給牙貼，准其正式營業，納稅即為牙稅。〔註 56〕總體而言，晚清以前，民眾的稅收負擔雖然由於各地經濟發展水平的不同以及受到國內政局平穩抑或動蕩和外國列強入侵等的影響，在不同的地區和不同的時期會有所不同，但如我們前文中所言，由於傳統中國輕繇薄賦的治道理念和「不擾民」的小政府政治哲學的體制化，政府財政的「最大目的，為『足國用』，理財之要訣為『寬恤民生』，而以『不增賦』為理財之美德」〔註 57〕，而且如我們前文所述，晚清以前，地方上的事業主要是在鄉紳牽頭下由民眾自行辦理，

---

〔註 54〕聞鈞天，《中國保甲制度》，上海商務印書館 1935 年版，第 365 頁。
〔註 55〕邵元沖，《三十年來中國社會建設之演進》，載《東方雜誌》第三十一卷第一號，1934 年。
〔註 56〕具體可參見鄭起東，《轉型期的華北農村社會》中第二編「國家對農村的征派」的論述，上海書店出版社，2004 年版。
〔註 57〕中國通商銀行編，《五十年來之中國經濟》，編者印行 1947 年版，第 81 頁。

所需要的經費也主要來源於社會捐助，「至於社教建設及公營事業各項事業費，絕無僅有」﹝註58﹞，加之鄉村社會中以鄉紳爲主體的精英階層對容易貪污中飽的胥吏衙役的制約，民眾的稅收負擔並不重。即使到了晚清推行新政，田賦附加及各種雜稅、攤派不斷增加之時，痛斥苛捐雜稅的梁啓超還承認，「以各國租稅所入與吾相較，則吾民之負擔似不得云重」﹝註59﹞。但這一情形在進入民國之後發生了根本性的變化，民眾的賦稅負擔急劇增加，鄉村社會陷入了貧困化的深淵。民眾賦稅負擔大幅增加的原因，歸結起來主要有三個方面：

第一，清王朝的統治淡出歷史舞臺後，新建立起來的民國在很長一段時間裏不能確立起具備實力、權威和合法性認同的中央政府，結果在袁世凱短暫的強人政權終結後，中國長期陷在軍閥混戰的亂局之中，而伴隨著軍閥混戰而來的苛捐雜稅和毫無章法的差役及各種臨時攤派使得民眾的稅收負擔陡增。民國時期的田賦，基本沿襲清朝舊制，包括地丁、漕糧、租課及雜項收入（串票）等，一般均合稱「正稅」。以 1914 年濮陽黃河決口爲契機，北洋政府批准山東和直隸徵收田賦附加稅之後，在接下來的 1915 年，北洋政府就因爲財政赤字問題而要求各省都徵收田賦附加稅。結果到 1915 年山東省的田賦及附加稅已經超過清朝統治時期賦稅水平較高的光緒末期和宣統時期的水平，不過當時因地方政府尚有釐金收入，所以田賦附加稅尚未急劇增加，但到了 1926 和 1927 年北伐戰爭期間，田賦附加稅開始激增，河南和山東兩省這兩年的附加稅都超過正稅。直隸 1927 年的田賦附加稅爲 1300 餘萬元，是正稅的 2 倍有餘；山東省 1926 年的附加稅高達 500 萬元，超過正稅的 4 倍，到了 1927 年，山東省的田賦及附加稅已超過光緒二十七年（1901 年）水平一倍半有餘。﹝註60﹞

而伴隨著軍閥混戰而來的車馬差和兵差比清朝時期更爲沉重。清代的兵差主要是供應軍隊的過往，所供應的只是人夫和車輛、牲口、船隻等運輸工具，偶而有些木柴等物，也不過占絕對少數。但北洋軍閥和國民政府統治時期，兵差成爲籌措軍需的一種簡捷手段，所有軍隊衣食住行一切用品都要靠向地方人民攤派。如河南省獲嘉縣自 1921 至 1931 年間，頻年過兵，殆無虛日，派車輛，派糧秣，派支應，種種徭役，數不勝數，「稍一遲緩，鞭撻立加。

﹝註58﹞ 朱博能，《縣財政問題》，正中書局 1943 年版，第 1 頁。
﹝註59﹞ 梁啓超，《上濤貝勒（載濤）書》（1910 年 2 月），載丁文江、趙豐田編，《梁啓超年譜長編》，上海人民出版社 1983 年版，第 505 頁。
﹝註60﹞ 鄭起東，《轉型期的華北農村社會》，上海書店出版社 2004 年版，第 211、237 頁。

兼以經手諸人之剝削，大戶鄉長之浮冒，約計每丁銀一兩派差徭約十數元二三十元不等，人民筋疲力竭，十室九空」。〔註61〕

　　第二，南京國民政府確立起對全國的統治後，在當時險惡的政治形勢和政府「有爲政治」理念的主導下，繼續大規模地開展新政建設事業，而爲了實現對鄉村的有效控制，整合併汲取鄉村資源，政治權力不斷下沉，國家對鄉村的控制體系也由以前的單軌制變成黨務組織和行政組織雙管齊下的雙軌制，而由此建立起來的控制機構和人員以及諸多新政措施的付諸實施都需要民眾繳納賦稅來支撐。

　　國民政府確立其統治後，繼續在全國範圍內大規模地推行現代化建設事業，由此使得地方財政支出大大增加。在政府的提倡下，當時展開的大規模的修路鋪橋、教育、保衛、地方自治、建立公園等公共工程，都需要龐大的經費支持。與此同時，國民政府還通過橫向和縱向的集權努力加強對鄉村的行政整合與控制，而新設立了傳統中國保甲制度之下不曾有的諸多行政組織和機構。不僅如此，國民黨於1924年仿照蘇聯建立起黨務組織系統，在其統一全國後就形成了黨務組織和行政組織兩大系統雙軌並進的發展態勢，中央黨部下設省、縣、區黨部和區分部，分別與省、縣、區、鄉等行政系統相對應，這樣的黨務與政務雙管齊下的控制體系使得中國有史以來的政治控制發生了由單軌制向雙軌制的重大轉變，而由此而來的「政權的『組織成本』也成倍增長，官僚機構和官僚隊伍急劇膨脹」〔註62〕。那麼這些大規模現代化建設事業的經費和膨脹起來的官僚機構和隊伍的經費從何而來呢？毋庸置疑，是通過向民眾徵稅的途徑得以籌集的，因爲政府自身並不產生收入來源，而這其中，落在農民頭上的田賦、田賦附加和攤派成爲稅收來源的主體。舉例來說，據學者們的考察，20世紀30年代初，田賦附加稅的種類在河北省有58種，河南省有42種，河北省田賦附加稅以警費、學費、區公所費、建設局費和保衛團費五項爲最普遍。河南省各縣均有的則有串票捐、補助捐、補助費、政治警察附捐、自治附捐、建設附捐、保安附捐、地方公款附捐、教育附捐、公安附捐、募捐等11種。〔註63〕

---

〔註61〕鄭起東，《轉型期的華北農村社會》，上海書店出版社2004年版，第263頁。

〔註62〕王奇生，《黨政關係：國民黨黨治在地方層級的運作（1927～1937）》，載《中國社會科學》，2001年第3期。

〔註63〕鄭起東，《轉型期的華北農村社會》，上海書店出版社2004年版，第211頁。

　　第三，在賦稅差役徵收的過程中，政府不能有效控制經徵人員的中飽私囊，也使得民眾負擔因此更加沉重。我們在第一章中曾論及到，經徵人員的中飽在傳統中國的鄉村社會徵收賦稅差役的過程中也存在，胥吏衙役有著借執行公權力之便進行敲詐勒索、中飽私囊的機會，但總體而言，他們的這種盤剝是有限度的，只能以「零敲碎打」和「陋規」的方式進行，一旦超出限度就會引發社會「眾怒」，而且當時的鄉村社會尚有鄉紳這一精英階層在官府與民眾之間起著緩衝和調解的作用，鄉村還會通過在村際間建立合作組織的方式來履行繳納稅收的任務，以避開胥吏衙役們的中飽與盤剝。杜贊奇更在其研究中把擔負著清代鄉村賦稅徵收任務的村際間的合作組織如鄉保、「義圖」、「義集」等稱為是「保護型經紀」，這些組織推出自己的代表來完成官府差派。〔註64〕

　　但賦稅差役繳納過程中存在「保護型經紀」的這一局面到了民國時期發生了巨大變化，這一變化的發生，一方面是由於伴隨著廢科舉、辦新學而來的鄉土精英的持續外流使得鄉村社會中的精英階層不斷萎縮，另一方面則是由於國家權力的深入、戰亂以及經濟狀況的惡化，捐稅負擔的日益沉重，有聲望的鄉村精英不是逃離村莊，便是由富變窮，留存在鄉村中的那部分精英也不得不隱退，由於捐稅的沉重，村中的公職帶給鄉紳們的「精神和物質報酬越來越少，而這一公職所帶來的麻煩卻越來越多」。因此，鄉村政權對鄉紳們的吸引力越來越小，他們紛紛辭職或脫逃，甚至連一般的農戶都不願擔任此職。在河北臨城縣的管等村，捐稅向來由村長經收。「在以前只要納稅期將屆，村長在街上鳴嗚鑼，村中農民馬上便把錢送到村長家中」。但到了 20 世紀 30 年代，「鳴鑼已經不發生效力，上門去討，還討不出錢來」，「結果村長們只好認黴氣，掏腰包，無論變產借債，也得墊上這筆捐稅，因此鬧得一般農民，都以作村長為畏途，無人再願接充。」〔註65〕在這樣的背景下，鄉村政權日益落入那些惡、狠、毒的地痞流氓或劣紳手中，「保護型經紀」日漸被「贏利性經紀」所取代，並最終發生了杜贊奇所講的「國家政權的內卷化」，國家政權的內卷化在財政方面的最充分表現就是，國家財政每增加一分，都

〔註64〕 〔美〕杜贊奇著，王福明譯，《文化、權力與國家：1900～1942 年的華北農村》，江蘇人民出版社 2004 年版，第 34 頁。

〔註65〕 王印煥，《1911～1937 年冀魯豫農民離村問題研究》，中國社會出版社 2004 年版，第 77 頁。

伴隨著非正式機構收入的增加，而國家對這些機構缺乏控制力。內卷化的國家政權無力建立有效的官僚機構從而取締非正式機構的貪污中飽。〔註 66〕因此國家政權的稅收收入雖然增多了，但民眾的負擔卻越來越沉重，最終導致了鄉村社會的破產。

綜上我們不難看出，正是清末民國時期以割斷自己的歷史傳統與文化爲特徵的現代化急行軍運動，最終極大地破壞了傳統鄉村社會的自治模式，導致了鄉村自治結構的解體。中國傳統鄉村社會自治結構的解體在一個很長的時間裏，一直被認爲是一個不可避免的、又帶有某種「進步」意義的歷史進程。在不少人眼裏，中國傳統農村社會中存在的家族、宗族這類社群或小共體本屬沒落的「封建制度」，解構這些與「小生產方式」聯繫在一起的社會組織本身，是邁向現代化「大生產」和組織化社會的必然。因此我們對文化的斷裂、傳統的崩塌與農村的衰敗沒有絲毫的惋惜，並把與之作「最徹底之決裂」視爲實現現代化的希望所在。我們甚至在激進理想主義思想影響下，將自己在社會轉型中遭遇到困頓與挫敗的原因歸結爲我們與傳統告別得不夠徹底，於是我們再以更爲激進、絕情的立場與行爲做出進　步的反應，最後走上了一條完全否定自己的傳統歷史文化的虛無主義之路。

只是在經歷了整個 20 世紀苦難經歷的今天，這樣的想法與看法才有了一個較大的變化。我們正是通過苦難的歷史看到，傳統鄉村社會自治結構的崩塌不僅沒有從正面推動中國傳統社會向現代化的轉型，相反卻給華夏文明的現代化抹上了一筆濃重的悲劇性色彩：我們自覺不自覺地毀掉了我們視爲包袱的鄉村社會治理傳統，卻無法在這一由我們自己造就的廢墟上搭建山任何像樣的建築；我們不僅沒有因此而叩開通向現代化的大門，反而是離現代化漸行漸遠，破敗而缺少希望的農村成爲一心嚮往現代化的中國身上一個流血不止的傷口、一個永遠的痛！許紀霖先生有言，「中國的現代化精英企圖繞開農村問題，以城市的擴散效應調動邊緣地帶，結果不僅沒有繞開，反而被其纏繞，城市被迫向農村認同。一個在現代化變遷過程中嚴重脫節的國度，最終以農村包圍城市、腹地戰勝沿海的模式實現了社會整合」。〔註 67〕

許紀霖先生的眼光無疑是犀利的。不過他似乎並沒有去進一步澄清這樣

---

〔註 66〕〔美〕杜贊奇著，王福明譯，《文化、權力與國家：1900～1942 年的華北農村》，江蘇人民出版社 2004 年版，第 51 頁。
〔註 67〕許紀霖，陳達凱，《中國現代化史》，學林出版社 2006 年版，第 16 頁。

一個問題：中國的農村社會其實並不是天然落後的代名詞。一個落後的、既無「社會文化網絡」又無「社會資本」積存、因而完全無法實現真正自我治理、無法適應現代化底線要求的農村社會，不是傳統社會留給我們的天然遺產，而是由我們自己在近代通過自毀式「自救」親手建構出來的。正是在這裏，我們用自己的悲劇性實踐印證了社會系統的複雜性與不可控性，印證了老子那句「天下神器，不可為也，不可執也」的格言，〔註68〕印證了西方哲人關於歷史常常「是人類行為的結果，但不是人類設計的結果」〔註69〕的洞察。

而由此引發的一個更深層次的問題是，在一塊較徹底地去除了「社會文化網絡」、「社會資本積存」和「有效自我治理」的土地上，現代性還有從中生發出來的可能性嗎？在激進理想主義者看來，現代性是與傳統完全對立的，因而它可以、甚至只能從傳統的廢墟上生長出來。然而在經歷了激進理想主義激情表演和最終幻滅的20世紀後的今天，激進理想主義的這一立場在實踐中已遭到徹底的否定，而我們的時代也由此終於認識到，一個曾經成功的文明所具有的歷史文化傳統，不僅不是現代性生發的障礙，而且還是現代性生發唯一可以依靠的基礎。畢竟，現代性生發的源頭活水是活生生的「生活世界」，當「生活世界」荒蕪成「叢林社會」之時，現代性一定會遠離它而去。一部現代化的歷史反覆告訴我們的難道不是這樣一個道理嗎？

當然，歷史無法重新來過，我們也無意於苛責前人。不過，這不意味著我們可以漠視自己的失足。如果我們不對這段不無辛酸的歷史作一總結以記取教訓，如果我們不將前人在探索中付出的沉重代價轉化成為我們眼下與未來試錯性探索的資源，我們就不配是創造過輝煌文明的祖先們的後代，我們也根本無法保證自己在未來的探索中不重蹈覆轍。

---

〔註68〕《老子·二十九章》。

〔註69〕這句話是蘇格蘭啓蒙思想家亞當·弗格森引述德雷斯主教《回憶錄》的一個說法，原文是：「這是人類行為的結果，而並非人們有意這麼做」。參見其《文明社會史論》，林本椿、王紹祥譯，浙江大學出版社，2010年版，第139頁。這一說法後經包括哈耶克在內的不少思想家的轉述而得以流傳。

# 第三章　英租威海衛鄉村治理模式轉換故事

　　「比租界更糟糕的是惡治，英國人給威海衛人帶來國仇的同時，也帶來了善治；威海衛人接受英式體制的同時，也弘展了東方文明的魅力。」——吳稼祥[註1]

　　肇始於清末新政的舉國邁向現代化的急行軍運動使得傳統中國的鄉村自治走向了難以逆轉的終結，全國範圍尤其是華北農村的社會秩序出現了普遍性失調，農村日漸凋敝，農民生活水平每況愈下，農村文化日益沙漠化，但在同一時期，英國人治下的威海衛鄉村社會（1898～1930）卻呈現出「風景這邊獨好」的景象：在英人「循其制」的總體治理思路下，威海衛社會沒有發生激烈的文化變遷，沒有出現信仰與社會秩序的危機，相反，隨著對外貿易的繁榮，旅遊業的開發，民族工商業的起步及傳統手工業的發展改進，民眾的經濟收入得以增加；不僅如此，民眾的受教育狀況及醫療衛生狀況也獲得改善，民間娛樂文化生活更加豐富多彩，民眾的生活質量穩中有升，威海衛社會的基礎設施逐步現代化，諸多管理現代社會的規範漸趨確立，現代商業精神和商業運營方式逐漸嵌入到傳統的小農經濟中，民眾的公民意識日漸成長，民間小共同體的組織和運作在傳統信仰與教化體系的庇護下也生機勃勃，當年令人唏噓不已的「國辦國腳」的表象下，其實湧動著的是邁向現代化的潛流。可以說，英國殖民者在傳承傳統中國鄉村自治做法的前提下創造

---

〔註 1〕這一陳述爲吳稼祥對徐承倫的著作《租界！租界！歷史‧英國人在威海》（重慶出版社 2012 年版）所做的評論。

出了成功治理威海衛鄉村社會的鄉治模式，那麼英國統治者是如何治理威海衛鄉村社會的？這種治理模式具有什麼樣的特點？其背後經歷了不同治理文化之間怎樣的碰撞、交融與對接？誠如李光耀先生在對比英國和日本對新加坡的不同殖民方式時所言，「我從英國人那裏學到了如何治理國家、如何管理人民」，〔註 2〕李光耀的這一總結同樣適用於我們對英國殖民者治理威海衛的看法，在這一章中我們就對威英政府如何治理威海衛鄉村、如何成功啓動威海衛農村向現代化轉型的做法這一問題展開具體的探討。

# 第一節　英國人對威海衛的佔領與治理

## 一、英國對威海衛的殖民佔領

　　明朝年間，政府爲了應對倭寇之亂，在全國各地建立衛、所以加強海防，威海衛的建立即由此而來。威海衛建於 1398 年，屬文登縣，距縣城約 45 公里。1840 年之後，由於西方列強開始以堅船利炮打開中國的大門，清王朝一些充滿憂患意識的官員開始籌辦海防，建立海軍以謀求自衛，當年李鴻章即奉命創建北洋海軍，而威海衛作爲北洋海軍的基地之一，自 1883 年起開始建設。〔註 3〕1895 年，中日甲午戰爭以清政府的戰敗而告終後，西方列強掀起了瓜分中國的狂潮，1897 年 11 月，德國以巨野教案爲藉口，派艦隊直接佔領膠州灣，而後沙俄於同年 12 月以保護中國免遭德國侵略爲幌子，搶佔旅順口和大連灣。德國和沙俄在中國大肆擴張勢力範圍的做法嚴重威脅到了此前在華佔有利權最多的英國的既得利益及其奉行的對華政策。針對德國和沙俄分別強佔膠州灣和旅大兩個中國北方重要港灣的嚴峻現實，1897 年 12 月 29 日，英國外交副大臣寇松向首相索爾茲伯里上書，提議對中國華北的一個具有軍事價值和戰略地位的港灣——威海衛實施佔領，以在華北抗衡和阻遏德、俄勢力。索爾茲伯里起初因爲擔心激怒德、俄從而導致東亞局勢的進一步複雜化而未採取寇松的建議，但隨著俄國正式強租旅大，英國政府於 1898 年 3 月 25 日做出了向清政府要求強租威海衛的決策，並於 3 月 28 日由時任駐華公使

---

〔註 2〕參見李光耀口述，〔美〕格雷厄姆・艾利森、羅伯特・D・布萊克威爾、阿里・溫尼編，蔣宗強譯，《李光耀論中國與世界》，中信出版社，2013 年版，第 159 頁。

〔註 3〕王守中，《威海衛與甲午戰爭》，山東文藝出版社 2004 年版，第 228 頁。

寶納樂將租借威海衛的要求正式提交給清政府。清政府鑒於當時國力孱弱的局勢，在外交政策中採取「以夷制夷」的策略，在俄國攫取東北地區的利益使得清政府的聯俄策略失效後，清政府又產生了聯英制俄的設想，並得到當時地方實力派官員的支持。後經過中英三次談判，清政府原則上同意了英國租借威海衛的要求。

在與清政府進行交涉的同時，英國也與德國和日本展開外交磋商，以避免在租借威海衛問題上與兩國產生衝突。英國時任駐德公使拉塞爾斯與德國外交大臣布洛夫多次會晤，最終英國政府於 1898 年 4 月 20 日發表正式聲明：「英國在得到威海衛後，絕不會傷害或爭奪德國在山東省的權益，也不會在該省給德國製造麻煩。」並特別指出，「英國不以威海衛及與之相關的租借地修築任何進入山東省內地的鐵路系統」。由此，英國消除了在租借威海衛問題上可能產生的來自德國的阻力。接著英國還要做日本的工作，因為此時威海衛正由日軍佔領以保證中國償還甲午中日戰爭戰敗後的對日賠款。1898 年 3 月 31 日，英國駐日公使薩道義向日本政府表明租借威海衛的意向，並希望日本給予支持。由於當時日俄矛盾很深，日本希望聯英抗俄，因此日本政府當即同意了英國公使的要求。4 月 15 日，薩道義又向日本政府提出日本得到賠款後即行撤離威海衛的要求，日本表示對清政府能否得到貸款以償清賠款表示擔心，而英國表示向清政府貸款沒問題，5 月 7 日，清政府對日最後一筆賠款在倫敦付清，日軍隨後撤離威海衛，英國在中方的參與下接管日軍退出的營地。5 月 24 日下午 1 時 30 分，英軍在劉公島西部的黃島上舉行佔領升旗儀式，宣佈對威海衛和劉公島的先行佔領。〔註4〕1898 年 7 月 1 日，中英兩國代表在北京正式簽訂了中英《租威海衛專條》，《租威海衛專條》簽訂之後，中英雙方商定在聯合劃界委員會勘定完邊界之前，英國不得在威海衛行使權力。與此同時，英國一方面加緊各項調查活動，為劃界和正式接管準備條件；另一方面與山東地方政府交涉，敦促地方政府為其調查提供便利，並將租借情況告知地方官府和境內百姓。但由於時任山東巡撫的張汝梅、毓賢等人對列強持仇視和強硬態度，因此英國人進入威海衛之初，其殖民統治之路並不順利。文登、榮成等地方官府照舊在威海境內行使權力，徵收賦稅，審理案件，對威海衛的英國殖民當局採取了不予合作甚至暗自抵制的態度，這使得殖民當局非常不滿。於是他們於 1899 年 3 月 12 日在威海境內發佈告示，禁

---

〔註 4〕劉玉黨主編，《威海文化通覽》，山東人民出版社 2012 年版，第 146～147 頁。

止界內百姓向中國官府完糧納稅，並禁止中國官府在境內的一切行政、司法活動，這一舉措激起了地方官紳的抵制。1899 年底，威海衛軍事兼行政長官道華德上校督促中方派員會勘邊界，但中方堅持把劃界時間推遲到來年 3 月份。於是，道華德於 1900 年 1 月份連發兩項告示，宣佈英國將在年內接管威海衛並任命英國官員管理威海衛，中國官方的管轄區域僅限於威海衛內城。此外，道華德還宣佈租借地百姓要從當年開始按舊稅率向英國殖民政府繳納錢糧。3 月 18 日又試圖抓捕文登衙門派來的徵稅人員〔註 5〕。這幾件事情的發生點燃了威海衛人積蓄已久的抗英鬥爭的熱情，加上此時英國軍隊集中精力進行勘界，威海衛民眾擔心其賴以生存的土地和家園會受到來自異國他邦的英國殖民統治的威脅，因此其危機感陡然高升，這導致 1900 年 3 月份之後，威海衛境內的抗英集會達到了高潮，多次掀起了抗擊英國人劃界的鬥爭。

威海衛人民抗英鬥爭的領導者和組織者大多是當地的鄉紳，他們大多接受過傳統文化教育，有些甚至取得過功名，因而他們在鄉間擁有一定的號召力和領導力，孟莊村抗英鬥爭的領導者劉荊山是武狀元出身，慈聖村抗英鬥爭領導者崔壽山是晚清秀才。他們對即將在自己的家園威海衛確立統治的英國人充滿了戒備甚至敵視，於是組織並發起了多次阻撓英國人勘界的鬥爭。1900 年 4 月 6 日，200 多名英軍前往鹿道口勘界，鹿道口村千餘名群眾集合示威，迫使英軍轉而南下臥龍村附近埋界石。6 日上午，在道北店村召開了千餘人的抗英大會，會後，西武林村於魁敬和孫家疃村孫義清等率眾來到臥龍村，群眾將界石砸碎，與英軍展開搏鬥，最終英軍在登萊青道道臺李希傑的掩護下撤退。同時，姜南莊村教書先生崔壽山，聯合同村谷庭輝、萊海村董紹亮、張家皂村張儒、于家夼村叢志範等，秘密籌辦團練抗英，他們向附近幾十個村莊發出「火燎毛文書」。1900 年春，英國軍隊在威海衛孟莊村勘劃租界。江家口子村村民劉荊山、圈于家村村民于仁山等向周圍村莊發出「火燎毛文書」，定於 4 月 6 日在碑口廟舉行抗英集會。當日，東到泊于家、西到草廟子、北到溝北一道的村民聚集於碑口廟，將附近所埋之界石統統砸毀。4 月 7 日劉荊山等又在碑口廟集合群眾，追擊埋界英軍。英軍鳴槍示警，劉荊山踢落英軍槍支，英軍射擊，劉荊山犧牲，群眾衝向英軍，英軍慌忙後退。最後袁世凱電令三營清兵前去解圍，群眾被迫散去。1900 年 4 月 24 日清晨，張村慈聖村前大樹上懸起紅底黑字團練大旗，各村群眾從四面八方湧來，崔壽山

---

〔註 5〕劉玉棠主編，《威海文化通覽》，山東人民出版社 2012 年版，第 20 頁。

親自對他們進行操練。次日清晨，慈聖村前已聚集數百群眾，英軍聞訊將會場包圍，雙方僵持至中午，群眾方漸漸散去，英軍將崔壽山、谷庭輝等三人帶走，兩個月後，三人被保釋出獄〔註6〕。在 1900 年 5 月 5 號和 6 號英軍的勘界過程中，還發生了威海衛民眾和英軍正面衝突並導致有 29 名中國民眾犧牲的悲劇性事件，英國殖民當局於 5 月 17 日結束劃界，6 月 12 日袁世凱接受了英國勘測的界線，英國人對威海衛的統治進入實質性階段。

　　雖然英國政府進入威海衛之初，其建立殖民統治的道路並不順利，尤其是在勘界立碑的過程中遇到了當地鄉紳領導下的威海衛人民的持續反抗，但由於大英帝國豐富的殖民統治經驗和得力的殖民統治人才，其對威海衛的統治還是得以較快地確立起來。1900 年英國正式接管威海衛之後，英國殖民部派遣頗富殖民統治經驗的馬來西亞總督史威頓漢姆（Frank Swettenham）到威海實地調查，就英國在威海衛應採取的統治政策向英國政府提出預案。〔註7〕在預案中，史威頓漢姆提出了在威海衛農村儘量維持現狀，通過建立農村組織的方式由農村自我管理、自我解決糾紛衝突。這一建議被英國政府採納，以後在治理威海衛的過程中成為基本原則〔註8〕。1902 年 5 月英土委派對中國文化頗為熟稔又有對華統治經驗的駱克哈特（J・H・Stewart Lockhart，來威海衛就職之前曾任港英政府輔政司兼華民政務司）出任威海衛首任文職行政長官，駱克哈特延續了他在接手香港新界過程中的治理經驗，以「循其制」、「盡可能地利用現存機構」、「盡可能地保持中國人的生活方式」為統治威海衛的理念，以此減弱威海衛本土精英與民眾的抵制心理和反抗情緒。與此同時，駱克哈特將行政公署從劉公島遷到陸地上的碼頭，並參照香港的法律制度和管理經驗，完善政府機構和相應的職能，逐步建立起了一套行之有效的殖民統治體制與行政管理機構（見下頁圖 1），並成立了兩個決策咨詢組織，即由在威洋商組成的顧問團和由商埠商會及總董組成的咨詢會，〔註9〕用以輔助威英政府做決策。由此駱克哈特很快理順了統治威海衛的思路，構建起了大體的框架，威英政府對威海衛的治理走上了正軌，基本秩序得以確立。

〔註 6〕《威海市志》，威海市地方史志編纂委員會編，山東人民出版社 1986 年版，
　　　　第 51～52 頁。
〔註 7〕《Swettenham 代表團訪問威海衛》，1900 年，英國威海衛行政公署檔案，威
　　　　海市檔案館藏，卷號：229-1-263。
〔註 8〕鄧向陽主編，《米字旗下的威海衛》，山東畫報出版社 2003 年版，第 56 頁。
〔註 9〕同上，第 29 頁。

## 二、威英政府三十二年治威概貌

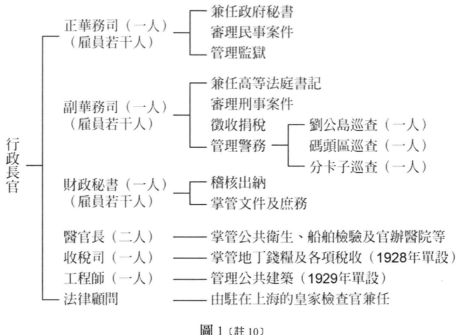

圖 1〔註 10〕

英國政府租借威海衛的最初目的是想把威海衛建成英國在遠東地區的永久性海軍基地，既牽制俄德，又控制京津，進而增強其對華事務的發言權〔註 11〕。但由於後來英國海軍的發展重點發生轉移，英國政府於 1902 年 2 月放棄了其在遠東的龐大防禦建設計劃，最終確立了將威海衛建成為英國海軍訓練基地和療養基地的方針。〔註 12〕在這一方針確立之後，英國政府奉行以「最低的成本管理威海衛」的政策，把威海衛只看作是「國際談判桌上的一個有用的小卒而已」，這樣的方針政策使得威英政府得不到來自英國本土發展威海衛的財政支持和人力投入，而租期的不確定性也使得威英政府難以吸引外商來威海衛投資，這兩方面的原因使得駱克哈特想把威海發展成英國瑪格琳特那樣的海濱旅遊勝地以及遠東「第二香港」的計劃與抱負落空。但另一方面，英國政府對威海衛如此低姿態的要求也為威英政府如何治理威海

〔註 10〕 參見威海市地方志史編纂委員會編，《威海市志》，山東人民出版社 1986 年版，第 468 頁。

〔註 11〕 《請求把威海作海軍基地》，1900 年，英國威海衛行政公署檔案，威海市檔案館藏，卷號：229-1-577。

〔註 12〕 鄧向陽主編，《米字旗下的威海衛》，山東畫報出版社 2003 年版，第 77 頁。

衛提供了寬廣的自主探索空間，而缺少外來的支持又使得威英政府必須盡可能地利用當地既有的治理資源和經濟基礎。就是在這樣的背景下，相比於威海衛之前的狀態以及同一時期華北地區不少和威海衛一樣的鄉村，威海衛這一「大英帝國的灰姑娘」在英國人殖民的 32 年間也發生了不小的變化，當然這和中國當時的亂局以及英國人對威海衛的治理有著密切的關係。

　　英國統治者殖民威海衛的 32 年間，恰逢中國近現代史上的劇烈變革期。戊戌變法的失敗引發的保守勢力和改革力量間的較量還未塵埃落定，庚子事變的發生就逼迫清政府掀起了聲勢浩大的自上而下的改革運動，而清王朝也在其自己發起的這場名為「清末新政」的改革中壽終正寢。伴隨著辛亥革命與帝制政府的終結而建立起來的民國並沒有帶領國人進入一個「美麗新世界」，反而陷入了軍閥混戰、民生凋敝、社會秩序蕩然無存的亂局之中。直到國民政府 1928 年統一全國，基本的社會秩序才算勉強確立起來。相較於全國範圍內的改革、革命與戰亂局勢，地處一隅的威海衛雖然不能完全避免受到外界的影響，但由於英國殖民者獲得了統治威海衛社會的行政、立法與司法全權，威海衛竟成為當時亂世中國的一個「世外桃源」，時人對威海衛的社會秩序曾如此記載：「威海地方寧靜、秩序整肅，有夜不閉戶之稱，民皆熙熙焉，民勤其業，市無遊惰，道無丐者，盜賊絕迹，閭閻安堵頗具昇平綏靖景象，而治安之鞏固有所著稱」。〔註 13〕在這一類似傳統中國王朝鼎盛期的「太平盛世」的圖景中，英國殖民者在法治、治安、經濟、教育、醫療衛生、體育以及市容市貌建設等方面都給當時的威海衛社會或者刻上了自己的烙印，或者留下了濃墨重彩的一筆。

　　第一，在法律構成和立法方面，英租時期的威海衛構建起了一個以中國原有法律體系、道德規範和風俗習慣為基礎的二元法律體系，其中中國的原有法律和風俗習慣是占主導地位的一元，英國法律、變通後的香港法律和威英政府頒佈的法令是居於次要地位的一元。這一點既體現在 1901 年由英國政府頒佈後又在 1903 年修改補充的憲法性文件《1901 年樞密院威海衛法令》〔註 14〕的

---

〔註 13〕蔣桐生、王君守，《威海衛指南》，上海朱錦堂印刷所 1933 年版，第 5 頁。

〔註 14〕《一九零一年樞密院威海衛法令》（The Weihaiwei Order in Council, 1901）中文譯本見朱世全，《威海問題》，商務印書館，中華民國二十九年九月出版。轉見朱世全，「英國租借威海衛時期之地方情形」，載威海市政協科教文史委員會編，《英國租占威海衛三十二年》（威海文史資料第十輯），1998 年，第 49～54 頁。

法律條文中，也體現在威英政府頒佈的諸多法令中。《1901 年樞密院威海衛法令》確立的法律適用原則是刑事法律以英國法律為歸依，而民事訴訟則尊重中國傳統的法律及風俗習慣。但在實際操作中不僅民事立法大量沿襲中國傳統法律和習慣，即使在刑事立法中，儒家傳統理念也滲透其間。〔註 15〕

根據《1901 年樞密院威海衛法令》，威海衛行政長官擁有制定及頒佈法令的權力。綜觀威英政府頒佈的法令，除了那些主要適用於在威海衛居住的外國人的法律和一些具有殖民色彩的侵犯中國主權和百姓權益的立法外〔註 16〕，還有一些法律法規為改革威海衛社會舊有的陋習及弊端發揮了不小的作用，這其中尤為明顯的是那些條款明晰，實際可操作性較強的法律法令，如 1903 年的《公共衛生與建築法令》，這一法令不僅涉及諸如戲院、市場、工廠、作坊等公共場所，也涉及了私人住宅以及豬圈、浴池、牛棚、公墓、太平間、公廁等容易藏污納垢之處，私人住宅要清掃和粉刷房屋，廁所要按照標準規格改造或新建；這一法令尤為重視與食品加工相關場所如麵包房、牛奶場、屠宰場等的衛生管理，此外還對垃圾處理、污水排放、糞便處理等作了相應規定。〔註 17〕可以說，這一法令的出臺較為有效地提升了威海衛社會的公共衛生質量。

第二，在司法領域，威英政府採取的是英國司法制度和中國訴訟制度並行而以中國訴訟制度為主體的做法。其中根據《1901 年樞密院威海衛法令》的規定而建立的司法體制是基於英國法治文化之上的英國式司法制度，其內容大體包括，設立威海衛高等法院和地方法院，其中高等法院由行政長官和一名由英王任命的具有英國律師公會成員資格的審判長組成，審判長不在位時，可由行政長官委任臨時審判長。根據審理需要，可以在租借地內的任何地點開庭。租

---

〔註 15〕 這一方面的論述可參考王一強，《英租威海衛的外來法、本土法與民間法》，載《甘肅政法學院學報》，2005 年 9 月；張志超，《徘徊於東西方之間：英租威海衛時期的法治》，載《開放時代》，2009 年 2 月。

〔註 16〕 這些立法包括《已婚婦女和女童保護法》、《養犬管理條例》、《野鳥和獵物保護法令》、《禁止虐待動物法令》、《公共假日法令》、《1903 年威海衛婚姻法令》、《1903 年威海衛採礦法令》、《1903 年鞭笞規定法令》、《1919 年關於驅逐劉公島當地居民的法令》、《限制華民進島條例》等，參見鄧向陽主編，米字旗下的威海衛，山東畫報出版社，2003，44～45 頁及英國威海衛行政公署檔案，威海市檔案館藏，卷號為 229-1-616、229-1-422、229-1-665、229-1-473、229-1-614、229-1-620 的記載。

〔註 17〕 參見張建國、張軍勇主編，《英租威海衛史料彙編》中的「The Public Health and Buildings Ordinance 1903.」一節，中國國際廣播出版社 2006 年版，第 42～60 頁。

借地內的民事和刑事案件全部由高等法院管轄審理。地方法院分設在租借地內，由地方法官依照法律規定代為就近執行高等法院的權限。〔註18〕1902 年威英政府又規定所有案件由華務司審理，1906 年威海衛被劃分為南北兩大行政區後，案件分別交由兩區，由區行政長官兼區法官主持的獨立法庭分別審理各自轄區內的民事和刑事案件。1916 年開始設置正、副華務司兩職，同時關閉了南區溫泉湯法庭。訴訟案件分別由兩個華務司審理，其中正華務司審理民事案件，副華務司審理刑事案件。為方便訴訟，正華務司每年還要安排一定時間在南區設立巡迴法庭。雖然案件的審理管轄權曾幾度變更，但就案件審理方式而言，由行政官兼任的法官集行政、偵察、審判、檢察、律師等多項職能於一身，這種行政司法合一的形式使得法官和中國皇帝治下的縣官似乎沒多大區別，「老百姓的反應是他們好像就是縣官」，〔註19〕這也使得租借地內的威海衛本土民眾很容易地接受了這一與他們熟悉的訴訟文化相兼容的審案方式，儘管二者仍有區別，威英政府審理案件的地方並非「縣衙大堂」而是依據英王法令設立的獨立法庭，法庭可以根據需要設在任何地方。〔註20〕威海衛高等法院的上訴法院為香港最高法院，但由於租借地內很少有人知道敗訴後還可以上訴，也極少人付得起去香港上訴的費用，所以上訴極少，從 1902 到 1928 年，租借地審理的民刑案件中，列為上訴案件的僅為 1%左右。〔註21〕

　　綜觀上述介紹我們不難看出，無論在立法領域還是司法領域，威英政府都是以中國的舊有法律和道德規範為主體，而斷案時也是盡可能遵循中國的風俗習慣，通過這樣的做法，「英國人提供了一套更為有效和花費確實要少的法律制度」〔註22〕。而與此同時，威英政府也在不觸動威海衛本土道德風俗和權力結構的前提下，把英國式的立法和司法做法植入到了威海衛社會之中，形成了中西交融的司法和立法制度。

---

〔註18〕　參見劉玉黨主編，《威海文化通覽》，山東人民出版社 2012 年版，第 162～163 頁。

〔註19〕　Pamela Atwell, British Mandarins and Chinese Reformers: The British Administration of Weihaiwei（1898～1930）and the Territory's Return to Chinese Rule, Oxford University Press, 1985, P.117.

〔註20〕　劉玉黨主編，《威海文化通覽》，山東人民出版社 2012 年版，第 163 頁；鄧向陽主編，《米字旗下的威海衛》，山東畫報出版社 2003 年版，第 45～46 頁。

〔註21〕　朱世全，《威海問題》，商務印書館 1931 年版，第 142 頁。

〔註22〕　Pamela Atwell, British Mandarins and Chinese Reformers: The British Administration of Weihaiwei（1898～1930）and the Territory's Return to Chinese Rule, Oxford University Press, 1985, P.53.

　　第三，在治安領域，威英政府逐步建立起了英式巡捕警察制度。英國殖民當局統治威海衛之初，警察職能是由中國軍團「華勇營」承擔的，華勇營的士兵經過正規的英式訓練後，分別駐紮在威海衛的北大營、寨子和南、北竹島等地，負責威海衛界內治安和對外防衛的任務。〔註23〕根據 1903 年的《警察法令》，政府組建了僅有 15 人的警察隊伍，1906 年中國軍團解散後，從遣散士兵中選拔了部分人員組建警察隊伍，由副華務司管理，下設警署（即總巡捕房）、警局（巡捕房）和巡警分局。整個租借地被劃分為愛德華碼頭區、劉公島區和鄉區三大警區，每區設一警局，愛德華碼頭區的警局負責威英政府的安全保衛和碼頭區的治安、稅收、監獄及水上警察的管理；劉公島警局負責島上的治安、稅收和監獄管理；在邊境地帶和重要村鎮設有警卡，由鄉區警局主要負責設在農村 15 處警卡的管理，警力分配以鄉區為重。在警員的擔任上，高級警官和巡官（因其衣袖上的標誌被老百姓俗稱為「三道槓」）一般由英人擔當，巡佐（兩道槓）、警士則全由當地人充任。

　　威英政府非常重視警察隊伍的建設和管理，在武器、服裝、通訊和交通各方面都盡力支持。威海衛最早的摩托車是裝備警察的，最早的電話是警察專用。政府對警員的管理十分嚴格，賦予警察們的職責範圍也很廣泛，這在《大英威海巡捕規章》中都有明文規定。〔註24〕1921 年威英政府還建立起監察制度以加強對警察的監管，行政長官每月、華務司每周主持一次監察會議，各警卡每周要填寫報告單，彙報當地治安狀況。在這樣嚴格的管理和訓練之下，威海衛的警察隊伍「組織與管理雖極簡約，而槍械服裝、操練紀律，俱極整飭嚴密」。〔註25〕因此威海衛的警察經常被英國殖民當局挑選去充實香港警隊，20 世紀 30 年代，威海籍的警察曾占到香港警隊人員的五分之一，「魯警」的稱呼至今仍為香港人稱道。

〔註23〕華勇營成立於 1899 年，是英國陸軍部於 1898 年在中國招募了 500 多名中國人之後組成的用來維護租借地安全的一支部隊，按照英國當時以組建地為部隊命名的慣例，這支部隊稱為「中國軍團」，該軍團的尉級以上軍官均從英國的正規部隊調任，士兵則在中國招募。因為這支部隊的士兵全是華人，威海人習稱「華勇營」。華勇營除了履行威海衛對內治安和對外防衛任務之外，還在天津圍攻義和團的戰鬥中作出過貢獻。——參見鄧向陽主編，《米字旗下的威海衛》，山東畫報出版社 2003 年版，第 87 頁。

〔註24〕《大英威海巡捕規章》，英國威海衛行政公署檔案，威海市檔案館藏，卷號：229-1-704。

〔註25〕朱世全，《威海問題》，商務印書館 1931 年版，第 134 頁。

　　英租時期，威英政府還在威海衛的碼頭區和劉公島設立了兩處監獄。碼頭區的監獄有 7 間牢房，主要關押待審和判處兩個月以下拘役的人員。劉公島上的監獄設有監獄官和男女看守長各一人，男監 18 間，女監 3 間，主要關押兩個月以上的拘役犯人。經過多次擴建改造後，劉公島監獄被英國人稱爲是上海之外遠東最現代化的監獄。〔註26〕

　　第四，在經濟領域，拓展對外貿易，吸引外國資本來威投資經商。威英政府參照英國人統治香港的做法，把威海衛開辟爲自由港，對所有國家開放，進出口貨物免徵關稅，以此吸引中外商人前來威海衛經商。自由港的政策引發了顯著的效果，「一般商人，以進出口貨，可以不納關稅，只繳少數船鈔，較諸在青島煙臺起卸者，成本較輕，故捨此就彼，爭相在威辦貨」。〔註27〕這導致了威海衛進出口貿易的大發展，出口方面主要是農作物花生和鹹魚、蝦米、鹽等海產品，這也刺激了海產品加工業的發展；進口貿易主要是轉口貨物，包括從歐美、日本、南洋、香港等地輸入的布匹、棉紗、大米、麵粉、紙煙、煤炭、煤油和皮革製品等。大量貨物進出威海衛港口，也刺激了威海衛海運業的迅速發展，並使得殖民當局的船鈔收入從 1903 年的區區 1000 多銀元猛增到 1928 年的 14.44 銀萬元，航運稅費成爲殖民當局的最重要財源。外國資本投資開辦的不少洋行在威海也曾聲名顯赫，比如鄧肯・克拉克開辦的康來洋行和歐內斯特・克拉克開辦的泰茂洋行，其業務涉及到輪船航運、房地產、旅館、旅遊、食品、飯店和進出口貿易等諸多方面。雖然受租期不定的影響，洋商們後來的投資熱情受到打擊，但他們的存在及其經營模式在給當時的威海衛農業社會帶來了衝擊力的同時，也給舊有的生產生活方式注入了新鮮的血液。

　　英租時期，由於威海衛境內的良好秩序和對外貿易的刺激，民族工商業也有較大的發展，在其最爲興盛之時，只有幾平方公里的威海衛城區就有近千家商號，其中愛德華碼頭周邊商埠區的商號達到 700 多家，城裏也有 200 多戶。這些民族資本商戶多是圍繞著進出口貿易開辦，如船行、裝運、貨運代理、幫船、飯店、旅店、服裝、百貨、雜貨等與日常生活相關的行業以及爲洋行代理花生收購業務等。除此之外，威海衛的繡花、編織和織布業、威海藝人首創的錫鑲工藝品以及民族開辦的近代化工廠如釀酒、火柴、醬園、

〔註26〕劉玉黨主編，《威海文化通覽》，山東人民出版社 2012 年版，第 166～168 頁。
〔註27〕朱世全《威海問題》，商務印書館 1931 年版，第 102 頁。

電燈和橡膠等產業企業都頗有發展。〔註 28〕

第五、在文化教育領域，伴隨著英國人統治的確立，威海衛社會出現了外僑子弟學校、官辦學校、教會學校、民辦學校以及平民教育學校多種辦學形式和教育方式共同存在、並行發展的局面，在教學內容方面則融合了中國傳統文化教育、職業技能教育、人文科學、西方自然科學、文體興趣類課程以及諸如商業大全、打字演說等實用性課程。

威英政府於 1904 年開辦的皇仁學堂是英租期間唯一的官辦學校，其課程內容的設置承襲傳統教育中的四書、講經等教學內容，同時學校也重視衛生教育，並開設種樹等農林科目。

在教會學校中，基督教先後在威海衛建立安立甘堂（今實驗中學處）、講書堂（今環翠區法院西側）、樂祉堂（今碼頭小學處）；天主教先後建立海星學校（只收男生，今鯨園小學）和明星女校（海星學校西鄰），其中影響較大的是安立甘堂和明星女校。安立甘堂是 1902 年由英國中華聖公會傳教士布朗創建的，設有英語、打字、應用商學和西方自然科學等實用科目，在經歷了初期招生困難的挫折後，在教育內容中遵照中國傳統教育方式加強漢語課程，聘請中國教師講授經史子集等內容，由此獲得當地社會認可，很多租借地內的富庶家庭或教會信徒的子女進校入讀。明星女校是由天主教修女於1908 年創建的，其主要目的是吸收普通百姓家的女孩學習刺繡、花邊編織及紡織技術。學校規定學生以一半的時間學習包括基督教義、中國經書、數學和地理等課程在內的文化課，另一半時間學習職業技能。由於進入該校就讀不僅可以學到一定的文化知識，而且可以掌握一門能夠謀生的專業技能，因而學校受到普通百姓的歡迎，並逐漸發展成為威海衛規模最大的女子學校。學生畢業後大多成為當時威海紡織業的骨幹，也可以算作是威海職業學校的發軔。

民辦學校大多是由當地紳商牽頭、民眾捐資興辦的新式學校，包括敬業小學、九華小學、培德小學和銘新小學，此外還有天足會威海分會於 1908 年開辦的免學費的三年制淑德女學，以及 1926 年底孫啟昌開辦的齊東中學。其中齊東中學無論在學校的組織與管理制度、課程設置還是師資力量的選聘方面都走在了時代的前列，招生規模也不斷擴大，後來於 1928 年還得到了時任行政長官莊士敦撥給官地以及 5000 銀元資助的待遇。

---

〔註 28〕劉玉黨主編，《威海文化通覽》，山東人民出版社 2012 年版，第 198～203 頁。

在平民教育方面，威海商埠商會於 1923 年成立了威海平民教育會，分頭募捐籌建平民夜校，招收年齡在 12～50 歲之間的農民、工人就讀，學習用具和學費全免，教員經過培訓上崗，屬於義務性質，辦學經費靠社會捐助，教材採用全國學會刊行的《平民千字課》。這成爲威海社會教育的開端。〔註 29〕

第六，英租時期，威英政府非常重視醫療衛生事業的興辦與管理，早在 1906 年就設立了與正、副華務司並列的高級行政官員醫官長一職，負責管理租借地範圍內的醫生、醫院、公共衛生、船舶檢疫、衛生防疫等衛生事宜。前述 1903 年頒佈的《公共建築與衛生法令》是英租時期最重要的法令之一，這一法令的付諸實施對改善租借地的衛生條件和改變民眾的衛生習慣及衛生觀念都有一定的促進作用。此外，政府還設立了三處主要面向威海民眾的醫院，包括 1902 年的愛德華商埠區臨時醫院（後於 1908 年改爲大英民醫院），1902 年設在劉公島上的大英施醫局以及 1916 年在南區溫泉湯的一塊村民捐獻的地皮上設立的一處鄉村醫院，這些醫院成爲西方醫學文化和治療方式傳入威海的最早載體。〔註 30〕威英政府也非常重視農村的疫情預防和管理，這一點我們在下文中還會具體介紹。

第七，英租時期，伴隨著西方近代體育項目的出現，威海衛的體育活動和體育事業也出現了蓬勃發展的新氣象。比如球類運動方面，西方流行的各種球類運動如足球、網球、高爾夫球、馬球、籃球、檯球、保齡球、曲棍球、棒球等都曾出現在威海衛，各種球類「場所比比皆是，凡本埠之大小學校機關均各具二三」〔註 31〕。威海衛是高爾夫球運動傳入中國最早的地區，也是國內開展足球運動最早的城市之一，而且威海衛人中湧現出很多足球高手，有些球員後來成爲大連、青島等城市的足球隊的主將，當年的老球迷在世時談起那些球員來還記憶猶新、如數家珍。在洋學堂和外僑社會體育活動的影響下，球類、田徑等運動項目也進入華人學生的生活。20 世紀 20 年代還出現了威海衛人自辦的運動會，1927 年還派代表參加了在上海舉辦的第八屆遠東運動會預選賽。此外，威英政府對體育事業並沒有統一的管理機構和制度，各種體育運動主要是借助於俱樂部的組織和運作得以展開，這其中既有外僑們興辦的俱樂部，也有華人社團創辦的俱樂部，比如由商埠商會會員孫琴軒、

---

〔註 29〕劉玉黨主編，《威海文化通覽》，山東人民出版社 2012 年版，第 179～186 頁。
〔註 30〕同上，第 187～189 頁。
〔註 31〕蔣桐生、王君守，《威海衛指南》第九節，上海朱錦堂印刷所，1933 年版。

谷益善聯合 50 多人創辦的商埠區持續時間最長的威海衛俱樂部。民間體育組織在威海的興起促進了體育事業的發展和體育活動的普及。〔註 32〕

最後，英租時期，威海衛社會的市容市貌和市政建設方面也發生了不小的改觀。在陸路交通和公路建設方面，早在 1902 年當局就設立道路工程師一職，負責道路的修建和維護工作，當年還投資開工修築了從半月灣到愛德華碼頭的公路。而後隨著殖民政府財政收入盈餘的增多，交通狀況不斷改善，到 1928 年時開通了境內各主要村鎮的短途運輸路線，1929 年時又開通了境內至牟平、文登和榮成的長途線路。與此同時，摩托車、救護車、汽車等機動交通工具也開始出現，殖民政府隨後建立起車輛許可證制度對交通工具加以管理。〔註 33〕

由於威海衛的對外交通和大宗貨運主要依靠海運，因此在英租期間，在碼頭設施和海上運輸方面都有可觀的發展。當時威海衛港灣的愛德華碼頭（東碼頭）、勝德碼頭（西碼頭）、東大樓碼頭、劉公島上的鐵碼頭以及石碼頭是較為繁忙的五處碼頭，除了由英商輪船公司和日本輪船公司的定期航班的航船外（不少航線的海輪噸位都在 2000 噸以上），還有大量外洋輪船。而由於碼頭小，水深不足，大輪船祇能在深水泊位拋錨，貨物需要駁船倒運，島裏島外的人員也需乘船進出，因此用於水上公共交通的小汽艇、小舢板穿梭來往，爲當時港灣一大景色。此外在郵政通信、電報電話以及電燈事業方面，英租時期也都有發展或開始起步。〔註 34〕

威英政府還曾大規模植樹造林，綠化環境，並制定了各種規則法令，以營造良好的生態環境。威英政府根據租借地的土壤、氣候和水質，從英國本土、歐洲大陸以及日本等國引進了包括法桐、黑松、薔薇、丁香、松樹、無花果、油桃等在內的幾十種植物進行推廣栽培，管理植樹造林的職責由英籍警察巡官負責。30 年間，劉公島上的植樹就數以百萬計，「改變了原來一片荒蕪貧瘠的面目」，市區周邊的山頭也一改從前光禿禿的面貌，蒼翠成林。威英政府還在愛德華港區修建園林，營造城市花園，比較有名的花園有塢口花園（即鯨園）和東山公園。此外，政府還禁止在商埠區建設有污染的工廠、商店，嚴禁向近海或沙灘排放污水和垃圾，並於 1923 年在北門外劃一區域，供

〔註 32〕劉玉黨主編，《威海文化通覽》，山東人民出版社 2012 年版，第 191～196 頁。
〔註 33〕相關資料參見鄧向陽主編，《米字旗下的威海衛》，山東畫報出版社 2003 年版，第 187～189 頁。
〔註 34〕劉玉黨主編，《威海文化通覽》，山東人民出版社 2012 年版，第 206～212 頁。

高噪音、有毒或污染性行業使用；此外還頒佈《野生動物保護法令》，建立了禁獵期和許可證制度。〔註35〕

英租期間，威海衛總體而言還是個農業社會，但威海的城市化進程也開始起步，雖然城建速度發展不快，但經過二十多年的努力，南起蘆石臺（現寬仁院），東止黃泥溝，沿海灣而建的商埠區城建格局已初具規模。在此區域內，一條主幹路沿海岸南北貫通，二十多條支路交錯縱橫。街邊路旁樹木成行，街心花園灌木成籬，花草揚香，雖無聳立的高樓，但有成方連片的洋房，坐落於林茂草青花紅茵綠之中，使人賞心悅目。〔註36〕

在對英國人對威海衛的殖民佔領以及英國人治理威海衛的概況有了一個大體的背景性瞭解之後，我們接下來對威英政府在治理威海衛鄉村方面的做法與措施展開進一步的探討。

## 第二節　威英政府鄉村治理模式的內涵

英國人於 1898 年租借威海衛時，當時的威海衛是個非常典型的農業社會，整個社會基本上處於漁耕為主手工業輔之的自給自足的狀態。界內居民90%以上的人口生活在農村，多為同姓聚族而居。很多村莊都以姓氏命名，如林家院、畢家疃、戚家夼、梅家溝、張家山、王家村等等，總體而言，威海衛鄉村和當時中國華北的絕大多數鄉村一樣，基本處於自治的狀態，在當地的士紳、宗族等鄉土精英的牽頭和領導下，依靠儒家的綱常倫理及當地的族規村約實施教化並進行自我管理，偶而也有幾個村聯合起來共同管理本地事務，表現出高度的自治特點，其中一些德高望重的長輩元老、人多勢眾的宗族大戶、財大氣粗的地主紳商、識文斷字的士子書生等具有較大的話語權，成為鄉村中的鄉紳階層，在農村管理中發揮著主導作用。村董就是鄉紳階層的代表，憑藉其在家族中的地位而被推舉出來〔註37〕，作為村莊的代表對內享有治理村莊的權威，對外和政府及其他村莊打交道。

具體一點講，宗族在當時威海衛鄉村的治理中發揮了主導性的作用，這

---

〔註35〕鄧向陽主編，《米字旗下的威海衛》，山東畫報出版社 2003 年版，第 134、165頁。

〔註36〕同上，第 205～207 頁。

〔註37〕同上，第 56 頁；劉玉黨主編，《威海文化通覽》，山東人民出版社 2012 年版，第 171 頁。

主要是由於當時威海衛境內宗族組織的強大，在某種意義上甚至可以說，一個宗族就等同於一個村莊。英租時期曾任威英政府主要官員的莊士敦的考察也證明了這一點，「威海衛的每一個村子要麼是同一姓氏人居住，他們都有親戚關係相互關聯，彼此是兄弟、叔侄，要麼就是同姓的人在數量、財富、社會影響等方面都比其他人有勢力。」〔註 38〕他在著作中還提到，「那裏有不少單一宗族的村莊，與其說水井、道路是村莊的公產，還不如說他們是某一宗族或某些宗族的族產更為準確。」〔註 39〕存在於鄉村社會的每一個宗族實際上就是一個自治共同體，這一共同體一般由讀書而未致仕或從官場退休、退出的接受過儒家教育而知書達理的鄉紳和在家族中具有較高名望和地位的族長、長老等鄉土精英來領導，由他們會同族內各房、族眾制定族規、祠規，這些規則規範涵蓋親緣關係等熟人關係和陌生人關係，兼具倫理性規範和法律規範的意義。如當時境內吳氏宗族的族規規定：「族中子弟有器宇不凡，自稟聰慧而無力從師者，當收而教之，或附之家塾，或助以膏火。培植得一個、兩個好人，作將來模楷，此是族黨之望、祖宗之光，其關係匪小；族中子弟不能讀書，又無田可耕，勢不能不從事商賈，族眾或提攜之，或從它親友處推薦之，令有恒業，可以糊口，勿使遊手好閒，致生禍患；族內貧窮孤寡，實堪憐憫，而祠貯綿薄，不能周恤，賴族彥維佐輪阻四伯，當依條議，每歲一給。顧仁孝之念，人所同具，或賈有餘財，或祿有餘資，尚祈量力多寡輸入，俾族眾盡沾嘉惠，以成鉅觀」。〔註 40〕從這一族規中我們不難看出，在儒家文化的浸淫之下，宗族在教養後生和濟危扶困等方面所發揮出的正能量。

在族規和祠規的執行方面，一般由族內各房輪流執行。如溫泉湯武和村的程氏宗族就由族內五大房輪值管理族務、執行族規。而在遇到關係宗族整體利益的重大事務時，各房管理者須先告知各房家長，然後由家長會集族眾在祠堂等場所進行公議。如 1899 年的寨山家議中規定：「凡屬興廢大節，管理者俱要告各房家長，集家眾商榷幹辦。如有徇己見執拗者，家長家眾指實，從公糾正，令其即行改過。如能奉公守正者，家長核實獎勵，家眾毋許妄以

---

〔註 38〕 Reginald F. Johnston. Lion and Dragon in Northern China, London: John Murray, 1910, p.134.
〔註 39〕 Ibid, pp.157～158.
〔註 40〕 《宗族法規選編》，英國威海衛行政公署檔案，威海市檔案館藏，卷號：229-1-1099。

愛憎參之，以昧賢否。」〔註41〕

　　簡而言之，宗族在知禮節的族長、長老和明義理的鄉紳的領導下，依靠滲透著儒家倫理、能化民成俗的族規，憑藉「開祠堂門」等公共議事機制，成為一個個自我治理的小共同體。

　　而對鄉村治理而言，宗族和村莊具有的同構性使得威海衛傳統的宗族自治推及到了整個鄉村，鄉村也實行自我管理，其自我治理的運作情形大體如下：由村中較大的宗族推舉出有名望的人擔任村董來管理鄉村事務，因此，鄉紳與族長在很多時候身份是重合的，他們同時是宗族和鄉村秩序的維護者。他們之所以能夠獲得管理村莊的權力是基於他們的道德品格、知識素養、社會地位和財富等因素。而村董治理村莊的依據則是由世代人的生活經驗和習慣制定出來的村規民約，村規一般也是由宗族和村董聯合商議形成，其作用範圍涉及村民日常生活的方方面面，涵蓋村民的行為規範和違犯村規時的處罰方式。莊士敦在《獅龍共存威海衛》一書中記載了早先威海衛的一份村規，涉及踐踏或放任家禽褻瀆墳墓、侵佔牧場、偷取他人地裏的燒柴木材、放任家畜在他人地裏覓食、偷盜莊家糞肥、移界碑、堵塞牧場通道等方面，違反村規情節輕微的將由村莊自行處罰，而情節嚴重或拒不執行村莊處罰決定的將會被送到地方官那裏處理。〔註42〕不僅如此，宗族的公共議事機制也延伸到了鄉村治理中，正如莊士敦在其著作中指出的，村中遇到涉及全村事務的大事，不受年齡、性別、身份的限制，包括全村婦女兒童在內的村民都可以在村董家、家廟或村街上討論，自由發表自己的意見。〔註43〕

　　除了作為鄉村治理主體的宗族外，威海衛當時還存在各種類型的會社，這些會社承擔不同的功能，在不同範圍內為其成員提供公共服務和公共產品，從而有利於鄉村的自我治理。這些會社中比較有代表性的是宗族性會社和地域性會社。宗族性會社由不同的宗族聯合建立，而地域性會社則是由村董牽頭建立的。為了使會社運轉有序，促進合作更好地展開，糾紛公平地解決，這些會社也大都存在由各族族長或各村村董協同商議制定的規約，而自然而然地，宗族的族長、家長或村董就成為會社規約的主要執行者和裁判者。

〔註41〕《政府公報（1899）》，英國威海衛行政公署檔案，威海市檔案館藏，卷號：229-1-1。

〔註42〕Reginald F. Johnston. Lion and Dragon in Northern China, London: John Murray, 1910, p.154.

〔註43〕Ibid, p.155.

如當時的遠遙村養山會規定：「興山之後，各家秩丁必須謹慎野火。倘有不測，無論故誣，公同將火路驗明。查出，罰銀十兩、演戲十部。如不遵罰，即令本家房長入祠，以家法重責三十板。」〔註44〕

　　英國人租借威海衛之前，威海衛的鄉村社會大體上就是由當地內生的鄉土精英憑藉著宗族和其他鄉村組織以及儒家的義理說教、村規民約及各種民間信仰習俗等進行著自我治理。鄉村社會與官府發生關係的領域非常有限，除了完糧納稅和重大治安事件及個別上訴到官府的糾紛之外，鄉村社會處於「天高皇帝遠」的自治狀態。在英國人租借威海衛之後，由於當時的威海衛社會基本上是個農業社會，因此其治理重點也自然而然地放在了對鄉村的管理上。駱克哈特出任威海衛首任文職行政長官之後，很快認識到行之於威海衛鄉村社會的村董制是治理威海衛最實際的手段，鄉紳階層在農村管理和穩定中的作用被他所倚重，於是，他到任後的第五天便接見了威海衛的全體村董，〔註45〕並對各村村董登記造冊，頒發委任狀，〔註46〕承認他們在鄉村中的權力和地位，並每年召開一次村董大會。這種尊重並接手當地治理傳統的做法使得當地精英較為順利地接受了來自異國他鄉的統治者，維護了當地的基本社會秩序，從而為威英政府的鄉村治理奠定了一個良好的基礎。在此基礎上，威英當局根據當地的經濟社會狀況、文化傳統與既有治理資源，結合英國鄉村治理中的成功經驗，逐步摸索出了一套中西交融、獨具特色的鄉村治理模式。威英政府對威海衛鄉村的治理涉及到鄉村的權力架構與運作、糾紛處理機制、治安維持、衛生防疫以及鄉村經濟的發展等諸多方面，下面我們分別來看一下威英政府在這些領域的做法。

## 一、鄉村社會權力架構的理順及權力運作的規範化

　　由前文的介紹我們不難看出，英國人來到威海衛之前，鄉村社會的權力主要掌握在村董、族長、房長及各種會社的領袖手中，當然他們之間的身份很多情況下是重合的。英國人到來之後，基本上接手了既有的鄉村組織和制度，在此前提下，在鄉村權力的架構安排與運作規範方面，威英政府在原有

---

〔註44〕《山地法令》，英國威海衛行政公署檔案，威海市檔案館藏，卷號：229-1-497。
〔註45〕《對村董的訓詞》，1902年，英國威海衛行政公署檔案，威海市檔案館藏，卷號：229-1-509。
〔註46〕《頒發村董執照》，1902年，英國威海衛行政公署檔案，威海市檔案館藏，卷號：229-1-510。

村董制的基礎上創建了總董制,既充分發揮村董和總董在鄉村治理中的主體作用,又探索出了有效監督並制約村董、總董們濫用權力的機制和辦法,從而在尊重鄉村既有權力格局的基礎上一方面在殖民當局與鄉村民眾之間建立起了有效的溝通媒介,另一方面也理順了行政與司法之間的關係。可以說,對村董制的接手是威英政府鄉村治理模式形成的基礎,而總董制的創建則是這一治理模式形成的標誌,威英政府治理威海衛鄉村的諸多面向諸如司法運作、教化、治安、稅收及公益事業的興辦等都是以村董制和總董制作為主要制度載體的。下面我們就對總董制的創建及兩種制度的運作做一介紹,由此可以管窺威英政府治理威海衛鄉村的大體情形。

首先,我們來看一下總董制的創建及威英政府管理鄉村層級的優化。英租之前,行之於威海衛鄉村社會的村董制總體而言是一項能維持鄉村社會秩序的制度,但自身也存在一些弊端,比如村董或族長有可能獨斷專行、以權壓人、欺上瞞下等。威英政府接手這一制度以後,對農村繼續奉行不干涉政策,農村的管理事務均由華務司負責,但是威英政府隨後推行的司法政策卻對原有村董制的運作造成了不小的衝擊。如法庭每天都開門辦案,不識字而又無力雇人代寫訴狀的當事人被允許當堂口述案情,訴訟全部免費。這些司法政策導致村民們將大量爭端帶到法庭解決,使得鄉紳階層的世俗權威受到嚴重挑戰,不僅破壞了威海衛農村舊有的社會管理結構,而且引起了村董和長老們的不滿。〔註 47〕「村董的位置不再令人羨慕,為填補空缺幾乎再沒有人競爭了。有時一個村子在受到罰款的威脅之後才肯推薦……」〔註 48〕為此,威英政府一方面改革其司法政策,另一方面則創建了總董制。

1905 年莊士敦根據當時威海衛的農村現狀提出了一個改革計劃,其主要內容是:全區 360 個村莊被劃分為 26 個小區,每個小區增設總董一名;同時還將 26 個小區分成南北兩個行政區,各設行政長官管理,總董制由此誕生,1906 年總董制全面推行,其中南區轄 17 個小區,區長官公署設在溫泉湯;北區轄 9 個小區,外加劉公島,由華務司兼任地區行政長官。〔註 49〕由此,威英政府對鄉村的管理就形成了「威海衛行政長官——南北區行政長官——小

---

〔註 47〕 鄧向陽主編,《米字旗下的威海衛》,山東畫報出版社 2003 年版,第 56～59 頁。

〔註 48〕 梁月昌,《英艦駛進劉公島——英租威海衛解讀》,中國文史出版社 2005 年版,第 255 頁。

〔註 49〕 鄧向陽主編,《米字旗下的威海衛》,山東畫報出版社 2003 年版,第 59 頁。

區總董——村董」的四級運行機制，管理層級得到優化，威英政府與鄉村的溝通渠道也更加順暢。

　　第二，威英政府對村董、總董的權力職責及其產生方式的規範與調整。總董制創建之後，政府對村董、總董的職責及其產生方式進行了調整。就總董與村董職責權力的規定與劃分而言，威英政府經歷了一個探索調整的過程。在總董制實行之初，由於對總董的權責未做具體規定，並未達到減輕行政和審判負擔的目的。於是政府對之前的無訴訟成本的司法政策進行了改革，於 1910 年開始收取每案 2 元的案件審理費，逐次提高收費標準。同時明確規定凡要打官司必須領取息訟憑單，並向法官聲明已領單請總董調解及調解不成的理由，否則法庭不予受理。此舉使農村中的調解活動日趨制度化，在一定程度上促進了總董制的順利運轉，並由此進一步明確了總董和村董的權力職責。

　　根據檔案材料的記載，村董及總董負有統計人口、丈量土地、徵收賦稅、維護治安、調解糾紛、管理婚姻、籌款賑災、興辦教育等職責，〔註 50〕尤其是徵收賦稅和調解糾紛是最為重要的兩項職責，這在威英政府頒佈的很多法令和告示中都有體現，如 1914 年的《土地轉讓及抵押登記條例》第 3 條和 1920 年的同名法律文件第 4 條都做了這樣的規定：「希望辦理土地產權轉讓或是抵押登記的中國人首先要向其所在地區的總董提出申請，該總董會給你們必須的證明並收取費用，此種收費是授權的……申請者及該總董要到愛德華港的行政長官辦公室說明情況……」；1919 年的《開墾官荒章程》第 2 條規定：「無論何人如願開墾生荒必須先經該村允可，然後邀同該村董及首事人等，同伊赴署稟請……」；1925 年和 1926 年的《補辦官契的告示》〔註 51〕都規定：「一、凡請補給官契者須先到本區總董處或華務司署領取不要價錢之報告書……此報告書內應有二公證人書名簽押，其上亦應有村董蓋戳於內……」。村董的主要職責是負責各村治安、土地交易及公益事業等事務，各村設村董一名及幫辦一到二人，協助總董工作，每年由村董協助總董將各村錢糧集中收繳後，

---

〔註 50〕　參考英國威海衛行政公署檔案，威海市檔案館藏，《私人土地回徵法令》（卷號：229-1-615）、《居民登記條例》（卷號：229-1-612）、《威海衛婚姻法令修正案》（卷號：229-1-620）、《對師生成績的勉勵》（229-1-351）、土地的勘測登記及溫泉寨地租用以補助溫泉初小的指示（卷號：229-1-353）、《財產繼承條例》（229-1-750）等。

〔註 51〕　英國威海衛行政公署檔案，威海市檔案館藏，卷號：229-1-1014。

統一交到華務司。〔註 52〕當然由於總董是從村董中選拔或選舉產生，有些村的村董兼任總董職務，其職責也就合二爲一。

在村董和總董的產生方式上，威英政府也根據界內政治形勢的變化進行了調整與改革。從全面推行總董制的 1906 年直到 1914 年，村董仍是按照以前登記在冊的名字由政府頒發委任狀，總董則由華務司從小區內的村董中選拔並由行政長官委任。但後來由於受到清末新政推行的地方自治的影響，威海衛界內以李翼之爲首的一批地方精英在呈遞給威英政府的報告中，在對村董制和總董制提出了批評後，提出了自治的要求：「大英國家蒞威以來，創制每村舉一村董或數村或十餘村舉一總董，舉得其人大都高尚其志、虛應故事，並不知興利除弊，舉其人武斷鄉曲、魚肉愚懦。鄙見似當革除此制，另造自治區制。」在這一報告中，他們還設計了基本的改革框架和實施方案，如：自治區及區內村莊組織的規定、村董及區長由選舉產生、成立自治會每星期開會一次討論並處理自治區內的公共事務等。〔註 53〕基於威海衛鄉村的治理現狀與政治形勢的考量，威英政府於 1911 年頒佈了《地方自治實施方案》，在界內所有鄉村實行地方自治，方案規定了各村的法人地位，要求各村設立合作社，並建立各業組織〔註 54〕。威英政府還於 1914 年 3 月頒佈了《選舉村董及委派村董之章程》〔註 55〕，開始在界內實行村董選舉制，章程規定：

一、凡被選之村董必須有十畝地以上之產業並品德端方公正之人方有被選爲村董之資格，若有學問之人則更爲合格；

二、凡現充村董之職者均準仍任其職；

三、各總董須斟酌其屬下各村之風氣按照其各村通行選舉法具，詳明說帖呈華務司存案向後各村如缺村董時，即各按該村之章程妥行選舉；

---

〔註 52〕 參考鄧向陽主編，《米字旗下的威海衛》，山東畫報出版社 2003 年版，第 59～60 頁的論述及《選舉村董簡明章程及頒發村董執照》，1914～1915 年，英國威海衛行政公署檔案，威海市檔案館藏，卷號：229-1-512 的記載。

〔註 53〕 《關於花生經銷、造冊過糧的告示及李翼之等人要求改革總董制、自治區制的建議》（1922 年），英國威海衛行政公署檔案，威海市檔案館藏，卷號：229-1-159。

〔註 54〕 《小區官員工作報告》，英國威海衛行政公署檔案，威海市檔案館藏，卷號：229-1-161。

〔註 55〕 《選舉村董簡明章程及頒發村董執照》，1914～1915 年，英國威海衛行政公署檔案，威海市檔案館藏，卷號：229-1-512。

四、所有現居村董之職者，倘華務司見其不稱職或該村之有選舉權者其中有三分之一人數請示另行選舉，華務司即可命該村開行選舉；

五、各村之人只有在署中戶口冊上每年兌納一畝地以上之錢糧者方能有選舉權；

六、被選舉之村董必須得投票人數百分之六十以上方能中選；

七、開行選舉之時若有爭執不決之事應由華務司解決；

八、無論何村選舉之事，倘華務司見有不妥之處，可將該選舉作為無效，再相機施行合宜之手續，使之另開一正當選舉會；

九、設有一村開選舉時，村中被選之人所得票數不足投票人數百分之六十，該村須據情稟明，華務司可因時制宜施行當然之手續使選舉有成；

十、各村按章選出村董之後，須將其姓名稟呈華務司，以便詳請欽憲大臣委任；

十一、欽憲大臣倘準所請，即頒發委任狀，由華務司轉交該村董以憑職守；

十二、凡不得委任狀之村董國家概不承認；

十三、凡經委任之村董設有物故者或經欽憲大臣取消者，其家屬須將其委任狀迅速呈交華務司，轉呈欽憲大臣；

十四、凡犯法之人，其罪名重大者，永遠停止選舉村董之權，不准投票；其情由輕者，停止選舉權，五年內不准投票。

為此合行出示曉諭界內各村人民一體遵照毋違切切特示

右諭通知

西曆一千九百十四年三月，華曆甲寅年二月

由此章程我們不難看出，村董的產生由以前的華務司選拔、行政長官委任變成了具有一定資格的選舉人按照程序選舉產生村董而後由行政長官委任，而其中華務司在選舉的開行、選舉爭端的解決、選舉的有效性等選舉中出現的各種問題上具有最終裁決權。這一章程還對選舉人及被選舉人的資格（主要是財產和納稅額的限制）做了明確規定，表現出英國統治者在選舉事宜上的經驗與審慎。實行村董選舉制以後，總董也改由小區村董集體投票選舉產生，政府批准後發放委任狀。

第三，除了對村董和總董的權力職責進行界定外，威英政府為有效吸引威

海衛鄉村的鄉紳階層參與社會管理事務，還採取了物質報酬與精神獎勵雙管齊下的激勵措施。駱克哈特在 1902 年曾注意到，雖然「也有例子表明，村董不太熱心以致不和當局合作，但總的來說，這種工作制度的結果保證會達到良好的預期目的，我認爲村董們受到尊重和鼓勵就可能通過回報履行他們的義務，以展示他們的熱心」〔註56〕在物質報酬方面，村董和總董除了享有傳統的在土地交易和民事糾紛調解事宜中的收入外，政府明確規定總董每月可得到 5 銀元辦公補助津貼，還可以從契約登記和狀紙銷售的收費中提取一部分作爲個人收入，並享有政府學校獎學金的提名權，實際上是以總董的兒女子孫能免費上學作爲獎勵。而在精神獎勵方面，以駱克哈特爲首的威英政府更是在熟稔中國傳統文化的基礎上採取了很多頗爲得力的措施其中尤以儀式性措施爲主。比如召開村董、總董會議，在特定的節日比如新年元旦和英王誕辰，設宴款待村董、總董，邀請他們視察在港內停泊的英國艦隊並與他們合影留念；政府還設立各種榮譽獎項，對有救人危難、賑濟災民、修路辦學等善行的村董和總董，頒發給獎章、匾額等，〔註57〕通過這些措施來增強村董和總董們的責任感、榮譽感

---

〔註56〕 Pamela Atwell, British Mandarins and Chinese Reformers: The British Administration of Weihaiwei（1898～1930）and the Territory's Return to Chinese Rule, Oxford University Press, 1985, P.44.

〔註57〕 據檔案材料記載，自 1902 年開始，每年召開一次村董大會，1906 年以後，又每季度開一次總董會議。1923 年以後，又於每年新年和英國國王生日時舉行兩次宴會招待總董。1904 年特別加冕儀式上，殖民政府在政府官邸召集全體村董大會，向「工作最勤奮」的村董授予匾額與獎章，並特准他們參觀英國艦隊。會後又舉行盛大宴會，合影留念。以後類似活動經常舉行。1905 年，海西頭村總董車碩學因救助遇難商船被當局授予勳章和匾額，春節前村董與殖民官員在行政公署前合影。1914 年，駱克哈特又設立了一系列名目繁多的獎項。捨己救人的、捐資修路辦學的、救濟災民的等等都可以獲得匾額、獎章等不同獎勵。海西頭村董車碩學是最早被殖民政府樹爲典型的總董之一，他曾救助一條在海西頭村海邊遭遇風雪的貨船，使得船上和貨物和人員全獲平安。威英政府獲知這一事情之後，對此非常重視，駱克哈特特意在香港定做了一面用檀香木製作的匾額，上刻「拯人於危」四字，親自送到海西頭，並與車碩學及家人合影留念。駱克哈特還在村董大會上，號召村董們向車碩學學習。爲使車碩學捨己救人的事迹家喻戶曉，又在四鄉張貼布告。莊士敦在臨別演說中也說：海西頭的車碩學，「是很好的表樣，對於一件事情，我們就應該恭敬、應該紀念車先生。在中國海岸對於上岸及遭風的船有一種很不好的風俗，就是只知道搶貨物搶東西，對於救命的不管的。威海的人民對於此種事情大大改良，是大半因爲車老先生的模範，所以英政府送他的紀念品是應該的。他對於遭風的船是極力救命，並且救他們的東西。」參見鄧向陽主編，《米字旗下的威海衛》，山東畫報出版社，2003 年版，第 59～62 頁及《海

和回報意識，移風易俗，以達成對威海衛鄉村的有效治理。

最後，威英政府在賦予村董總董們以權力職責，放手讓他們管理鄉村社會並運用各種辦法激勵他們盡職盡責的同時，也採取了對其權力進行監督與約束的制度與措施。眾所週知，村董原先在鄉土社會中的習慣性權力來源於政府的默認及鄉土社會的自然賦予，具有一定的彈性與不受控性，威英政府在基本承認這些習慣性權力的同時，一方面在權力的合法性來源及選舉資格、程序上進行了規範化改革，這可以從前文中我們對村董、總董產生方式的介紹中看出來，另一方面則對其權力的內容進行規範，對權力的行使進行監督，尤其是在與民眾日常生活和切身利益密切相關的領域如罰款的用途、罰款的數額及罰款程序等都在以前的村規民約的基礎上做了更加明確的限制性規定。這可從威英政府的一篇關於「頒佈村規的告示」〔註58〕中看出一些端倪：

「正華務司波為曉諭事。照得村立規條本屬古風，雖無法定成例，亦係地方習慣，故歷來官署均予准許。惟不詳加綜覈，難免無弊生其間。去歲冬月，本司曾涵令各總董將所轄散莊村規彙送來署，查所送之村規九十餘份，內容尚無甚不妥之處，茲奉欽憲大臣駱釐定二條於左；
一、凡按村規處罰之款有逾十弔以上者，均來署稟明用途；
二、無論何人犯村規，不願遵村規領罰者，可來案稟明細情，請示辦法。
並奉欽憲大臣駱諭，將一千九百零七年所頒之村規四條，再行布告，詳開於下：
一、無論總董村董概不准一人專主罰錢；
二、如有違犯村規例應受罰之件，犯者必須由族長或大會集議認可方能酌罰；
三、所罰之款須寫明賬目，無論所收繫屬何款務要詳細開單，抬榜在當眾之地，或市鎮家廟，每年至少抬榜四次；
四、不拘何人受罰後，無論何種罰法，設有不公之處可赴署控告。
以上六條村規，界內各村董及公會等一體照知。勿違。特諭。

西曆一千九百二十年三月，華舊曆庚申正月二十七日示。」

---

西頭村長的模範行為》、《威海衛辦事大臣臨別演說詞》，英國威海衛行政公署檔案，威海市檔案館藏，卷號分別為 229-1-96、229-1-110。
〔註58〕英國威海衛行政公署檔案，威海市檔案館藏，卷號：229-1-101-046。

除此之外，莊士敦還在南區法庭附近路邊上設置上了鎖的訴狀箱，以鼓勵那些「不敢公開上訴或不敢控告本村某些頗有影響力的人或家族」的冤屈者向法庭合理上訴，〔註 59〕而這些頗有影響力的人往往是村董或總董的擔任者或候選人，設置由莊士敦親自檢查箱內存物的訴狀箱無疑對那些獨斷專權、行事不公的總董或村董構成了一種潛在的威懾力，而對於那些違犯威英政府政策規定的村董與總董則直接進行罷免〔註60〕。

## 二、鄉村社會的糾紛處理與解決制度

在鄉村社會如何處理和解決民間糾紛方面，威英政府經過了一番曲折探索後，基本的做法是以鄉紳族正、總董村董等鄉土精英解決民間糾紛為主，在通過這樣的方式不能有效解決糾紛時，再由政府介入。無論是鄉土精英還是威英政府，糾紛的解決憑藉的主要是威海衛鄉土社會的村規民約、民風習俗等傳統的民間法和習慣法以及儒家的倫理說教。與此同時，針對一些村規民約的含糊不清及不規範所引發的弊端，政府也通過公告、法律法令等方式致力於村規民約的更加規範化、明晰化及更具可操作性，由此規避一些爭端的發生，並使得爭端的解決更加有法可依。下面我們分三個方面來看一下威英政府在鄉村社會糾紛處理這一領域中的做法。

首先，我們來看一下針對案件訴訟程序的改革所引發的衝突、調適以及鄉土精英在糾紛解決中主導地位的確立。從愛德華三世後期，英國在地方上確立起治安法官制度，出任治安法官的人物基本上都世代居住於任職的郡內，熟悉當地的風土人情與法律習慣，是地方家境富裕、經濟獨立的鄉紳或小貴族階層，治安法官輔之於法院的陪審團制度，在英國的地方治理中發揮著重要的作用，〔註61〕而在這樣的治理方式下，注重證據和程序是其突出特點，這與行之於傳統鄉土中國的重道德教化、以「息訟」、「無訟」為善治的做法不同，儘管威英政府總體上採取的是「循其制」的統治方式，但政府對訴訟程序的改革卻在無

---

〔註 59〕 鄧向陽主編，《米字旗下的威海衛》，山東畫報出版社 2003 年版，第 49 頁。
〔註 60〕 梁月昌在其書中曾談到一事：威海衛有一年鬧災荒，莊士敦就下令發放救濟糧，並說明鰥寡孤獨不用還，困難的還要免稅，不過南區某村一村董對莊士敦的規定置若罔聞，逼迫一孤寡老太太繳稅，結果被莊士敦罷了官。參見梁月昌，《英艦駛進劉公島～英租威海衛解讀》，中國文史出版社 2005 年版，第 170 頁。
〔註61〕 李棟，《通過司法限制權力——英格蘭司法的成長與憲政的生成》，北京大學出版社，2011 年版，第 98～99 頁。

意間使得中英鄉村治理文化的衝突由潛在可能變爲了現實。不過就這一改革本身來說，一來因爲太過理想化，二來破壞了舊有的農村社會管理習俗和權力結構而遭遇鄉紳們的抵制，三來與中國民眾長期以來形成的行爲習慣相距太遠，這三個原因使得政府不得不做出重新調整，下面我們來具體看一下這次中英治理文化的交融碰撞及威英政府所進行的調適與改革。

英租之前，威海衛境內大部分地區的案件由文登縣審理，文登縣的管轄範圍是租借地的近 3 倍，審理案件的法院只有一個，開庭時間每月也只有 6 天，一般的案件縣衙無暇顧及，而且傳統中國長期以來形成了「無訟」、「息訟」的訴訟文化，村民們以到縣衙打官司爲齒，不到迫不得已不會求助於官府，民間糾紛一般都在當地通過長期演變而來的糾紛調解機制而由民間自己解決。英國人租借威海衛之後，結合英國的法治做法，對這一做法進行了改革，設立的地方法庭每天免費開庭辦案，此外還在較大的集鎮巡迴辦案。這樣的改革，在方便了訴訟人的同時卻給地方法官增加了壓力。老百姓對英國人的這種新做法充滿了新奇感，結果造成了訴訟案件的「井噴」，村民們大事小事都往法庭跑，大小糾紛全都訴諸法庭，訴訟成了頗受村民們「喜愛的一種活動」，〔註62〕出現了村民「熱衷於打官司，且將其視同於上劇場或其它娛樂場所一般，一位受到傷害的丈夫會步行 20 里去向裁判官訴說他全然無力使其妻子恪守爲婦之道。一個滿腹委屈的鄉下人會踉踉蹌蹌地走出 10 里地向裁判官狀告鄰居家偷了他 6 捆草，而且他在訴狀裏用詩歌般哀婉動人的詞句來懇求這位大人爲他作主，在該案中，他的感激之情『比天高、比海深』」。〔註63〕由此，地方法官不堪重負，整天忙於那些瑣碎糾紛的調查和部分舊案僞裝成新案的提請審理。爲了阻止那些微小糾紛進入法庭，以及在訴狀書撰寫中出現的弊端，威英政府做了制度上的調整與改革，頒佈了《法庭訴訟和收費規定》的告示：

前因鄉民無智動輒興訟而揆厥興訟情由皆因不需費用易見長官之故繼因有等棍徒只圖賺錢不顧利害從中挑唆興訟代寫狀子需索抽豐以致鄉民大費化銷職此之由本大臣不得已令兩華務司在署內特設專員代書狀子每張狀子酌收筆墨費兩元又印息訟憑單凡欲來告狀必須聲明已經領單請人調說不能和息理

---

〔註62〕 鄧向陽主編，《米字旗下的威海衛》，山東畫報出版社 2003 年版，第 47～48 頁。

〔註63〕 〔馬來西亞〕陳玉心，《清代健訟外證——威海衛英國法庭的華人民事訴訟》，載《環球法律評論》，2002 年秋季號。

由再進行寫狀者原冀其從此各泯意見消除嫌隙不再興訟乃查近來狀子愈出愈多若不累加限制不足以儆好訟為此出示諭知現自西曆十月一號起不論原被狀子每張設洋元三元仰各遵照特示

右諭通知

西曆一千九百一十三年，華曆癸丑年八月廿二 [註64]

由此告示及《米字旗下的威海衛》一書中的記載我們可以看出威英政府改革的大體來龍去脈及改革的三個領域：

一是對訴狀的遞送及撰寫人資格的改革，先是給訴狀書寫人發放執照，憑照撰寫並且每份訴狀可收取 2 元費用；後發現訴狀書寫人向當事人收受賄賂、勒索錢財並故意誇大事實挑起訴訟後又取消這一制度，規定不識字的訴訟人可當堂口述案情，但這又大大增加了地方法官的工作量；於是又恢復訴狀遞送制度，並以政府雇傭的領取工資的專人取代社會上的筆墨先生，狀紙也由政府規定統一格式，統一印製；二是將大量日常糾紛交由總董和村董調解，總董和村董調解無果的，由當事人持有他們出具的其做過仲裁努力的證明及訴訟狀紙，法庭才予以受理；三是收繳訴訟費用，1909 年剛開始時收取 2 元，後來逐次增加，由 1913 的 3 元到 1916 年的 5 元再到 1917 年的 10 元。

經過這一改革調適，威海衛鄉土社會的訴訟程序走上了正軌。因為這一改革既通過訴訟前置尊重了總董村董在農村社會中的權力與權威，與舊有的治理傳統實現了較好的接軌；也通過收費及規範訴狀的印製與書寫，避免了舊有的訴訟制度的弊端。不僅如此，通過這兩方面的改革，使得地方法官和法庭能有精力調查解決農村社會中那些重大的糾紛。

第二，我們來看一下在由政府介入解決鄉間糾紛時的做法。由前文所述，我們知道，在傳統中國的鄉村治理中，儒家的綱常倫理說教起了基礎性的作用，而在此基礎上形成的村規民約實際上是一種民間法與習慣法，它們由鄉村精英主要是鄉紳和民間讀書人制定，在鄉村治理中發揮著規制民眾行為、調解民間糾紛、維持鄉村秩序的重要作用，一般而言，政府並不干預對這些村規民約的立、改、廢，雖然村規民約不具有官方制定的法律的法定效力，但由於鄉土中國「熟人社會」的現實，更由於這些村規民約實際上是鄉民在

---

[註64] 《法庭訴訟和收費規定》，英國威海衛行政公署檔案，威海市檔案館館藏，卷號：229-1-645。

長期的生活實踐和交往互動中的經驗總結，具備著哈耶克所謂的「自發演進秩序」的性質，因此多數村民都對這些村規民約心存敬畏，從而使得它們能較爲有效地發揮約束村民行爲、維護鄉村社會秩序的功能。

威英政府統治期間，在由政府介入鄉村民眾糾紛的解決時，主要的做法也是依靠儒家倫理的說教及村規民約的約束作用。比如駱克哈特在 1915 年對林家院和溫泉湯兩村延續多年的土地糾紛作最終的判決時，發表的訓諭中運用了「循規守禮」、「讀書而未習禮」、「士林之中」、「父母官」、「綱常道德」、「禮義廉恥」、「端謹自重」等詞彙，充滿了濃鬱的道德說教的色彩。」〔註65〕莊士敦也在其著作中多次提到，作爲法官或地方官應熟悉當地村民的風俗習慣、宗教信仰與日常生活方式，這比熟悉法律條文或程序更爲重要，而在具體的案件審判中，他也會引用儒家的經典教誨通過道德訓誡的方式來對當事人施以教化。莊士敦還在其著作中列舉了大量尊重民風習俗的例子，其中一例是這樣的：一個村民兩歲大的幼兒夭折了，他將孩子埋葬在爲長輩預留的墓地位置，因此受到指控。莊士敦認爲，在這樣的問題上尊重當地習慣是明智的，所以儘管不情願，他仍然命令這個人將孩子的屍體轉移到適合埋葬夭亡幼兒的墓地位置。〔註66〕

第三，威英政府在其統治期間很好地發揮了以村董制和總董制爲制度載體的村規民約的作用，而在此基礎上，威英政府將英國的法治治理傳統融入到既有的村規民約中，通過公告告示或法律法規對一些易引發爭端的村規民約進行明晰化、規範化，從而降低爭端發生的概率並使得爭端的解決規則更具可操作性。

比如我們前文中提及的「關於頒佈村規的告示」中對村董、總董一些權力的明文規定及監督辦法的出臺，就補充完善了既有的村規鄉約，使其更加明確規範。除此之外，威英政府還特別重視對土地、稅收等事關民眾切身利益事宜的規範化，這一點充分反映在檔案中記載的政府對契據分書的調查，〔註67〕對稅收狀況的調查，對土地丈量的重視〔註68〕，以及頻繁確認或修改

〔註65〕具體可參見《對林家院村民土地糾紛的判決》，英國威海衛行政公署檔案，威海市檔案館藏，卷號：229-1-651。

〔註66〕Reginald F. Johnston. Lion and Dragon in Northern China. London: John Murray, 1910, p.123, p.226.

〔註67〕《要求承包納稅及土地的轉讓》，1914 年，英國威海衛行政公署檔案，威海市檔案館藏，卷號：229-1-1004。

〔註68〕《土地的勘測登記及溫泉寨地租用以補助溫泉初小的請示》，1915 年，英國威海衛行政公署檔案，威海市檔案館藏，卷號：229-1-353。

並頒布施行的一系列的有關土地方面的法令條例及其對登記註冊的強調等
〔註69〕，這既使得以前實行的慣例中易生弊端的部分得以規範化，使得民眾
繳納的稅收變得明晰化、公開公平化，也保證了威英政府的稅收來源。

## 三、鄉村社會的治安維持機制

在鄉村社會的治安維持領域，威英政府主要是利用傳統的秩序維持手段
比如在鄉村變通後的保甲制，並動員民間力量自組織和自衛，同時輔以政府
新設置的巡捕警察的作用。

行之於傳統中國的保甲制是維持鄉土社會治安的主要制度，但這項制度
的實際落實主要是靠當地的族正保長及鄉紳階層，威海衛鄉村也不例外。英
租期間，駱克哈特針對威海衛許多鄉村聚族而居的實際情形，規定：「凡有堡
子、村莊聚族滿百人以上，保甲不能遍查者，揀選族中人品剛方、素爲闔族
敬憚之人，立爲族正。如有匪類，報官究治，徇情隱匿者與保甲一體治罪。」
〔註70〕此外，爲了懲治宗族的械鬥及由此產生的治安問題，還明確賦予族正
以下職權，「合族子姓俱聽族正、副約束，有口事不法，聽族正、副教訓，不
從察究，遇有兩姓互爭田土錢債喪葬婚姻及一切口角微嫌失誤，許兩姓之族
正、副公處，處斷不明，將兩造情事，據實直書，黏連各原詞，察官剖斷，
毋許兩姓凶械人命」。〔註71〕

威英政府對總董和村董在維持治安中的作用也頗爲重視（當然不少情況
下，族正也是總董或村董的擔任者），據檔案材料的記載，1906 年 3 月，威海

---

〔註69〕 如 1899 年的《英租威海衛土地買賣法令》（英國威海衛行政公署檔案，威海
　　　　 市檔案館藏，卷號：229-1-484）、1904 年的《土地和公路稅收條例》，（見張
　　　　 建國，張軍勇，《英租威海衛史料彙編 1：威海衛法令》，中國國際廣播出版社
　　　　 2006 年版，第 125～126 頁），1904 年和 1905 年的《私人土地回徵條例》
　　　　 （229-1-615）、1906 年的《土地和建築稅條例》（229-1-1005）、1913 年的《土
　　　　 地轉讓登記和投稅條例》（229-1-3）、1914 年的《土地管理法令》（229-1-484）、
　　　　 《土地轉讓及抵押登記條例》和《土地登記條例》（229-1-4）、1915 年的《有
　　　　 關土地產權和抵押登記條例》（229-1-5）、1916 年的《土地轉讓及扣押登記條
　　　　 例》（229-1-4）、1919 年的《開墾官荒章程》（229-1-620）、1920 年和 1921 年
　　　　 的《土地轉讓及抵押登記條例》、1921 年的《1914 土地登記條例修正案》
　　　　 （229-1-489）、1929 年的《更訂地稅房捐章程》（229-1-823）。
〔註70〕 《小區行政長官的地位及權限》，1911 年，英國威海衛行政公署檔案，威海市
　　　　 檔案館藏，卷號：229-1-161。
〔註71〕 張志超，《略論英租威海衛時期威海鄉村的社會控制》，載《山東大學學報》
　　　　 哲學社會科學版，2005 年第 4 期。

衛某小區十個村莊吳德嗣、朱允公、戴才志、蔡思志、范吉振、葉在田等 16
位村董、總董就在當時的副華務司莊士敦的主持下共同訂立了一份輪充均役
議約，「立議約合同人吳德嗣、戴才志、范吉振及眾姓等、本村村董、本區總
董，今值事務繁重，難以承充。眾等齊集各姓公同酌議，置有產業，及內居
住，公同輪充均役，料理、照管、監察、爭競、鬥毆，及毋函藉匪類，不許
容留居住。稽查安輯，寧靜地方。此係公務，對神閣定月日，輪者充當。凡
遇一切在公及內事，本人承值，毋得推委。」〔註72〕

　　與其他諸多華北鄉村一樣，威海衛鄉村社會的民眾也有著歷史悠久的自
我保護村莊的傳統，很多村莊都有以保護莊稼、預防盜賊為目的的夜間看護
隊。在界外土匪活動猖獗的 1919 年之後，夜間看護隊普遍得到加強。各村都
設有更房，每夜派人輪流村中梭行打更，一旦發現異鄉言語者或來路不明的
投宿人或報告、或拿送巡捕房。由此不難看出威英政府對既有的治安維持制
度及做法的重視與加強。

　　此外，由於辛亥革命後中國地方社會的普遍失序也威脅到租界內的秩
序，因此出於治安的需要，威英政府還批准各村成立村民保安隊，由總董負
責協調所轄區域的保安隊的訓練與管理。一般每村約 10 戶出一丁，每天由巡
捕集中訓練兩個小時。槍械由各村自行籌款購買，局勢安定後收繳政府保管。
巡查時至少有四人參加，如有警情，或鑼、或哨通報鄰村，並及時報告巡捕
房，〔註73〕這實際上是英國警察制度與中國傳統的民團與保甲制度的一種結
合，在那個界外秩序動蕩不安的特殊年代，這一結合對維護租借地的治安秩
序發揮了重要的作用。

　　當然，威英政府也按照英國維持治安的辦法在租借地建立了巡捕警察制
度。這一點我們在前文中已有介紹，設置的三個警局中鄉區警局負責鄉村秩
序的維護，警力分配也以鄉區為重，但綜觀整個租借期間全部警察人員的數
量，即最初的 15 名，到 1909 年的 59 名，1915 年的 95 名，1923 年的 122 名，
最多時 1930 年的 201 人，〔註74〕我們不難發現，警察人員在維持鄉村治安中
的作用主要是輔助性的，是以威海衛鄉土社會秩序的自我維持為基礎的，否

〔註72〕《莊士敦經辦和約之事》，英國威海衛行政公署檔案，威海市檔案館藏，卷號：
　　　　229-1-515。
〔註73〕鄧向陽主編，《米字旗下的威海衛》，山東畫報出版社 2003 年版，第 55 頁。
〔註74〕同上，第 50～53 頁。

則我們很難想像以這麼少的警力能維持界內 12～15 萬人左右的秩序。

## 四、鄉村社會的衛生防疫措施

在鄉村社會的衛生防疫領域，威英政府也採取了不少措施。一是運用很多宣傳和鼓勵手段，加強鄉村民眾的公共衛生意識。1909 年醫官長主管下的醫療部門印製了一批衛生宣傳手冊發放到各個農村、學校，1910 年又向各村莊免費發放了 400 本預防霍亂的操作指南，1915 年後開始在學校開設公共衛生課程，並經常舉辦衛生單科考試，對成績優良者發給一定的獎金以資鼓勵。二是加強對私人行醫的管理，私人醫生必須經過醫官長管理的醫療部門檢驗合格後憑照行醫，否則予以取締。三是對防疫工作重點預防、重點治理。針對當時農村地區較為流行的天花，從 1905 年開始威英政府每年都推行免費的牛痘接種防疫計劃，並通過宣傳解釋逐步消除民眾的疑慮與排斥心理，使牛痘種植逐漸推廣開來。政府培訓了一批當地的種痘員，在醫官長的率領下，每年春季開始分赴農村各地，挨家挨戶地動員民眾接種。在政府的宣傳與努力下，接種牛痘疫苗的人群逐步擴大，1929 年的接種人數達到了 13209 人。鼠疫是當時危險性最大的疫情，政府對此採取了更為嚴格的管理措施。1911 年，威英政府成立威海衛捕鼠會，免費提供捕鼠工具，居民憑捕鼠的鼠尾數量從政府那裏領取獎勵。在疫情擴散到毗鄰的煙臺地區後，政府立刻加強戒備，在煙威邊界設置防疫崗哨，由巡捕和村董負責看守，嚴格控制界內外人員的進出流動。所有從煙臺來威的人員，都被帶到大英民醫院注射防疫針劑，實施強制防疫。政府還借鑒其他城市行之有效的經驗，推廣中藥配方進行防治。〔註 75〕此外，政府在預防黑熱病、傷寒、白喉、猩紅熱等傳染病方面也做了大量的工作，雖然這些工作不可能完全杜絕傳染病的發生，但相對於之前民間的土方治療來說，效果還是大為改觀。

## 五、鄉村社會的經濟發展及其他領域的「無為而治」

在鄉村經濟發展及其他領域，威英政府奉行的是基本上「無為而治」的原則。比如在鄉村教育方面只開辦了一所官辦學校，對既有的私塾教育方式及其內容不加干涉，對鄉土社會的民風習俗和民眾的信念信仰世界也不加干預。即使在經濟發展領域，威英政府也沒有制定專門針對鄉村經濟發展的政

---

〔註75〕劉玉黨主編，《威海文化通覽》，山東人民出版社 2012 年版，第 189～190 頁。

策與規劃，沒有強行改變當時小農經濟現狀的做法，而主要是在舊有的小農經濟基礎上，利用威海衛的地緣優勢、優良環境與租借地的特殊地位，展開對外貿易，開發旅遊業，因勢利導，從而帶動了鄉村經濟的發展；另一方面也運用其管理經驗，在尊重鄉民意願的基礎上因地制宜地發展某些農業產業。

如我們前文所言，威英政府採取的自由港政策促進了威海衛對外貿易的發展，而這又使得威海的傳統產業如農業和漁業開始服務於對外貿易的發展，變得越來越外向化，其商品化率不斷提高。尤其是花生，在英租期間成為出口量最大的產品，由此使得花生種植面積迅速擴大，1928 年時全區花生種植面積達 4 萬畝，約占農作物播種面積的 13%。〔註76〕此外海米、海參、鹹魚等海產品也遠銷到歐洲不少國家。威海衛境內的一些民族工商業也因為英租期間出口貿易的刺激而獲得了新的發展契機，尤其是紡織業、繡花、發網業等輕工業發展迅速，從而為農村的剩餘勞動力尤其是女性提供了就業機會，也增加了家庭收入。

除此之外，威英政府還在尊重當地民情和土地產權的基礎上，引進了一些新品種的花草樹木的種植，這其中圍繞著果樹苗的種植所發生的政府與當地以鄉紳為首的民眾間的交涉頗有意思，它反映出威英政府在對民情體察與把握基礎上的變通與治理技藝，我們可以從檔案記載的 1905 年的「租地種果樹合同」〔註77〕中一窺究竟：

「具稟人谷振潤、谷培元、戚星南為地不願賣終請開恩事。究身等歸家彼此數思，伏念天地間物各有主，物主即有自主之權。然若修醫院、安營盤、建衙署、築炮臺等事，小民之地雖僅立錐，亦必讓於國家。今則大人欲買此地栽種果樹，亦屬甚要，但身等反覆思之，丁多地寡，不忍賣絕。無奈復懇大人恩准，倘蒙矜憐，則戴德無涯矣。為此至懇華務司大人電奪施行。一千九百零五年七月初六日，光緒三十壹年六月初四日呈。」

「具稟人谷振潤、谷培元、戚星南為地出錢糧數據實開明事。究身等該算種總計二年三獲，今不計山泊之地，不計豐欠之年，亦不計種瓜菜之利，但言靠疃前後左右之田種糧出數中收年景。麥季每畝出小麥十升之外，現照

---

〔註76〕 鄧向陽主編，《米字旗下的威海衛》，山東畫報出版社 2003 年版，第 120～123 頁。
〔註77〕 英國威海衛行政公署檔案，威海市檔案館藏，卷號：229～1～887。

市價值大錢六千之數；豆季每畝出豆五六升，值錢三千五六百之數；穀季每畝出穀十三升，值錢五千之數；出穀草二百餘斤，現照市價值錢二千四五百之數；小麥出麥秧草三百斤，值錢壹千五六百之數；豆子每畝出草一百斤，值錢一千之數。總計兩年每畝出錢拾餘千之數，兩年內每畝除工金、糞錢三千之數。以上之數身等俱係照實開列，斷無荒唐之說。地之東邊大堰一條，每年刊柴草條子貳拾餘捆；地內塋地盤，年年刊草五六捆，現照市價亦值貳千之數。地內墳墓四季祭掃，祈勿阻攔；墓上之迎春草，祈勿剪伐。均懇青天大人雅鑒，公斷租價。爲此上稟華務司大人電奪施行。一千九百零五年七月初七日，光緒三十壹年六月初六日呈。」

「合同。立合同：戚星南、谷振潤、谷培元。今三人有自己地共九畝五分，坐落在戚家疃東頭房後，四至分明，東至堰小道，西至北一截至堰根、南一截至界石，南至小道外水溝，北至東一截至大道、西一截至道北水溝。情願租與大英國家管業三年，每年租價洋壹百元，按四級上期領取。此合同暫以三年爲期，自一千九百零五年拾月二十四日爲始。三年後如國家仍願接租，該地亦情願照租，其期限一切亦由國家酌定，惟租價若干，臨時該地主再行與國家議定；如國家在所定三年合同內，設或不願租此地，隨時可將合同弔銷，但必須於三月前告明地主方可。恐後無憑，特立合同爲證。西曆一千九百零五年拾月二十四，華曆光緒三十一年九月二十六日地主戚星南、谷振潤、谷培元立。」

在這次交涉事件中，威英政府起初是計劃由官方購買民戶的土地先進行種植嘗試，但受到了民眾的抵制，然後有了戚星南等三人於陽曆六月二十六日、七月三日、七月六日短短十天內的接連上書，懇請英人不要買他們的土地，而威英政府對戚星南等人的懇請則迅速做出了回應，在陽曆七月七日之前決定將買地變爲租地，同時要求他們呈報土地收入的具體情況及其它請求，並以此爲基礎於陽曆十月二十四日雙方簽訂了租地種果樹的合同，從合同內容中可以看出給予的租種費用還是讓他們比較滿意的，否則不可能「該地亦情願照租」，洋元一百在當時來講也是一筆可觀的收入。〔註78〕

〔註78〕莊士敦曾說過「每歲入欵，在一千九百年不過兩千元，現已增到五十餘萬元」，由此可以估算出當時貨幣的購買力是很大的。引自《威海衛辦事大臣莊士敦臨別演說詞》，1930，英國威海衛行政公署檔案，威海市檔案館藏，卷號：229-1-110。

綜觀上述五大領域的內容我們不難看出，威英政府在鄉村治理方面的做法，是在接手並尊重威海衛鄉土社會既有的權力架構、村規民約、治安維持機制等既有治理資源的基礎上，在民眾認可或至少是不加反對的前提下，通過某些制度方面的創新、立法司法領域的改革以及融合進英國本土的一些成功經驗來展開鄉村治理的。威英政府的鄉村治理模式顯然和我們在第二章中所考察的清末民國時期舉國上下掀起的現代化急行軍運動而導致傳統中國鄉村自治模式走向終結的做法相比，有著很不相同的鮮明特色，接下來我們就對這些特色進行考察。

## 第三節　威英政府鄉村治理模式的特點

威英政府的鄉村治理模式，從總體上來說，是在因循威海衛傳統鄉村治理模式的基礎上，在中英兩種鄉村治理文化的碰撞中進行調適、變革，最終達成以傳統的鄉村自治為基礎的交融。具體來說，可以從以下三個方面做一透視。

### 一、循其舊制，保留與維繫傳統鄉村社會的文化網絡

如我們前文所言，傳統中國的鄉村治理總體而言是以鄉紳、族長等知識精英、道德楷模為主體，以儒家的綱常倫理為教化基礎並輔以各種村規民約及民間信仰的鄉村自我治理。英租之前的威海衛作為一個典型的華北鄉村，奉行的也是這樣一種治理模式。當地的民眾除了在賦稅和治安領域通過村董與官府發生關係外，在其餘的領域大都是在當地鄉村精英的主導下進行自我管理、自我服務。

英國人於 1898 年強租威海衛之後，其治理威海衛的原則和之前租借香港後實行的原則一樣，即「循其制」、「盡可能地利用現存機構」、「盡可能地保持中國人的生活方式」、「在英國的統治下盡可能地維護中國的現狀」。奉行這樣一種治理原則一方面受英國政府以「最低成本管理威海衛」的總政策的影響，另一方面也是對之前英國人成功治理香港經驗的借鑒與移植，或者更寬泛一點說，是對當年大英帝國殖民地治理方略與思路的運用與發揮，也是英國近現代以降保守主義的治理理念與治理手法在威海衛租借地的又一次應用。英國統治威海衛的基本原則的確定者史威頓漢姆是馬來西亞的總督，而英租威海衛時期的兩位主要行政長官駱克哈特和莊士敦都與香港有著很深刻的淵源關係，兩人來威海衛之前都是香港行政管理機構的主要組成人員。所

以英國人租借威海衛期間，其治理威海衛的總體原則就是「循其制」，接手並尊重威海衛本土的文化傳統與治理資源，維護既有的鄉土社會文化網絡，這和當時風靡於全中國的全盤反傳統、全面破壞農村既有的治理資源並試圖另起爐竈的做法形成了鮮明對比。

「循其制」原則的實踐表現在許多方面，比如我們前文提到的在立法與司法領域，總體上採取的是以中國的法律和風俗習慣為主體的法律並符合中國民眾習慣的訴訟程序；在鄉村權力架構的設計方面，接手此前行之於威海衛鄉村的村董制，充分發揮當地精英的作用；在糾紛解決領域也是尊重既有的鄉規民約及儒家倫理的說教作用，在治安維持領域以鄉間既有的維持秩序的做法為基礎，並組織動員鄉間力量自衛等。

除此之外，威英政府尊重鄉土社會文化網絡的做法尤其體現在信念信仰、民風習俗與道德教化方面。我們知道，一個國家、一個民族乃至一個社群在長期的生產生活與互動交往中所演化而來的信念信仰與民風習俗是其行為方式的深層次根源所在，是一種集體無意識，而這些信念信仰與民風習俗對民眾所具有的約束力與塑造力在維持基本秩序、降低人們的交易成本方面起著無可替代的根本性作用。應該說，浸淫在保守主義文化傳統中的英國殖民者對此有著比較深刻的認識，因此他們在這些領域尤其注意不去觸動甚至主動去維護威海衛民眾的信仰世界及固有的民風習俗。英租時期，政府對作為傳統文化基礎和民眾行為方式基礎的儒家學說極力倡導、保護，對其他的民間信仰也不加干預。比如在教育領域，總體而言政府採取的是「無為而治」的方略，僅僅開設了一所官辦學校皇仁學堂，但就是在這所官辦學校中，卻像傳統中國的教育一樣，十分注重學生的傳統品德教育，強調「求學以植品為先」，在學校的課程設置方面也承襲了傳統教育中的四書、講經等內容。

不僅如此，面臨當時儒家學說所遭受到的來自國內外的威脅，政府還主動採取措施來維護儒家的學說教義。我們知道，英租之前的威海衛鄉土社會的教育是通行於傳統中國鄉村的私塾教育，由鄉土社會中擁有功名或者識字的先生對村裏的適齡兒童進行讀經書、識字及算術的啟蒙教育，這種私塾教育在很多情況下是由當地的大家族或宗族出面興辦並提供經濟支持。私塾教育是儒家學說在鄉土社會中傳播的一種重要途徑，威英政府統治期間，對這樣的教育方式並不加以干涉。在國內實施廢科舉、辦新學的改革以及五四運動掀起批判儒家學說的高潮後，私塾教育曾備受攻擊和詬病，國人大多要求

以新式學堂教育取而代之，威海衛的紳商各界也曾上書政府當局，要求廣興新式學堂，捐款捐地辦學的也很多。但威英政府卻認爲威海人並不需要界外正在推行的新式教育內容，駱克哈特就指出：「在民眾之間對英式教育有一種強烈要求，但不能過分鼓勵這一要求」。

與此同時，對來威的傳教力量及當地的鄉紳、商紳等精英創辦的新式學校，政府也給予適當鼓勵，但如果外來力量開辦的學校強迫學生信奉基督，政府則堅決反對，比如成立於 1902 年的安立甘學堂作爲英國國教聖公會在威海衛設立的學校，成立後每年均能得到當局的適當補助，但 1905 年駱克哈特得知中國學生在這所學校裏被強迫信仰基督教後，1906 年就立即取消了政府補助。對那些受到激進主義思潮影響，試圖毀廟興學的做法政府也予以嚴厲懲罰，針對辛亥革命和五四運動後威海衛界內激進主義思潮的抬頭，政府規定凡破壞寺廟神像的將被處以 2 年監禁或 500 元罰款，這在英租期間是一種非常嚴厲的懲罰。這期間，也曾有人主張動用廟產資助學校，同樣遭到當局堅決反對。〔註 79〕

威英政府也尊重威海衛鄉土社會的其他民間信仰和民風習俗。英租時期，境內各種求神拜佛、燒香還願、占卜風水的宗教或迷信之風絲毫沒有受到政府的批判甚或取消，而這頗爲符合儒家「神道設教」的教化理念。在民風習俗方面，1913 年政府專門制定了中國婚姻保護法令〔註 80〕，以保護行之於威海鄉土社會的婚姻習慣；在節令習俗方面，英國租借威海後西方的一些歲時習俗也傳入威海，但威英政府對中國的傳統習俗並不干涉，在日常生活和風俗習慣上，百姓最爲重視的仍然是中國人的傳統節日，如春節、元宵節、二月二、端午節、中秋節、臘八節和陰曆小年等。節日期間會有多種民俗娛樂活動，其中戲曲演出是英租時期最受民眾喜愛的文藝活動，演出節目中那些敬神驅鬼和宣揚傳統倫理道德的曲目佔了主導地位。農村中較大的村落都自備樂器、道具和服裝，組織一些業餘演出隊伍。每逢山會廟會、傳統節日、求神祈雨、居家喜慶、商號開業以及農村冬閒季節，這些演出隊伍就活躍在城鄉各處，獻技獻藝。〔註 81〕由此不難看出威英政府的殖民統治對當地人的節日習俗並未帶來多少衝擊。

---

〔註 79〕 鄧向陽主編，《米字旗下的威海衛》，山東畫報出版社 2003 年版，第 211、183 頁。

〔註 80〕 英國威海衛行政公署檔案，威海市檔案館藏，卷號：229-1-618。

〔註 81〕 鄧向陽主編，《米字旗下的威海衛》，山東畫報出版社 2003 年版，第 148～152 頁。

## 二、在文化碰撞中進行調適與對接

作爲來自異國他邦的英國人，儘管他們當中的在華統治者有著豐富的殖民地統治經驗，不少統治者還對中國文化頗爲熟稔甚至推崇有加，但在對威海衛鄉村治理的過程中，英國統治者還是會不可避免地將英國鄉村治理中的某些理念和做法帶入到對威海衛的治理實踐中，而中英兩種鄉村治理文化也在碰撞的過程中形成了某種程度的交融與對接。在這一過程中，一方面英國統治者結合英國本土成功的治理經驗，對傳統中國鄉村治理中某些易生弊端的做法進行了改革；另一方面，當英國統治者發現其某些改革太過理想化以至於在現實中行不通，並與當時的鄉村權力結構發生較大衝突時，也會迅速調適以回到較爲現實和妥當的治理軌道上來。具體來說，我們可以從以下三個方面來透視一下兩種鄉村治理文化中的碰撞與交融：

首先，針對傳統中國鄉土精英權力的彈性與不受控性所可能引發的弊端，英國統治者對其進行了規範化的改革，並加強了對其權力的監督與制約。通過前文的敘述，我們知道傳統中國的鄉村自治模式實際上是官府權力與基層社會權力在長期的博弈過程中既相互配合又相互鬥爭並由此達成一種平衡的產物，基層權力的行使者鄉紳、族長等鄉土精英擁有直接決策其治下成員日常事務的權力，並擁有與政府討價還價的談判資格，在這一過程中，他們既協助政府較好地實現了對鄉村的治理，又作爲鄉村社區利益的集中代表，抵制著政權對民眾日常生活的直接滲透，成爲國家權力直接干預鄉村個人生活的緩衝器。應該說這一鄉村自治模式在傳統中國的運作是比較成功的，但是這種模式也有著它的弊端，其集中表現是來源於政府默認與鄉土社會自然賦予的鄉土精英的權力具有一定的彈性與不受控性，對他們權力的約束主要靠精英們內在的自制、自律及其覺悟水平，沒有一種較爲明確的外在制約機制，因此比較容易形成劣紳或宗族大戶獨斷專行、以權壓人、欺上瞞下的不良後果。針對這一點，威英政府在承認威海衛鄉土精英的習慣性權力的基礎上，對其權力的合法性來源及選舉資格、程序進行了規範化改革，這一點我們可以從前文中對村董、總董產生方式的介紹中看出來；與此同時，威英政府還對以村董、總董爲主體的鄉村精英的權力內容進行規範，尤其是涉及對民眾進行罰款處罰這種直接觸及民眾財產權的權力則更是從程序上進行了明確的規定，以防止村董、總董在這方面的權力濫用。〔註82〕除此之外，莊士

---

〔註82〕鄧向陽主編，《米字旗下的威海衛》，山東畫報出版社 2003 年版，第 106～107 頁。

敦還在南區法庭附近路邊上設置上了鎖的訴狀箱，以鼓勵那些「不敢公開上訴或不敢控告本村某些頗有影響力的人或家族」的冤屈者向法庭合理上訴，〔註83〕而這些頗有影響力的人往往是村董或總董的擔任者或候選人，設置由莊士敦親自檢查箱內存物的訴狀箱無疑對那些獨斷專權、行事不公的總董或村董構成了一種潛在的威懾力，而對於那些違犯威英政府政策規定的村董與總董則直接進行罷免。〔註84〕

其次，針對一些村規民約及土地交易、測量中的習慣做法所具有的不夠明確、不夠規範而易生分歧、爭端乃至偷稅漏稅的弊端，威英政府也對其進行了改革，以使這些慣例及村規民約明晰化、規範化，從而減少分歧爭端的發生。有清一代，民間土地交易非常頻繁，交易過程中遵循的是長期以來形成的「鄉規」、「鄉例」〔註85〕，交易過程官府一般不予管理，但也產生了白契以及百姓土地交易中逃避稅收的弊端。威英政府對農業社會中土地無可替代的重要性有著充分的認識，因此在治理威海衛鄉村的過程中，特別重視對房產土地等不動產的管理，以立法、告示、公告等各種方式對土地丈量、交易、登記、租種的程序及產生的費用進行規範化，既發揮總董村董在土地交易管理過程中的傳統作用，也加強了政府的監督和介入。早在1899年，當時的行政長官道華德就在劉公島簽署了《英租威海衛土地買賣法令》〔註86〕，對界內土地所有權的形式、相關稅費的收繳、土地權利的取得及流轉方式、土地房產的退租、退耕、收回、徵用與補償及法律的實施主體等進行了規定。在日後的對土地交易等的管理過程中，威英政府又不斷對這一法令進行解釋、細化，繼續加強對土地流轉環節的管理，這反映在檔案中記載的政府對契據分書的調查，〔註87〕對稅收狀況的調查，對土地丈量的重視，〔註88〕「有

<hr>

〔註83〕 鄧向陽主編，《米字旗下的威海衛》，山東畫報出版社2003年版，第49頁。
〔註84〕 梁月昌在其書中曾談到一事：威海衛有一年鬧災荒，莊士敦就下令發放救濟糧，並說明鰥寡孤獨不用還，困難的還要免稅，不過南區某村一村董對莊士敦的規定置若罔聞，逼迫一孤寡老太太繳稅，結果被莊士敦罷了官。參見梁月昌，《英艦駛進劉公島～英租威海衛解讀》，中國文史出版社2005年版，第170頁。
〔註85〕 張妍，《關於中國傳統社會土地權屬的在思考——以土地交易過程中的「鄉規」、「鄉例」為中心》，載《安徽史學》，2005年第1期。
〔註86〕 英國威海衛行政公署檔案，威海市檔案館藏，卷號：229-1-484。
〔註87〕 《要求承包納稅及土地的轉讓》，1914年，英國威海衛行政公署檔案，威海市檔案館藏，卷號：229-1-1004。
〔註88〕 《土地的勘測登記及溫泉寨地租用以補助溫泉初小的請示》，1915年，英國威海衛行政公署檔案，威海市檔案館藏，卷號：229-1-353。

關房地產問題的訓示（1908）」、「開墾官荒的告示」、「田房典契須納稅的告示」、「土地典賣契約登記的告示」、「有關官租地的訓示」、「田房稅收的告示」「官租券」、「關於土地糾紛的調查處理」、「賣絕官契、官典活契表樣，田房稅契章程、告示（1915 年）」，「關於補辦官契的告示（1925 年）」，〔註 89〕以及頻繁確認或修改並頒布施行的一系列的有關土地方面的法令條例及其對登記註冊的強調等〔註 90〕。威英政府在這方面的強化管理一方面減少了傳統土地流轉環節中的一些弊端，比如「白契」數量大大減少，由於白契而引發的民間土地交易的爭端也因此減少，而對土地登記、測量等的重視使得民眾繳納的田賦稅額更加規範化、公平化，有效改革了偷漏稅的頑疾；另一方面也保證了政府的稅收來源。

　　第三，在司法訴訟程序改革方面，如我們在前文中所介紹的，威英政府所採取的零距離免費訴訟改革既破壞了舊有的農村社會管理習俗和權力結構而遭遇鄉紳們的抵制，也極大地增加了政府的負擔，導致政務繁忙，效率低下，於是威英政府迅速調整改革，統一了訴狀的格式、遞送及撰寫人資格，收取訴訟費用，將大量日常糾紛交由總董和村董調解，總董和村董調解無果的，由當事人持有他們出具的其做過仲裁努力的證明及訴訟狀紙，法庭才予以受理。經過這一改革調適，威海衛社會的訴訟程序走上了正軌。因為這一改革既通過訴訟前置尊重了總董村董在農村社會中的權力與權威，與舊有的治理傳統實現了較好的接軌；也通過收費及規範訴狀的印製與書寫，避免了舊有的訴訟制度的弊端；並通過這兩大方面使得地方法官和法庭能有精力調查解決農村社會中那些重大的糾紛。

---

〔註 89〕英國威海衛行政公署檔案，威海市檔案館藏，卷號分別爲：229-1-823、229-1-881、229-1-1000、229-1-493、229-1-487、229-1-1002、229-1-488、229-1-500、229-1-1006、229-1-1014。

〔註 90〕如 1904 年的《土地和公路稅收條例》，（見張建國，張軍勇，《英租威海衛史料彙編 1：威海衛法令》，中國國際廣播出版社 2006 年版，第 125～126 頁），1904 年和 1905 年的《私人土地回徵條例》（英國威海衛行政公署檔案，威海市檔案館藏，卷號：229-1-615）、1906 年的《土地和建築稅條例》（229-1-1005）、1913 年的《土地轉讓登記和投稅條例》（229-1-3）、1914 年的《土地管理法令》（229-1-484）、《土地轉讓及抵押登記條例》和《土地登記條例》（229-1-4）、1915 年的《有關土地產權和抵押登記條例》（229-1-5）、1916 年的《土地轉讓及扣押登記條例》（229-1-4）、1919 年的《開墾官荒章程》（229-1-620）、1920 年和 1921 年的《土地轉讓及抵押登記條例》、1921 年的《1914 土地登記條例修正案》（229-1-489）、1929 年的《更訂地稅房捐章程》（229-1-823）。

## 三、在有限政府理念下發揮鄉土精英的主導作用

威英政府統治威海衛的 32 年間，政府不僅遵循了威海衛鄉土社會既有的習慣和民間法，而且對政治權力作用的邊界有著清醒的認識。也正是在這個意義上，我們認爲，儘管威英政府高度集權，行政長官集立法、司法和行政權力於一身，但從其遵循中國禮治和限制政治權力邊界的做法來看，其本質上是一個有限政府。這一有限政府的一個表現就是統治機構非常精簡，人員很精鍊。在駱克哈特就任的 1902 年，威英政府只有駱克哈特的 2 名助手，外加 2 名醫官和 5 名巡捕共 10 人組成，〔註91〕即使後來政府工作人員有所增加，也始終規模很小，駱克哈特曾對僅僅不到 20 人的官員對外就能管住如此多的威海人感到很滿意〔註92〕。以治安方面爲例，1903 年界內只有 15 名警察，而警察最多的時候也不過是 1930 年的 201 人〔註93〕，而這期間的界內人民達 12 ～15 萬人之多。儘管政府規模很小，但政府的管理有序，辦事效率較高，比如政府對和民眾接觸最多並且最有可能損害民眾權益的巡捕的管理方面，制定了非常嚴格的管理規章，明確規定「巡捕在執行職務過程中，要忍耐克制，不要報復，不能發脾氣，不能使用不文明的語言，不能有不文明的行爲。巡官和巡捕不准收受任何人的錢物等賄賂，巡官和巡捕未經付款，不得從商販貨攤上以及商店裏拿走水果和其他物品。未經華務司的許可，巡捕隊的任何成員不得從任何人處收取獎賞和禮物。」規章對警察的職責也進行了詳細的規定，「大路上如有大石頭以及別的障礙物，應當挪開；若有人在井旁洗衣服的必當制止；未經准許而在大街搭天棚及茶棚的應當制止；對在大路上或街上亂走而無人照管的牲口應當扣留；如遇亂貼廣告於樹上或牆上者，毀壞塗污房屋欄杆者、撕毀國家告示者、隨便大小便和打仗吵鬧者、故意毀壞國家樹木者……應當捉拿；對侵佔道路或街巷者、倒髒物於通行街巷者、在拉髒車所倒之垃圾堆上撿物者、售賣腐爛魚肉水果者……應當稟報」。〔註94〕而這樣一支職責廣泛、紀律嚴明的巡捕隊伍的作用也得到了民眾的認可，郭格莊總董業心亭在給正華務司黎大人的稟貼中，對於巡捕發揮出的英勇盡職、打

---

〔註91〕 Shiona Airlie, Thistle and Bamboo: The Life and Times of Sir James Stewart Lockhart, Oxford University Press, Hong Kong, 1989, P.119.
〔註92〕 鄧向陽主編，《米字旗下的威海衛》，山東畫報出版社 2003 年版，第 214 頁。
〔註93〕 同上，第 53 頁。
〔註94〕 《大英威海巡捕規章》，英國威海衛行政公署檔案，威海市檔案館藏，卷號：229-1-704。

擊土匪、保障民眾生活的敬業精神給予高度認可:「陰曆八月十四日即西曆九月九日,徒有髯匪十六七人,每人皆帶快槍、合炮並有綁一童子,大約十二三歲,藏住 37 號界石之南山庵內,此庵隔董之郭格莊村不過三里多路,故附近各村人民皆驚惶不安,四處奔避,幸賴草廟子報信村與柳林子三卡之巡捕前往巡查邊界,遇見髯匪,三卡之巡捕遂極力擊散,各村人民莫不稱讚。此次未受髯匪之擾殃,雖賴巡捕之勇敢盡職,實由大英國家之庇護,事關名譽要案,為此函稟大人核鑒轉請大臣格外獎譽,以備鼓勵。將來實為德政,此致。」〔註95〕其實不僅僅是巡捕隊伍,整個威英政府的統治如我們下文中所呈現的那樣,總體來說得到了上自威海衛精英下至普通民眾的認可,應該說這是政府強大有力的表現,雖然其規模非常有限。

　　與有限政府規模相對應的密不可分的另一方面是威英政府對以威海衛鄉土精英為主體的社會自治力量的高度重視、重用與培育。在所有成功文明的治理中,只有社會自治維持在較高水平上,政府的干預才有可能保持在較低水平上。而以駱克哈特和莊士敦為首的威英政府官員對政府權力的作用及其界限有著比較合理的認識,比如駱克哈特在 1903 年的工作報告中就曾寫道,「中國有句格言是統治的藝術在於無為而治。……本政府以此為戒,總是儘量避免干預中國人的事務,因為干預總會滋生麻煩,產生摩擦,並最終會導致一支數量龐大而成本昂貴的政府僱員隊伍的產生」〔註96〕。而避免政府干預又能保證社會有序運轉的一大做法就是充分發揮民間社會自治力量的作用,所以駱克哈特在其就任後的第五天就召見村董,高度強調並重視他們的作用,我們從前文的介紹中可以看到,總董和村董在從治安維持到調解糾紛,從傳達政令到徵收捐稅,從修路辦學到賑災救民,從統計人口到丈量土地等鄉村事務管理的方方面面,都發揮了主導性的作用,而這使得政府能從繁雜瑣碎的日常行政管理事務中抽身出來,從而致力於如何更好地與鄉土精英互動並充分調動他們的積極性,也把政府的主要作用放在社會底線秩序與底線倫理的維持以及社會公平正義與正氣的弘揚方面。可以說威英政府統治時期,在發揮並培育社會精英作用方面不遺餘力,除了我們前文所提及的諸多

---

〔註95〕 《威海衛騷亂、巡捕行動得力的報告》,威海市檔案館藏《英國威海衛行政公署檔案》,卷號:229-1-688。

〔註96〕 Henry James Lethbridge, Sir James Haldane Stewart Lockhart: Colonial Civil Servant and Scholar, Journal of the Hong Kong Branch of the Royal Asiatic Society, pp. 70～71.

物質與精神獎勵之外，還包括包括設立咨詢會加強政府與鄉土精英的互動，利用商界的力量興辦教育及其他社會公益事業等做法。

可以說，對以鄉土精英爲主導的民間社會自治力量的重視和有限的強政府構成了威英政府治理威海衛鄉村的一個硬幣的兩面，這也是與同時期的廣大中國鄉村政府權力不斷下沉、擠壓既有社會精英的作用的做法相比來說，威英政府鄉村社會治理模式的又一鮮明特點，也是其治理取得成功的精髓所在。

## 第四節　威英政府鄉村治理模式的效果

國民黨政府在 1930 年從英國人手中收回威海衛時，當地很多男人還留著長辮，婦女們還裹著小腳，村董總董們身上還穿著滿清的袍服。這種外在景象令諸多時人和今人認爲，由於英國人選擇了「循其制」的方式來統治威海衛，致使威海衛社會死氣沉沉，毫無進步，甚至比同時期中國的其他地方落後了很多，威海人的思想行爲與 19 世紀相比也並無兩樣。但是今天當我們逐漸揭開這個當年的「大英帝國的灰姑娘」的神秘面紗時，我們發現這個在英國政府眼裏只充當一個「政治人質」角色，不過是「國際談判桌上的一個有用的小卒而已」的地方，在英國政府「以最低的成本管理威海衛」的政策﹝註97﹞下，威英政府所採取的鄉村治理模式卻達成了威海衛鄉土社會的善治。具體來說，表現爲以下四個方面：

### 一、威海衛鄉村民眾的接受與認可

查閱既有的檔案材料，不難發現威英政府的鄉村治理在當時獲得了威海衛民眾的認可，這既反映在紳商、村董、總董等當地精英人士對威英政府的配合、支持與尊重上，也反映在普通老百姓對威英政府的接納上。

就前者而言，這突出表現在威海衛的鄉土精英們不斷給駱克哈特和莊士敦贈旗送禮、送匾立碑、歌功頌德的做法上。檔案材料中有不少這樣的記載。比如 1906 年 8 月 25 日，威海衛士紳爲駱克哈特獻上牌匾，對其統治以來威海民眾得以安居樂業表達感激之情：「敬稟者，爲敬陳下情，懇恩轉達事，竊官長澤及閭閻閣境，動謳歌之念，小民恭送衣傘，同心表感戴之誠，所以南國棠甘、遺愛不忘夫邵伯，東山瓜苦，至德每頌夫周公，從古如斯，於今爲烈也。我欽

﹝註97﹞鄧向陽主編《米字旗下的威海衛》，山東畫報出版社 2003 年版，第 114、35、40 頁。

憲駱大臣蒞威以來，善政素著，商民樂業，雞犬無驚，今年歲尤豐稔，時泰民安，正擬忝備傘匾，以申愛戴之忱，不過聊藉口碑，用志提攜之德，乃昨奉欽憲駱大臣告示，以致送聯匾，必須耗費錢財，曠勞民力，以後省此款項，移作善舉，周濟貧民，抑或資助學堂，作爲經費等，因奉此足徵愛民如子，無微不至，捧讀之下，感激良般，惟是置辦衣傘在先，奉頒告示在後，若不賞收，則置辦物料，無處安置，伏乞大人代懇。」〔註98〕1909年10月，駱克哈特結束休假回到威海後，威海當地士商前去迎接，並發表祝辭，其中寫道：「溯自我公蒞威以來，設醫院拯濟貧氓，立學堂造就士子，凡百要政無不悉心體察，以期止於至善，以故政平訟理，俗美風清，匪特省長斯土者，咸身受其福，即外來遊觀者亦且共贊其美。」〔註99〕1921年4月駱克哈特退休前夕，商埠商會和各界308村的村董在塢口公園分別爲他樹立「福商利賈」與「德被東亞」碑，以感謝他爲繁榮威海衛經濟和維護界區安定所做的貢獻。在4月21日的告別會上，當地的村董商紳紛紛前來送行，除贈送一些畫軸、瓷器、綢帶、杯幛等禮品之外，還贈送了一大堆讚美之語。商會代表的頌詞爲：「大臣駱公，英邦之賢。來治斯土，計閱廿年。倡興商業，猛著先鞭。利民生計，四境安全⋯⋯」村董代表的頌詞爲：「大臣駱公，來自英邦。勤勞執政，不辭紛忙。謙和待士，德被村鄉。治民有術，化民有方。振興教育，勸植農桑。關心商業，遇事提倡。安撫良善，絹治猖狂。恩威相濟，雨露冰霜⋯⋯」。

　　而莊士敦以直接交往和禮賢下士的作風去和民眾們打交道的做法，也使他頗受歡迎。在1904年他上任的當年，境內商紳就爲其贈送卷軸，譽爲「父母官」。1930年他從威海衛行政長官任上卸職回國時，商紳們按中國「君子之交」傳說又爲其奉上一隻盛滿清水的潔白瓷碗，喻其爲官清廉，品行高潔，與之交往，清澈見底。〔註100〕

　　而就民眾接納威英政府的統治而言，也有很多表現，比如從英國人建立殖民統治之初民眾的武裝反抗、拔掉界石到後來將租界石偷偷向租借地外側移動，希望將自己置於英人統治之下；再比如威海民眾中當年連夫妻不和、婆媳不睦、鄰里糾紛之類的瑣事都要請「莊大人」（即莊士敦）去說道說道，

〔註98〕《梁承之等請駱大人收所獻之匾》，英國威海衛行政公署檔案，威海市檔案館藏，卷號：229-1-82。
〔註99〕英國威海衛行政公署檔案，威海市檔案館藏，卷號：229-1-78。
〔註100〕鄧向陽主編，《米字旗下的威海衛》，山東畫報出版社2003年版，第38～39頁。

這可以說是威海百姓悅納英國統治者的一個極好的註腳。而在政府與民眾之間形成的良性互動也頗能說明這一點，比如 1920 年威海發生嚴重饑荒，災情消除後，災民們按約如期歸還了所借的全部賑糧，爲表彰百姓的守義踐諾，1921 年政府在碼頭區樹碑立傳。〔註 101〕

## 二、威海衛鄉村穩定秩序的達成

英國租借威海衛的 32 年間，也是中國近代歷史上頗不寧靜的一段時期，軍閥混戰，民生凋敝，但威英政府的統治卻使得威海衛鄉村保持了穩定的社會秩序，這一點可以從以下兩個方面得到印證：

第一，英租時期的社會治安案件少，犯罪率低，莊士敦在 1910 年曾說過：「7 年當中沒發生一起謀殺案，海盜和家盜多數是非界內的中國人所爲。」即便是在界外土匪活動猖獗的後期，流竄到租借地作案的也極少，嚴重刑事案件很少發生，界內平安無事。〔註 102〕這與界外局勢的動蕩不安形成了鮮明的對比，使得威海衛一度成爲當時中國不少人士的避難場所和「世外桃源」。據《1927 年威海衛年度全面總結報告》記載：「1927 年被看作是 1867 年以來山東最大的災年。……1927 年山東很小的部分未受到土匪騷擾，中國軍隊和高貴的官員因而很不幸遭受到成千上萬的山東農民運動恐怖震懾。威海衛租借地這一小塊綠洲，整個 1927 年都在寧靜和繁榮之中。……山東東部許多中國人覺得他們自己那個地區的條件無法忍受。這不僅是因爲土匪的緣故，還因爲他們自己政府官員的掠奪和不正確的統治。他們都樂於在英國人的旗幟下尋找本人和家庭的避難所。」應該說這一記述並無溢美之詞，和實際情況是大體相符的。

第二，由於威英政府尊重當地民眾的信念信仰、道德教化及民風習俗的做法，英租時期界內沒有發生劇烈的文化變遷，也沒有發生信念信仰的危機，新興的教育方式比如職業教育、夜校、西式教育，娛樂方式，新聞出版業的發展等也沒有衝擊到舊有的文化娛樂教育，相反，傳統的教化方式、節令習俗、民間的文化娛樂活動與各種民間組織不但仍舊存在，有些甚至煥發出新的生機，比如商會組織的不斷壯大。這也與當時界外中國鄉村普遍的失序、信仰的危機、傳統組織的瓦解、毀廟興學等激烈的新舊衝突形成了強大反差。

---

〔註 101〕鄧向陽主編，《米字旗下的威海衛》，山東畫報出版社 2003 年版，第 38、36頁。

〔註 102〕同上，第 55 頁。

## 三、威海衛鄉村民眾生活質量的提升

不同於當時中國農村尤其是華北農村民眾生活質量的每況愈下，英租時期威海衛民眾的生活質量總體而言是穩步提升的，民眾得以安居樂業，這主要有四個方面的表現：

一是民眾收入的增加，雖然檔案材料中沒有明確記載，但我們通過各種史實不難得出一個這樣推斷。因為整個英租期間實行的是清朝的舊稅率和徵稅基數，而眾所週知，清政府明文規定的稅率是很低的；而另一方面我們也知道，英租時期威海的對外貿易非常繁榮，商業發展，一些農業和漁業產品的商品化率不斷提高，輕工業得到發展，而旅遊業的興旺則帶來了手工業製品的發展等，這些在前文我們都已經提及。收入來源增加了而上繳的土地稅仍然不變，收入提高自不待言。這一點在莊士敦的告別演說中也得到體現，「每歲入欵，在一千九百年不過兩千元，現已增到五十餘萬元，地丁從前在入欵內占重要地位，但是現在是一個較小的數目。英國管轄威海頭二十三年，威海政府歲入之不足依賴本國政府補助，自一千九百二十二年以來，即能完全自助。」〔註103〕而與此同時界外和國內很多其他地方，則是苛捐雜稅猛增，這一點我們在前文第二章第四節中已有相關論述，而威海衛界外的民眾夜間將界石移動到英國人統治的界內，其中一個很重要的原因就是界內外稅收負擔的巨大反差。恰如1930年國民政府接受威海衛的調查專員朱世全在其《英國租借威海衛之經過》報告中所講的：「歷年內亂，地方不靜，內地人民皆願託庇外人，冀免苛稅，甚且有私代英人將界石向外移動，實為造成此現象之最大原因。」

二是民眾醫療衛生狀況的改善。英租時期，在民眾就醫方面，威英政府不但新建了一些醫院，而且對私人行醫加強管理，從而規範並改善了民眾的就醫環境。此外政府在加強防疫方面所做的工作和努力也使得民眾的疫情感染率大幅度降低，威海衛收回後，參與接收的國民政府官員朱世全就發現，「當地衛生狀況，尚稱滿意，凡霍亂猩紅熱喉痧腸熱症等烈性傳染病，得以消弭於無形」。〔註104〕

三是民眾受教育狀況的改善。英租期間，威海衛舊式的私塾教育仍然存

〔註103〕《威海衛辦事大臣臨別演說辭》，英國威海衛行政公署檔案，威海市檔案館藏，卷號：229-1-110。
〔註104〕朱世全，《威海問題》，商務印書館1931年版，第148頁。

在，同時還興辦了不少新式學堂，因此民眾受教育的場所增加，受教育內容也有所擴展。這在我們前文中關於威英政府教育領域的治理概括中已有介紹，在此不再贅述。而僅對 1930 年威海衛在全國範圍內的小學幼稚園密度調查中的排名做一介紹，藉此我們可以一窺威海衛民眾當時的受教育狀況（排名見以下圖表）。

**各省市小學幼稚園密度比較表（前五名）（1930 年）**

| 省市 | 面積<br>（方里） | 小學及幼稚園數<br>（所） | 平均每一千方里<br>內之學校數 |
|---|---|---|---|
| 總計 | 25995168 | 250840 | 9.6 |
| 上海 | 2680 | 792 | 295.5 |
| 北平 | 2100 | 261 | 124.2 |
| 青島 | 1600 | 153 | 95.6 |
| 威海衛 | 2200 | 209 | 95.0 |
| 南京 | 1800 | 155 | 86.1 |

（備註：資料來源於多賀秋五郎，《近代中國教育史料》，民國編，中，臺灣文海出版社 1976 年版，第 868 頁。）

　　四是民眾豐富的娛樂文化生活和相對穩定的信念信仰世界的存在。人類的生活不僅包涵物質的維度，更包涵著文化與精神的面向，英租時期的威海民眾與同一時期中國很多其他地方的民眾相比，其生活質量的提升不單表現在物質生活的改進上，更包括了其豐富的娛樂文化生活與其不受政府及其它外界力量強制或干擾的信念信仰世界的存在，這在上文中對威英政府鄉村治理模式內涵的描述尤其是其保護儒家傳統與各種民間信仰、反對毀廟興學以及尊重民風習俗等方面的介紹中已有反映。除此之外，在娛樂文化生活方面，那時的威海衛民眾既有豐富多彩的傳統民間節目，如戲劇演出、雜耍、劃旱船以及集多種娛樂活動於一體的「光景會」，也有近代傳入威海的街頭娛樂活動拉洋片（又稱西洋鏡），還有因為英國人的進駐而帶來的西洋話劇、交誼舞以及無聲電影等娛樂活動。更值得一提的是近代新聞出版業的發展也為威海民眾的文化生活錦上添花，英租期間出現了多家專門經營圖書發行的書局，其中設立時間最早、規模最大的是位於天后宮東的吉升昌書坊。該書坊除經營圖書外，還兼營印刷的業務。1907 年威海商界人士又創辦了「威海閱報社」，

以天后宮爲社址，並在每個星期天開會演說，以通風氣，成爲威海近代公共
文化閱覽服務的發端。〔註105〕

## 四、威海衛鄉村社會現代性的成長

　　威英政府的鄉村治理模式在當時客觀上促進了威海衛社會現代性的成
長，當年「國辮國腳」、滿清袍服的表象下湧動著的其實是威海衛鄉土社會邁
向現代化轉型的潛流。關於這一點我們可以從以下三個方面看出端倪：

　　第一，近代工商業開始起步並得以發展，爲鄉土社會注入了商品經濟的
活力，帶來了商業精神的氣息，潤物細無聲地般改變了古老的威海人的思想
行爲方式。

　　英租之前，威海衛社會是一個典型的小農社會，如莊士敦所言在許多方
面「堪稱中國的縮影」。農民們的生活基本上是通過密集耕種方式和採用多種
種植體系來提高糧食產量，農閒時節則四處打工從事各種經營以補貼家用。
「這裏的人們都極其節儉，幾乎沒有遊手好閒的寄生階層，他們都是最勤勞
的農業學家。」〔註106〕

　　英國人租借威海後，雖然受制於租期不穩等不利因素的影響，但威英政
府還是在其力所能及的範圍內，促進了威海衛的對外貿易、本地商業及旅遊
業等的發展，並由此帶動了當地民族工商業的進步和金融業的發展。由於對
外貿易的發展，農業和漁業的商品化率不斷提高，農副產品花生成爲出口量
最多的產品，漁業也因爲海產品的暢銷而興盛起來，並逐步發展爲僅次於農
業的第二大產業，而爲了適應對外出口的需要，當時的海產醃製和冷凍保鮮
技術也都有一定發展。〔註107〕

　　由於威英政府實行自由港制度，很多商人都到威海來經商，威海衛的商
埠區商號最多時達 700 多家。而民間的商品交易也很活躍，集市非常繁榮，
當年威海有 11 處集市，城區還專設柴市、魚市，與此同時政府也加強對流動
商販的管理，規定必須持照經營。〔註108〕

　　而隨著旅遊業的開發，傳統的民間手工藝品受到外國人的青睞，比如當

---

〔註105〕鄧向陽主編，《米字旗下的威海衛》，山東畫報出版社 2003 年版，第 148～153
　　　　頁。
〔註106〕同上，第 37、215 頁。
〔註107〕同上，第 120～124 頁。
〔註108〕同上，第 126～127 頁。

時威海商人生產的銀製品、合金製品、帆船模型、錫鑲產品等極受歡迎，暢銷海外，尤其是帶有濃鬱民族特色、做工精良的錫鑲產品和木雕花船更受外籍人的歡迎。20 世紀 20 年代還出現了宣傳和成錫製作的錫鑲工藝品的廣告。〔註 109〕由此我們不難看出，現代商業的一些運作方式及其精神已經悄無聲息地嵌入到了傳統的農業和手工業相結合的小農經濟中。

此外，此一時期在威海有所發展的電力業、釀造業及紡織業、繡花業等輕工業既一定程度上滿足了當地人民的日常需要，爲剩餘的農業勞動力人口提供了就業機會，也有產品出口到海外，從而擴展了其收入來源的渠道，提高了民眾的收入，大幅度增加了富裕人口在家庭、家族外的就業機會，推動了社會的流動，爲商品經濟與勞動分工向縱深發展打下了基礎。

而英租時期這種以商帶農、農工互補局面的出現也向我們展現出了另一種可能的現代化道路，那就是工商業的發展不一定以犧牲農業的方式來進行，而且單純工商業的發展也不是現代化的全部內容，一個地區乃至一個民族的現代化道路完全可以根據當地或者本民族的特色因地制宜地探索出一種適合本土的現代化模式。

第二，在英國人統治期間，威海衛人尤其是當地精英階層公益心的增長和政治參與意識、維權意識的增強。如果說傳統中國社會的君子們本來就具有一定的公民意識即發起並參與公共事務的意識及行動的話，那麼這種意識在威英政府統治時期，則由於英國人建基於法治精神之上的對公權力濫用的有效約束，而得到了滋養與進一步的發展，可以證明這一點的事例並不鮮見。如當年的商埠商會對威海的教育、市政、福利慈善事業都投入了大量的資金與精力，他們曾獨立開辦平民夜校，首倡社會教育，並創辦了原足會和免費臨時戒煙所。而商埠商會和農村鄉紳們在 1920 年界內發生特大災荒時，曾義無反顧地承擔起救災的責任，推動政府成立賑濟會，通電派團，廣爲勸募，籌糧籌款。在籌辦齊東中學時，威海紳商各界曾鼎力相助，並在較短時間內捐款近 2 萬元，從而有效保證了學校建成開學所需的費用。〔註 110〕

除此之外，商會成員和村董總董們從很多方面表現出較爲積極的政治參與意識和維權意識，如伴隨著辛亥革命、民國成立以及後來的北伐戰爭、國

---

〔註 109〕鄧向陽主編，《米字旗下的威海衛》，山東畫報出版社 2003 年版，第 134～135 頁。

〔註 110〕同上，第 141、159 頁。

民政府的建立等國內政局的變動，當地精英階層也出現了要求地方自治及在界內舉行議員選舉的呼聲〔註111〕，政治參與意識不斷增長。此外，我們在上文提到的戚星南等人因不同意土地買賣而與威英政府交涉的過程並提出「天地間物各有主，物主即有自主之權」，在與政府訂立的合同書中寫明「如國家在所定三年合同內，設或不願租此地，隨時可將合同弔銷，但必須於三月前告明地主方可」，則反映出民眾與政府互動中維權意識的增強。

「各人自掃門前雪，莫管他人瓦上霜」曾被用來形容中國老百姓延續了幾千年的「私」的頑疾，而這一頑疾在英租期間的威海民眾身上則得到了一定程度的改觀，普通老百姓的公民意識也在成長，特別是由以往過於注重家族利益、村莊利益而轉向對更大規模的團體的利益也有所顧及的團結精神，以前的私利主義也代之以對公眾利益的更加關注。對於這一點，莊士敦在其告別演說詞中曾提到，「全租界有三百五十餘村，佔地三百方里，分為二十六區，每區有一總董，作為英政府與各村之媒介，此係本大臣所計劃的，此種計劃繼續進行，並未修改，已有二十五年，在此計劃實行以前，界內村莊形同孤立的公會，政府只得任其為公會，對於管理上自然發生困難障礙，除此之外，那時候交通的方法也很惡劣，自從分為二十六區，每區約有九村至十五村之數，在一位總董指導之下，代表其所轄之村，與政府接洽公事，管理上難辦之事因之大多容易解決，最重要的是各村居民因為得彼此合作，發生一種社會上的覺悟，知道與較大的團體結合起來，此較單獨的公會是有利益的。在本界內政府與人民協商各種重要的事情，是自然的政策，即如社會上、生計上、財政上的各事，不但政府對於行政上之動機可得公論之指導，並且人民也可藉以知道作公民的職分和權利。」

「界內人民之公益心很有幾種可以說的，本大臣現在只說其一。英政府初來威海時，道路有無有的、有很壞的，只可走軸子、牲口及行人，英政府要改良道路，只得慢慢的進行，一部分是因人民不知道好路之必要，再因為財政上的關係。政府要築可以行車的道，無錢購買修道所必用之地，地主不應允，而政府強佔與政府不給錢的事，英政府決不辦，這一層是無須說的。英國的政治是自由的、民主的，若是那麼樣，是與英國政策完全相反的。大

---

〔註111〕英租威海衛期間，國內曾有三次大規模的選舉涉及界內民眾。其中村董總董們對選舉的態度可參見《租借地的選舉》，英國威海衛行政公署檔案，威海市檔案館藏，卷號：229-1-508。

困難平均起來就是向村民說公眾的利益，他不但對於公眾有利，就對於自己也有益，他也不肯犧牲自己的東西。可是這幾年來，對於道路與他種事情，這種私利主義漸漸沒有了。照著去年羊亭區與鳳林區之間開的新道，就可以看出來，約在二年前本大臣允許界內通行汽車，就是因為道路有進步，再是因為人民對於生計的重要及交通的價值有點醒悟，所以到現在界內汽車很多。」〔註112〕

　　第三，威海衛鄉土社會跨越家庭與家族的「半共同體」〔註113〕組織有所起步並獲得發展空間，由此推動了除建基於血緣關係之上的組織以外的培養人們之間社會信任、增殖社會資本的組織載體，使得社會的平面化和橫向發展空間有所擴展。當時威海衛社會成立的諸多運動團體尤其是球類俱樂部、承載多樣化教育內容與方式的各類學校都是這樣的「半共同體」。這些共同體的組織方式超出了傳統鄉村中以血緣、地緣為紐帶的範疇，而代之以興趣愛好等聯結紐帶，促進了公民社會的成長壯大。

　　綜上我們不難看出，英租時期的威海衛鄉村，在尊崇既有的信念信仰與道德教化體系的基礎上，達成了社會秩序的平穩運作，民眾習慣了現代社會的諸多現象諸如發達的交通工具的出現，威海衛社會還呈現出繁榮的商業帶動農業發展、工農業互補、城鄉互補的局面，有所起步的城市化進程與傳統的特色村景相得益彰，傳統的民間文化娛樂與新興的娛樂方式和文化事業並行不悖，傳統的教育內容與新式教育的運作互不衝突，現代化商業精神和公民意識開始萌生滋長，跨越家庭與家族的共同體開始起步成長，民眾的稅負負擔較輕，可以說達成了儒家「藏富於民、臻於郅治」的理想治理狀態，所以「我們千萬不要認為維持現狀的論點是愚昧或自私的」，〔註114〕英治模式的所取得的良好效果正是在維持現狀、因循舊制的基礎上「有所損益」、漸進改革的結果。那麼促成這一治理模式的原因何在呢？接下來的一章我們將對這一問題進行探討。

---

〔註112〕 《威海衛辦事大臣莊士敦臨別演說詞》，英國威海衛行政公署檔案，威海市檔案館藏，卷號：229-1-110。

〔註113〕 「半共同體」是英國學者艾倫・麥克法蘭用來形容不以血緣關係為基礎的，由朋友、同事、鄰居、俱樂部會員組成的團體。與此相對應的是以血緣、地緣為基礎建立的「自然共同體」。參見麥克法蘭，《給莉莉的信——關於世界之道》，商務印書館 2006 年版，第 242～244 頁。

〔註114〕 〔英〕S.F.C.密爾松著，李顯冬等譯，《普通法的歷史基礎》，中國大百科全書出版社 1999 年版，第 389 頁。

# 第四章　英租威海衛鄉村治理模式建構中積極互動的諸要素

　　英國租借威海衛的歷史當然是我們國家的一段恥辱史，政治上沒有任何可以肯定的地方，但英國殖民者成功治理威海衛鄉村的經驗還是值得去挖掘與借鑒的。通過前一章對英國殖民者治理威海衛鄉村的具體做法與特點的介紹，我們不難看出，英國統治者的治理並非「無心插柳柳成蔭」，而我們在邁向現代化急行軍的過程中對既有的鄉村治理方式的改造卻的確有著「有心栽花花不開」的悲劇性色彩，這一成敗的鮮明對比似乎在告知我們，這其中除了不同於當時中國面臨的內憂外患和向現代化轉型的巨大壓力的大背景，威英政府領受的殖民任務較為輕鬆，威海衛社會相對而言處於一種政治生態較為寬鬆的環境中這一較為有利的外部因素之外，恐怕也展示出在鄉村社會邁向現代化轉型的道路選擇上，國人對傳統與現代化關係的認知及其治理思路、理念與方式可能出現了某種巨大程度的偏差，而英國人對傳統與現代化關係的認知及其治理思路、理念與方式似乎更具可行性。英國人之成功治理的實踐向我們表明，傳統中國的鄉村自治模式與現代化之間的距離可能並非如我們想像得那麼遙遠，正是傳統鄉村自治模式中所蘊含有的成功文明所具有的共性使得它與現代化的對接成為可能，威英政府的鄉村治理模式也正是在接手傳統中國鄉村社會文化網絡的基礎上對其進行改造和優化的結果。在這一章中，我們將圍繞著威海衛鄉村治理模式建構中積極互動的諸因素展開探討。

## 第一節　傳統中國鄉村治理中的成功做法

　　我們在第三章中論述到，英國人對威海衛鄉村社會的成功治理，是在「循其制」也就是尊重並接手傳統的威海衛鄉村治理資源的基礎上達成的。這一事實本身在很大程度上說明了傳統中國鄉村治理的做法與英國人創建的威海衛鄉村治理模式之間不存在一道不可逾越的鴻溝，證明了傳統中國鄉村治理中存在著成功治理所擁有的諸多共性，而不像我們以前所理解的那樣，只有把傳統的鄉村治理摧毀代之以西方形式的「地方自治」，我們的鄉村社會邁向現代化才有可能。換言之，傳統中國鄉村治理中所存在的成功治理所擁有的共性，奠定了威英政府鄉村治理模式的基礎。這些共性在我們看來主要包括以下三個方面：

　　首先，在鄉村治理中注重民眾信念信仰世界的培育，著力於對民眾的教化，踐行的是孔子「道之以德，齊之以政」的治理理念。英國殖民者當年對威海衛的成功治理，曾引起當時部分媒體的關注。有媒體認為，英國人治下的威海衛實現了穩定和發展，這是少數英國人憑藉個人能力統治大量東方人的典型例子。但作為威海衛治理模式主要創建者與實踐者之一的莊士敦卻對此加以反駁道，「將威海衛看作是英國權力成功統治大量外國臣民的典型例子是一種事實上的誤解。……使得威海衛百姓們守法、安詳、勤勉且準時納稅、誠實交易的原因，不是三四個外國人擁有某種神秘的支配能力驅使他們那樣去做，而是很早一個時期中國就已經存在的某個事物，在那個時期，那三四個外國統治者的祖先還只是被描述為野蠻人而英格蘭甚至還不是一個名字：這是孝道，是對法律的敬畏和對權威的尊崇，是祖先崇拜，簡而言之，是儒家學說。……如果威海衛政府應受完全的讚揚的話，這只是因為它接受儒家思想原則作為管理的基礎。儒學實際上是民法在英國法庭上得以執行的根據，儒學風俗習慣在可能的情況下被官員們在他們的行政和司法能力範圍內加以支持和適用，而正是基於對儒學的認可，政府才能夠解散武裝力量。」〔註1〕莊士敦對英國人成功治理威海衛原因的歸納雖然高度概括，但卻在很大程度上說明了傳統中國鄉村治理中注重以特定的信念信仰為支撐而教化民眾的做法是政府有效降低治理成本的基礎所在。

　　眾所週知，傳統中國人的信念信仰和教化體系是以儒家學說為主體的「神

〔註1〕Reginald F. Johnston. Lion and Dragon in Northern China. London: John Murray, 1910, pp.434～435.

道設教」，儒家學說作為主體，具有兼容並包的特性，對佛教、道教乃至基督教等宗教體系並不排斥。在英租威海衛時期，據莊士敦在《獅龍共存威海衛》中的記載，當時的威海衛境內共有 62 處寺廟、觀庵和其他廟宇，每個村的同姓家族還都建有一家廟，這些有形的建築物存在成為民眾豐富的信念信仰世界的載體，也成為民眾滌蕩心靈、自我教化、自我昇華的場所。而正是在這一信念信仰體系支撐下的教化培育了民眾基本的公德精神，沒有這種公德精神的存在，我們就很難想像 1920 年發生於威海的饑荒災情消除後，災民們能守信踐諾，按約如期歸還所借全部賑糧的做法，也很難想像威海衛社會會出現「地方寧靜、秩序整肅，有夜不閉戶之稱，民皆熙熙焉，民勤其業，市無遊惰，道無丐者，盜賊絕迹，閭閻安堵頗具昇平綏靖景像，而治安之鞏固有所著稱」的太平盛世景象。也正是這一信念信仰的支撐使得傳統中國鄉村中的德治做法下的鄉土精英的率先垂範和奉獻精神成為可能。我們知道，傳統中國的德治，其實質意義是每個人首先自治其身，而其中覺悟較高者歷練成為君子，能夠在其周圍凝聚人氣，匡扶正義，以身作則，化民成俗，習熟並提煉民風民情，發現並確立各種社會規則，由此成為社會的「垷場治理者」。而在威海衛鄉土社會中也不缺乏這樣的君子，比如我們前文提到的「拯人於危」的車碩學，再比如在籌辦齊東中學以及賑災、修路等公共活動中發揮的身先士卒模範帶頭作用的威海紳商。

　　長期以來，我們受西方大陸啓蒙運動和近現代以來中國社會的「全盤反傳統主義」思潮和做法的影響，認為傳統中國社會中的「禮教」的作用不過是用來吃人而已，但經過了百年的坎坷和困頓，今天當我們逐漸走出這種全盤妖魔化自己的歷史和文化傳統的陰影時，不少學者站在學術的前沿高度上指出，其實歷史帶給我們的教訓是「禮教崩潰意味著社會自我治理體系不再存在，所有人被編織到權力直接控制的體系中。……禮教並不吃人，沒有禮教的治理架構才會吃人。沒有禮之教化，人就會物化，絲毫不掩飾自己的欲望、力量，為了滿足無盡的欲望而毫不留情地相互傷害。沒有禮教，權力也會肆無忌憚」。〔註 2〕的確，當我們遠離了自己傳統的信念信仰世界和我們曾經不屑和鄙視的「迷信」並陷入各種意識形態激情的狂歡中時，當我們日益信服「經濟人」和「理性人」的假設而被淹沒在「冰冷的利己主義」大潮之中時，我們發現我們生活於其中的是一個充滿了戾氣乃至乖張的社會，國家

---

〔註 2〕秋風，《重新發現儒家》，湖南人民出版社 2012 年版，第 43 頁。

的治理成本也因此無限攀升。〔註3〕在這一方面，傳統中國鄉村治理中的做法以及莊士敦對此的強調對我們而言提供了寶貴的借鑒，而近現代以來我們破壞乃至於摧毀這些做法所帶來的鄉村治理轉型的挫敗和我們今天在治理方面的困境則是我們耳邊要長鳴的警鐘。

其次，尊重鄉土社會中長期演變而來的禮俗和習慣法。如我們前文所言，在傳統中國的鄉村治理中，統治者注重的是教化，因此鄉村社會形成了「無訟」、「息訟」的訴訟觀念，「鄉土社會是『禮治』的社會，打官司是可羞之事，表示教化不夠。一個負責地方秩序的父母官，維持禮治秩序的理想手段是教化，而不是折獄。」〔註4〕憑藉著長期的教化與禮俗的深入人心，傳統中國的治理被陳顧遠先生形容爲，「與其說我國往昔完全爲人治，倒不如說是禮治；禮治乃是現代所說的法治的根本，其結果『使統治的人不知有法而能行法，使被治的人不知有法而能守法』。」〔註5〕

不過鄉村社會中難免會有各種糾紛的產生，於是就衍生出了一套調解糾紛的程序與機制，這程序機制如胡思敬所說：「兩造爭訟，訴之族；不聽，再訴之鄉；再不聽，後乃告官。」也就是說，民間糾紛的調解（重案除外）都有一個「前司法」的程序，在這一程序中，民間社會力量扮演了主導角色，往往是民間社會調解不成才尋求到官府解決。對於官府而言，奉行的則是「民不舉官不究」的慣例〔註6〕，甚至知縣們會經常責令那些到衙門訴訟的人，回本族解決糾紛。治國者承認民間長期形成的禮俗是一種法律，官府在很多時候會協助民間社會強制執行這些法律〔註7〕。正是憑藉著教化和尊重民間社會禮俗的做法，國家有效地降低了治理鄉村社會的成本。英國人來臨之前的威海衛鄉村社會，奉行的也是「化民成俗」的教化做法與以民間禮俗和習慣法爲指導處理鄉

〔註3〕這方面的論述可參考任鋒，《意識形態激情、中道倫理與儒家公民》，載《文化縱橫》，2013 年第 1 期。

〔註4〕參見費孝通《鄉土中國》一書中「禮治秩序」與「無訟」兩個標題下的論述，上海人民出版社 2006 年版，第 40～48 頁。

〔註5〕范忠信等編，《法治與禮治之史的觀察》，收入《中國文化與中國法系——陳顧遠法律史論集》，中國政法大學出版社 2006 年版，第 253 頁。

〔註6〕參考〔臺〕黃克武，《「民不舉，官不究」：從乾隆年間的一則刑案探測帝制晚期私人生活的空間》，載李長莉、左玉河主編《近代中國的城市與鄉村》，社會科學文獻出版社 2006 年版，第 419～427 頁。

〔註7〕姚中秋，《中國變革之道：當代中國的治理秩序及其變革方略》，法律出版社 2011 年版，第 251 頁。

土社會糾紛的做法。英國人統治威海衛之後，雖然建立起二元的法律體系，但如我們第三章中的介紹，中國的傳統法律和風俗習慣仍是主導。

　　近現代以降，我們在意識形態牢籠的束縛下，認為傳統中國是一個「人治」的社會，而法律不過是統治階級意志的體現而已，至於鄉土社會中的禮俗和習慣法要麼是統治階級貫徹其意志、用來統治、愚化民眾的手段，要麼是維持民眾落伍的觀念和生活以致於遲遲不能邁入現代社會的幫兇。正是在這樣一種理念的指引下，我們從民國時期就掀起了送法下鄉的運動，試圖全盤改造乃至摧毀在我們看來致使鄉村社會停滯不前的「落後」的禮俗和習慣法，但這一做法的結果卻如費孝通所言，「它破壞了原有的禮治秩序，但並不能有效地建立起法治秩序」〔註8〕。費孝通的這一警告並未為時人所重視，而後來我們的做法顯然也並沒有從歷史的失誤中汲取教訓，我們仍然試圖以國家的立法規劃來改造鄉村社會的各種禮俗和習慣法，試圖把這些阻礙鄉村社會發展的「絆腳石」全部搬開，不過歷史再一次和我們開了一個玩笑，我們這樣的努力不但沒有造就出一個美麗的現代鄉村社會，反而破壞了鄉土社會固有的秩序調節手段，再次出現了費孝通所言的「法治秩序的好處未得，而破壞禮治秩序的弊病卻先發生了」的弔詭結局。

　　面對這樣的結局，當今不少學者在整合中西方學術研究成果和資源的基礎上，提出「社會中的習慣、道德、慣例、風俗等從來都是一個社會的秩序和制度的一個部分，因此也是其法治的構成性部分，並且是不可缺少的部分。它們之所以能長期存在，決不可能僅僅是人們盲目崇拜傳統的產物，而沒有什麼實際社會功能。作為內生於社會的制度，可以說它們凝結了有關特定社會的環境特徵、人的自然稟賦和人與人衝突及其解決的信息，是反覆博弈後的形成的人們在日常生活中必須遵循的『定式』。如果沒有內生於社會生活的這種自發秩序，沒有這些非正式制度的支撐和配合，國家正式的制度也就缺乏堅實的基礎，缺乏制度的配套。因此，不僅談不上真正有社會根基的制度化，甚至難以形成合理的、得到普遍和長期認可的正當秩序」。〔註9〕「一切法律本來是從風俗與輿論，而不是從法理學而形成的，也就是說，從不知不覺的活動力量而不是從立法者的武斷意志形成的」，〔註10〕「在早期習慣法的

---

〔註 8〕費孝通，《鄉土中國‧無訟》，上海人民出版社 2006 年版，第 48 頁。
〔註 9〕蘇力，《二十世紀中國的現代化和法治》，載《法學研究》，1998 年第 1 期。
〔註10〕〔德〕薩維尼著，許章潤譯，《論立法和法學的當代使命》，中國法制出版社

實施過程中，大眾的觀點、慣例和實踐同官方的解釋者的活動之間始終存在著互動關係。對於早期社會生活中的基本法律模式，甚至連權力極大的統治者也都不大可能加以干涉」。〔註11〕而這正是習慣法的傳統，即「法律不是由中央當局自覺地制定或重新制定的東西……而是某種產生於社會共同體的行為模式和行為規範，產生於它的社會習俗和社會慣例的東西」〔註12〕，而「法律制定者如果對那些會促成非正式合作的社會條件缺乏眼力，他們就可能造就一個法律更多而秩序更少的世界」。〔註13〕

　　鄉土社會中長期形成的禮俗和習慣法同樣是維護鄉村社會秩序不可或缺的內生產物。按照梁治平先生的界定，所謂習慣法乃是這樣一個知識傳統：它生自民間，出於習慣，乃由鄉民長時期生活、勞作、交流和利益衝突中顯現，因而具有自發性和豐富的地方色彩，由於這套知識主要是一種實用之物，很大程度上為實用理性所支配。〔註14〕它是歷史的產物，是哈耶克筆下的自發演進秩序。正因為如此，「生活在鄉土社會中的人們並不感到沒有『法律』指導生活的不便。相反，秩序和規範彌散在社會生活之中的，通過耳濡目染、言傳身教、世代相繼而為當地人所熟知；而一旦當規範已經眾所週知，並通過社會的權力網絡（包括每個個體的行為本身）不斷得到強化，形成文字的規則也就成為多餘。只有當陌生人來到這樣的社會之中時，才會得出此地沒有『法律』的判斷，才會有『畫眉深淺入時無』的惶惑，才會有無所適從之感。」〔註15〕

　　由此我們不難看出，尊重鄉村社會中的禮俗和習慣法實際上是尊重經歷史篩選而演變而來的數代人集體智慧的結晶，這樣的做法是維持鄉村社會秩序的前提，也是有效降低治理成本的前提。當然這並不是說這些禮俗和習慣法就沒有任何弊端，也不是說它們不經任何改變就能長驅直入地適應現代社

2001 年版，第 20 頁。
〔註11〕 〔美〕博登海默著，鄧正來譯，《法理學：法律哲學與法律方法》，中國政法大學出版社 1999 年版，第 383 頁。
〔註12〕 〔美〕哈羅德.J.伯爾曼著，賀衛方譯，《法律與革命——西方法律傳統的形成》，中國大百科全書出版社 1993 年版，第 98 頁。
〔註13〕 〔美〕羅伯特‧C‧埃里克森著，蘇力譯，《無需法律的秩序》，中國政法大學出版社 2003 年版，第 354 頁。
〔註14〕 參見梁治平，《清代習慣法》，中國政法大學出版社 1996 年版，第 127 頁。
〔註15〕 參見蘇力，《二十世紀中國的現代化和法治》，載《法學研究》1998 年第 1 期。

會，但憑藉一代人或幾代人的理性設計，試圖在摧毀掉這些禮俗和習慣法之後，重新去確立一種維持鄉村社會秩序的新手段卻無異於癡人說夢，在這方面歷史已經給予了我們不少的教訓，而英國人在治理威海衛鄉村的過程中，總體而言尊重這些禮俗和習慣法所帶來的成功結果則為我們提供了一個正面的可供借鑒的經驗典型。

最後，注重以鄉土精英為主體的共同體的建設和社會文化網絡的培育。在明清以降的中國鄉村治理中，以鄉紳為主體的鄉土精英們發揮了無可替代的重要作用，統治者大體上也很重視鄉紳們的作用，給予他們各種禮遇以謀求其在鄉村治理中的合作。而這些精英們總體而言也以其高度的責任感和擔當意識在鄉村社會公益事業的倡辦和公共物品的供應中發揮著主導作用。不僅如此，以鄉紳為主體的鄉土精英們還建立起各種各樣的民間共同體，這些共同體既包括我們所熟知的以血緣為紐帶的家族和宗族，也包括各種民間互助合作組織、信仰團體和娛樂組織，正是這些精英們倡導組織下的各種共同體成為鄉村社會文化網絡的載體，成為培育民眾相互信任從而增加社會資本的載體，而這又使得抵禦來自官府的干預並將這種干預降低到最小化成為可能，使得鄉村社會的自我治理成為可能。

英國人租借之前的威海衛鄉村社會也存在著以鄉土精英為主體的各種共同體，並以此為基礎實施著自治。威海衛雖然地處一隅，但背靠儒家文化的發源地，「自秦以降，歷漢、魏、晉、隋、唐、宋以迄於今，士好經術，俗尚禮讓，斑斑其典型在。蓋由家有塾，黨有庠，遂有序之所致也。」後經金、元之亂，境內文物掃地，人口十不剩一。明代社會穩定後，境內「傳習聖人之書，男耕讀，女紡織」，蔚然成風，許多家族人才輩出，成為文化望族，其中作為匈奴王裔的叢氏家族、人才輩出的於氏家族，書香世家的畢氏家族、崇文尚學的劉氏家族和富甲一方的梁氏家族成為當時境內文化望族的代表。〔註16〕延續到近現代，境內一些德高望重的長輩元老、人多勢眾的宗族大戶、財大氣粗的地主紳商、識文斷字的士子書生等成為鄉村中的鄉紳階層，在農村管理中具有較大的話語權，並發揮著主導作用。而英國人到來之前的威海衛鄉村社會總體而言，就是在這些家族、宗族的代表或領導人及鄉紳們的牽頭和領導下，依靠儒家的綱常倫理及當地的族規村約實施教化並進

---

〔註16〕劉玉黨主編，《威海文化通覽》，山東人民出版社 2012 年版，第 107～118頁。

行自我管理，偶而也有幾個村聯合起來共同管理本地事務，表現出高度的自治特點。清末改革後，村董成爲鄉紳階層的代表，憑藉其在家族中的地位而被推舉出來〔註17〕，作爲村莊的代表對內享有治理村莊的權威，對外和政府及其他村莊打交道，他們是調解民間糾紛的主要仲裁人和溝通官府與民眾的中介人，在賦稅徵收、組織民眾活動、倡辦鄉村公益事業方面發揮著領導作用。其實，在英國殖民者勘界立碑的過程中，正是這些鄉紳村董們組織並領導了威海衛民眾的抗英鬥爭，並使得英軍軍官們「一致驚歎於當地人的勇氣」。沒有這些鄉土精英們的存在，我們很難想像民眾們能形成有規模的抗英鬥爭。除此之外，威海衛境內的很多村莊還有以保護莊稼、預防盜賊爲目的的夜間看護隊，這些民眾自我保護組織曾在後來的預防界外土匪流竄到界內的自衛活動中發揮了重要作用；而民間的娛樂活動也很興盛，尤其是戲曲演出是民眾最喜愛的文藝活動，一些較大的村落還自備樂器、道具和服裝，組織一些業餘演出隊伍。每逢山會廟會、傳統節日、求神祈雨、居家喜慶、商號開業以及農村冬閒季節，這些演出隊伍就活躍起來，獻技獻藝，而這樣的娛樂活動背後都少不了鄉土精英人士的組織以及民眾的捐款捐物，通過這樣的娛樂活動又爲民眾之間的相互交往搭建了平臺，成爲增加民眾信任、擴展鄉村社會文化網絡的重要載體。英國人到來之後，正是以鄉村社會中這些既有的精英、共同體及文化網絡爲基礎才較爲順利地建立起對威海衛的統治。

當然以血緣關係爲主要紐帶的家族和宗族在鄉村社會邁向現代化的過程中有其與現代社會不相適應的地方，它不能在陌生人社會中建立起較爲有效的信任關係，但這並不意味著把這一傳統社會中作爲民眾自我治理的重要載體及官府和民眾之間的保護屏障和緩衝媒介完全推倒重來，徹底砸爛就能解決問題。它需要的是有賴於建構主體闡釋和實踐努力下的轉換和升級換代，因爲要在原子化的個人主義社會中搭建起理想中的建築物，實現鄉村社會的自治，無異於夢中囈語。而且鄉村社會中除了家族、宗族組織外，也還有著其它共同體和相應的文化網絡，它們也是我們在鄉村治理中必須去引導、培育、依賴而非加以摧毀的治理資源。

---

〔註17〕參見鄧向陽主編，《米字旗下的威海衛》，山東畫報出版社 2003 年版，第 56 頁；劉玉黨主編，《威海文化通覽》，山東人民出版社 2012 年版，第 171 頁。

## 第二節　英國本土的社會治理理念及其殖民地治理方略

　　作爲世界上第一個成功叩開現代化大門的「原發內生型」現代化國家，無論在國內事務的治理方面還是在後來問鼎世界霸權後對殖民地的統治方面，英國都有著相對成熟的治理理念和較爲豐富的治理經驗，而這樣的治理理念與經驗構成了英國殖民者統治威海衛租借地的「先見」。

　　近現代以降，英國由於其獨特的地理位置及相對獨立的社會發展進程，形成了獨具特色的社會治理理念。不同於諸如法、德等歐陸國家所面臨的複雜地緣政治局勢，英國獨處一隅的島國地理位置使得它在西方近現代社會轉型的前夜能夠相對獨立地埋頭於本國事務的處理，相對自如地發展本國的經濟，而對當時風靡於歐洲大陸的文藝復興與啓蒙運動也因爲其偏僻的島國位置和歷史上形成的對法律權威和宗教信仰的重視和尊崇而具有較強的免疫力。因此在英國社會和政治中，對把人的理性置於萬能的地位、人類社會的一切都要放在理性的審判臺上、人的理性可以設計並預測人類社會的未來、「人就是萬物的中心」這樣一些風靡歐陸不少國家的激動人心的口號與做法始終沒有獲得主導性的地位，沒有獲得大多數精英及民眾的青睞，由此英國社會也沒有發生與以往社會及政治運作全盤斷裂的變革。當然這並不是說英國近現代以降的社會變革就是一帆風順、毫無代價的，也不是說英國近現代的社會和政治變革中沒有激進性的因素和實踐，英國國內也發生過 1640 年清教革命並於 1649 年將國王查理一世送上了斷頭臺，隨後還出現了護國主克倫威爾的專制，英國社會也出現過溫斯坦萊和埃弗拉德領導的要求絕對平等、土地公有的「掘地派」運動。但總體來說，這些帶有激進主義色彩的實踐和運動並沒有佔據主導地位，經歷了革命與專斷的洗禮後，英國人很快回到了其熟悉的歷史軌道，那就是根植於歷史上的多元政治力量與多元社會力量之間相互談判妥協而形成的尊重法律與契約的共贏政治遊戲規則和政治文化傳統，因此才有了 1688 年的「光榮革命」與英國的憲政體制的最終確立。自此，保守主義的哲學、思想理念及政策主張和政策實踐在英國社會與政治中逐漸紮下根來。到了 18 世紀末，以對法國大革命的反思爲契機，柏克較爲系統地闡述了保守主義的思想主張，成爲保守主義的鼻祖。

　　就保守主義的內涵而言，儘管在不同的時空背景和政治環境中，保守主義者所要保守的東西不盡相同，但總體而言，保守主義者認爲人的理性能力

是有限的，單單靠一代或幾代人的理性不足以確立起一種較為成功的社會制度和生活方式，因此保守主義尊崇傳統與歷史經驗，尤其是那些經歷了漫長時間的篩選和歷史積澱而保留下來的傳統與經驗，認為悠久的傳統中蘊涵著無數代前人的智慧，必須依賴於這些人類世代相傳並布滿了實踐智慧的傳統和習俗的幫助，人類才可能確立並維繫一種較為可靠的社會秩序和個人生活的秩序；但與此同時，保守主義並不反對變革，誠如柏克所言，「一個國家沒有某種改變的辦法，也就沒有保全它自身的辦法。沒有這類辦法，它甚至會有冒著喪失它所極為虔敬地想要加以保存的那部分憲法的。」〔註18〕但基於對人的理性有限性的認識，基於對傳統和歷史經驗的尊重，保守主義堅持任何變革都必須有足夠的理由，那就是只有在現實政治的運作暴露出嚴重弊端而不得不變革的情況下才能進行改革。奧克肖特的一段話很好地反映了保守主義者的主張，「無論何時，只要穩定比改進更有利，確定性比推測更有價值，熟悉比完美更合意，一致同意的錯誤比有爭議的真理更優越，疾病比治療更可忍受，期望的滿足比期望本身的『正義』更重要，有某種規則比根本沒規則的冒險更好，保守的氣質就比任何別的氣質更合適。」〔註19〕

不僅如此，保守主義反對以政治的方式尋求社會的根本變革，強調政治的有限性，主張有保留的變革，強調審慎是政治領域的首要美德。「審慎將領導我們去默許某些有限的計劃（這些計劃不符合抽象觀念表現出來的充分的完美性），而不會引導我們去大力推行無限完美的計劃（要實現這種計劃就必須打碎整個社會結構）。」〔註20〕迪斯累利曾對保守主義者所屬意的變革有過一個著名的回答，那就是遵循一個民族的風俗、習俗、法律和傳統的變革，反對按照抽象的原則以及武斷而普遍的教義所進行的變革。〔註21〕而在政治變革的方式與程度方面，保守主義者尊崇的是「中庸之道」，認為通過各種政治力量之間的談判、協商而達成互利共贏的妥協而不是你死我活的「零和博弈」，是一種可貴的政治品格和高明的政治智慧。「在國家發生的所有變革中，

〔註18〕〔英〕埃德蒙・柏克，《法國革命論》，商務印書館2003年版，第28頁。
〔註19〕〔英〕邁克爾・奧克肖特《政治中的理性主義》，上海譯文出版社2004年版，第136頁。
〔註20〕〔英〕埃德蒙・柏克，《自由與傳統》，商務印書館2001年版，第304頁。
〔註21〕Ian Gilmor, Inside Right: Conservatism, Polices and the People, London, 1977, p.126. 轉引自王皖強，《西方保守主義思想的傳統觀》，載《學海》，2009年第2期。

中庸是一種美德，這種美德不僅和平友善，並且強大有力。這是一種精心選擇的、調停糾紛、妥協互讓、促進和諧的美德。這種美德顯然不同於膽小怯懦與寡斷優柔。中庸是一種只有智慧之人才擁有的美德。」〔註 22〕可以說保守主義的這些觀念和主張在英國日後長期的政治實踐中被政治和社會精英們奉爲圭臬，而在大英帝國的殖民地治理方略中，我們同樣可以看到其濃厚的保守主義色彩。

眾所週知，在人類歷史的漫長演進過程中，世界範圍內產生了多種文明，每種文明，每個國家，每個民族，甚至每個社區、每個社群、每個家庭都有著自己獨特的歷史，所以保守主義尊重每個國家每個社會自己獨特的自然演進的歷史過程，尊重其獨特的經驗總結和各個相異的價值理念。〔註 23〕這也正是擁有濃厚保守主義氛圍的英國在其殖民歷程中大體尊奉的一個原則，實際上早在保守主義思想體系問世之時，柏克就已經提出就是在殖民地，英國的統治也應該對當地的習俗與傳統表示適當的尊重。〔註 24〕可以說正是由於英國歷史悠久、根深蒂固的保守主義的思想傳統和政治實踐，使得英國在其後來的殖民統治中形成了尊重殖民地本土的歷史傳統、文化習俗及宗教信仰和道德價值觀的做法，他們確信「習俗對社會具有天然的協調優勢」，〔註 25〕保守殖民地本土的習俗及傳統是社會和政治秩序最理想的穩定劑，也是降低英國人殖民統治成本的基礎所在。

歷史學家查爾斯・安德魯斯在比較英、法兩國對待殖民地的不同策略時曾寫道，「英國對殖民地貿易施加更嚴格的限制，在國內各港口徵收更重的關稅，但她很少干預各殖民地的內部事務，對於人口流動、政府援助及維護等方面的事情也很少關心。」〔註 26〕也就是說，英國對待殖民地總體而言經濟控制嚴格些，政治管理則比較寬鬆，這一點不僅適用於北美殖民地，對於英

---

〔註 22〕〔英〕埃德蒙・柏克，《自由與傳統》，商務印書館 2001 年版，第 304 頁。

〔註 23〕陳曉律，《英國式保守主義的內涵及其現代解釋》，載《南京大學學報》（哲學人文科學 社會科學），2001 年第 3 期。

〔註 24〕Steven Poole. A Fatal Sincerity [EB].New Statesman. http://search.global.epnet.com, 199-04-07. P.32.轉引自陳曉律，《英國式保守主義的內涵及其現代解釋》，載《南京大學學報》（哲學 人文科學 社會科學），2001 年第 3 期。

〔註 25〕〔美〕詹姆斯・科爾曼著，鄧方譯，《社會理論的基礎》，社會科學文獻出版社 1999 年版，第 112 頁。

〔註 26〕李劍鳴，《英國的殖民地政策與北美獨立運動的興起》，載《歷史研究》，2002 年第 1 期。

國在世界其他各地的殖民地也大體適用，無論是在印度還是在非洲殖民地以及後來的中國香港和威海衛，英國派出的大多數統治殖民地的精英們都無意於改變當地的風俗習慣和歷史傳統，其實施統治的方式是間接統治或者說代理統治，即將權力下移，充分利用殖民地當地統治者的精力和技巧，做到讓「權威與自我遁形相結合」，而要做到這一點，對理想的殖民統治精英的要求則是要「以自己的廉正、公平、堅定和可親，贏得被治理者的信任和忠誠」。〔註 27〕這樣一種治理方略在英國對香港及威海衛的統治中也得到了較爲充分的體現。蘇亦工先生通過對香港在英國統治時期的法律及習慣的研究指出，英國人剛剛踏上香港土地不到一周，就宣佈不改變當地居民的生活習慣和秩序，承認原有法律和習慣，確切地說就是大清帝國的法律和習慣對當地居民繼續有效，這使得「一塊英國皇家殖民地變成了中國帝制時代管理體制的最後避難所」。〔註 28〕而英國人統治了一個多世紀之後，香港的制度在語言、公共的和私人的社會習慣以及人們的社會意識上完全是中國式的，即便在那號稱是「深深地根植於西方的價值觀念之中」的法律領域，也同樣保留著中國傳統文化的運作空間。〔註 29〕

　　無獨有偶，英國人對與香港新界同一年被租借的威海衛也奉行同樣的治理方略。史威頓漢姆（Frank Swettenham）首先提出盡力維護威海衛農村現狀，由農民自我管理的施政建議，而兩年後來威海衛就任第一任文職行政長官的駱克哈特則全面採取了我們在第三章中所提到的「循其制」的統治策略，即「盡可能地利用現存機構」和「盡可能地保持中國人的生活方式」。而具體到從制度領域到立法、司法領域到信念信仰和教化領域再到教育和經濟發展領域，我們都能看到威英政府保守主義的治理理念和思想的踐行，他們在維護既定的社會基本秩序、道德和信仰以及社會結構的前提下，對一些弊端進行漸進的變革，從而形成了獨具特色的威海衛鄉村治理模式。

　　可以說，正是長久浸淫在保守主義治理理念和政治文化土壤裏的英國人才在其殖民地治理方略中全面持久並一以貫之地遵循了保持殖民地本土的風俗習慣和文化傳統的保守主義做法，也正是這樣的理念使得英國政府選派人

---

〔註 27〕參見〔英〕艾倫‧麥克法蘭著，管可穠譯，《現代世界的誕生》，上海人民出版社 2013 年版，第 30～31 頁。

〔註 28〕蘇亦工，《中法西用：中國傳統法律和習慣在香港》，社會科學文獻出版社，2002 年版，導言第 4 頁。

〔註 29〕同上，第 414 頁。

員進行殖民統治時，都要求前往殖民地就任的官員要努力瞭解當地的語言、文化和風俗習慣以有利於統治的推行，儘管從內心認可並接納殖民地本土的文化與風俗的殖民官員並不多見。如果說其他的殖民官員更多地是出於保守主義的治理理念以及降低統治成本的考慮而維護殖民地的風俗習慣的話，英租期間威海衛的兩任主要行政長官駱克哈特和莊士敦「這兩個在威海衛歷史所留足迹最重的英國人」，則是極爲欣賞中國傳統文化，對此有著功底頗深的研究，並變成了深諳中國傳統文化精髓的「洋儒生」。〔註30〕英租時期威海衛鄉村治理模式的形成很大程度上是兩個「洋儒生」踐行英國保守主義的治理理念和治理手法的結果，接下來我們具體來看一下駱克哈特和莊士敦這兩位威海衛鄉村治理模式的主要創建者是如何認知並踐行中國的風俗習慣和文化傳統，換言之，他們是如何運用已經內化了的母國保守主義理念來看待中國社會尤其威海衛社會的習俗傳統的。

## 第三節　富有文化底蘊的務實主義者——駱克哈特的保守與建設之道

　　駱克哈特（全名 James Haldane Stewart Lockhart, 1858～1937）又名駱壁、駱檄、駱任廷，他於 1858 年 5 月 25 日出生於蘇格蘭西北部的阿蓋爾郡，1872年被位於愛丁堡的喬治・沃森學校錄取，求學期間不僅學業優異，而且擅長運動，是板球和橄欖球的領隊。他 1874 年進入愛丁堡大學學習，主修希臘語，輔修修辭學和英語文學。1876 年中斷學業，參加進入印度文職機構的選拔考試，但是遭遇失敗，1877 年 9 月再次進入愛丁堡大學，進行了爲期一年的學習。期間於 1878 年 4 月再次參加進入印度文職機構的考試，又遭遇失敗，在69 名候選人中名列第 37 名。1878 年秋天駱克哈特通過香港見習生考試，1879年 1 月 1 日開始在倫敦國王學院學習中文，同年夏天被選爲著名的皇家亞洲協會的會員。1879 年 10 月 2 號從南開普敦乘船出發，11 月 18 號抵達香港，接下來在香港工作了 23 年。〔註31〕

　　由於擁有出色的語言天賦，駱克哈特經過一年多的學習，到 1881 年已經

---

〔註30〕　梁月昌，《英艦駛進劉公島——英租威海衛解讀》，中國文史出版社 2005 年版，
　　　　　第 235～236 頁。

〔註31〕　Shiona Airlie, Thistle and Bamboo: The Life and Time of Sir James Stewart
　　　　　Lockhart, Hongkong, Oxford University Press, 1989. PP.3～13.

能非常熟練地講中文，1882 年他成爲港英政府的正式實習生。由於當時港英政府中懂漢語的英國官員鳳毛麟角，再加上駱克哈特出眾的行政管理能力，因此他在港英政府中的晉升之路非常通暢，1883 年任港英政府稅收督辦，1887 年升任註冊總管，1895 年升任香港輔政司兼華民政務司，成爲僅次於港督的二號人物。1898 年英國租借香港新界和威海衛，由於駱克哈特對中國文化的熟稔和與中國人打交道的出色能力，他爲英國順利接手新界立下了汗馬功勞。接著在 1902 年被派往威海衛出任首任文職行政長官，直到 1921 年退休回國。〔註 32〕

與同一時期派往中國的大多數英國殖民官員一樣，駱克哈特在國內經過了嚴格的選拔考試，踏上中國土地後又經過了系統的語言訓練與學習；但又與他的大多數英國同僚不同的是，駱克哈特在語言學習期間以及日後管理中國租借地的過程中，逐漸地表現出對中國傳統文化的認同乃至迷戀，而這一點又使得他對殖民地的管理尤其是對他做了 19 年行政長官的威海衛租借地的管理帶上了濃厚的「儒家化」的韻味，在中國近現代的鄉村治理史上以保守主義的大筆留下了濃墨重彩的一頁。

早在駱克哈特於 1879 年在廣州師從歐陽惠學習語言期間，他在學習語言的同時，就非常留心習得中國社會中的風俗禮儀，而且他在學習這些風俗禮儀時一絲不苟，甚至做了很多筆記，以記錄在什麼樣的場合運用什麼樣的禮儀，這對他後來順利處理香港社會中有關中國人的事務，以及隨後到威海衛之後與山東省的高級官員熟練得體地打交道都起了非常重要的作用。不僅如此，他的老師歐陽惠還把他領入了中國文學的大門，他日後對中國的傳統文化不僅涉獵廣泛，而且頗有研究，其範圍遍佈經史子集、琴棋書畫、風土人情等，他一生酷愛收集古錢幣，還出版了《中國引語手冊》、《遠東貨幣》等書籍。〔註 33〕

駱克哈特在港英政府任職期間，在如何認知中國傳統文化、如何管理香港的中國民眾方面就表現出了與其大多數英國同僚不盡相同的觀點。1890 年他曾在 New Books and New Editions Supplement to the London and China Express 上發表《英國人對中國的無知》一文，批評當時大多數來香港的英國

---

〔註32〕 鄧向陽主編，《米字旗下的威海衛》，山東畫報出版社 2003 年版，第 31～32 頁；Shiona Airlie, Thistle and Bamboo: The Life and Time of Sir James Stewart Lockhart, Hongkong, Oxford University Press, 1989. pp.14～33.

〔註33〕 Shiona Airlie, Thistle and Bamboo: The Life and Time of Sir James Stewart Lockhart, Hongkong, Oxford University Press, 1989. p.17, pp.70～72.

人對中國表現出來的偏見與傲慢，他寫道：「來到中國的傳教士和官員都認爲他們對於人類和事務的看法以及他們的宗教和道德是唯一正確的，對於像中國這片古老的土地，他們認爲沒有什麼可供學習的東西。這些傳教士和官員自始至終認爲自己是老師而不是學生，他們對中國的看法十分片面。」與這些大多數來港英國人不同的是，駱克哈特卻持之以恒地從中國民眾和中國文化中學習有意義有價值的東西〔註34〕，而且他還學以致用，在他於 1884～1886年做代理註冊總管及 1887 年升任註冊總管後到 1899 年辭去這一職位的 15 年時間裏，在負責管理在港中國人的事務的工作中〔註 35〕，無論是發佈命令還是處理中國人的請願，抑或是與中國民眾組成的代表團打交道，他都盡力保證尊重中國人的傳統與習俗。不僅如此，駱克哈特相信在港中國人的自我組織與自治能力，並支持他們爲中國人提供福利、加強他們對中國人事務的管理權，他和當時在港中國人的三個主要組織即東華醫院、保良局和區域巡夜委員會關係密切，與三個組織中的上層精英人士合作得比較順利，和中國人的關係總體而言很和諧，因此其工作也富有效率。在整個 1880 年代期間，這三個組織已經能爲在港的中國人提供醫療、福利、教育和安全方面的服務。駱克哈特也支持 1888 年成立的中國商會，因爲他認爲這能促使中國人更好地管理中國人的事務。此外，在駱克哈特就任這一職務期間，他處理中國大陸從香港引渡中國罪犯的方式反映了他對中國社會既有的組織和結構的支持，他支持和平漸變，反對暴力革命，認爲若要在一條現存的惡法和推翻現有社會結構之間做選擇的話，他寧願維持惡法的存在，以尋找機會去變革它而不會選擇推翻現有社會結構的方式來廢除惡法。〔註36〕

　　駱克哈特富有中國文化底蘊的行政管理才能在其 1898 年調查新界並使英國人順利接手新界的過程中得到了更爲充分的表現。在他主管在港中國人事務的十多年時間裏，他越發相信最小化的官僚干預能使人們更有效更和平地工作，英國人對中國的控制應該最小化，在這樣的理念下，1898 年 8 月，他

---

〔註34〕 Shiona Airlie, Thistle and Bamboo: The Life and Time of Sir James Stewart Lockhart, Hongkong, Oxford University Press, 1989. p.58.

〔註35〕 Registrar General 成立於 1844 年，用來處理在港中國人的事務，後來於 1913年改名 Secretariat for Chinese Affairs，即華民政務司。參見 Shiona Airlie, Thistle and Bamboo: The Life and Time of Sir James Stewart Lockhart, Hongkong, Oxford University Press, 1989. p.34.

〔註36〕 Shiona Airlie, Thistle and Bamboo: The Life and Time of Sir James Stewart Lockhart, Hongkong, Oxford University Press, 1989. pp.35～48.

受命赴新界調查並向英國政府呈送的長達 31 頁的報告書中，不僅詳述了新界地理特徵、社會結構與經濟潛力，而且提出了對於新界的行政管理的建議，那就是要盡可能地利用現存的組織，包括鄉村既有的治安維持力量、糾紛裁決機構和村學，他認爲英國應該盡可能少地干預新界中國人現有的生活方式、社會結構與價值觀，應該在英國的統治下盡可能地保持中國的現狀。值得一提的是，駱克哈特在對新界地區爲期兩周的勘查中，總體來講得到了村民們的配合和認同。因爲他帶領的調查團隊非常體察民情，努力向村民們傳達友好的氣氛，他們秋毫無犯，對居民們無所索求，甚至經過村民們的田地時連家畜都絲毫不受打擾。他和他的團隊儘量不坐轎子，常常步行訪問居民住宅，與村民們隨意交談以瞭解村莊的風俗習慣，調查過程中向路邊拋撒錢幣讓孩子們撿拾以活躍氣氛，甚至在某一晚上村裏的小男孩們還向駱克哈特展示如何鬥蟋蟀，由此不僅可以窺見駱克哈特平易近人的人格特質使得他容易贏得別人的信任，而且他遵循儒家教誨而實行「仁政」的做法也使得他對新界的調查進展得較爲順利。〔註 37〕

　　駱克哈特的這種保守中國文化傳統、價值觀與社會結構的治理理念以及他對中國文化傳統尤其是儒家學說的認同基礎上的務實主義施政做法在其於1902～1921 年擔任威海衛首任文職行政長官的 19 年的工作時間裏得到了更爲充分的表現。這既體現在他拜謁孔府以及與當時山東省的高級官員熟練得體地打交道以贏得他們對其工作支持的務實的社交努力過程中，也體現在他在威海衛施政過程的諸多方面。

　　駱克哈特就任威海衛行政長官的第二年即 1903 年就訪問孔府，受到衍聖公孔令貽的格外關照，也成爲孔府接待的第一位西方人。駱克哈特還非常注意與中國地方官員的關係處理，與山東政界要人一直保持著密切的聯繫。他曾於 1903 年、1906 年、1909 年三次訪問山東省府，分別受到周馥、楊士驤、袁樹勳三任巡撫的高規格接待。周馥、楊士驤、袁樹勳也分別於 1904 年、1906年、1908 年訪問過威海衛，幾任山東巡撫甚至成了駱克哈特的朋友。末任巡撫孫寶琦連自己在辛亥革命中的無奈也寫信告訴駱克哈特。可以說，駱克哈特之所以能贏得中國上流社會人士的尊重和信任，很大程度上得益於他對中國文化的精通和認同。他對中國儒家的經典著作如《論語》、《易經》、《大學》、

---

〔註 37〕Shiona Airlie, Thistle and Bamboo: The Life and Time of Sir James Stewart Lockhart, Hongkong, Oxford University Press, 1989, pp.95～98.

《中庸》、《左傳》、《春秋》、《資治通鑒》等都有研讀，並做了讀書筆記。他不僅可以用流利的漢語同當地人們談論社會習俗和風土人情，也可以用英語同中國才子辜鴻銘探討哲學和文學問題。他的檔案里保存了厚厚一摞與辜鴻銘的來往信件。他還喜歡收藏中國的文物，如中國字畫、古錢幣和工藝品等，他都有收藏〔註38〕。

駱克哈特在治理威海衛的過程中，其富有文化底蘊的保守與建設之道的做法則有更為廣泛的體現。比如在教育領域，在作為唯一官辦學校的皇仁學堂的課程設置方面，承襲的是傳統教育中的四書、講經等教學內容，非常重視學生的傳統品德教育，強調「求學以植品為先」，鼓勵學生繼承中華傳統文化，而每年考試時，都考察學堂學生的漢文。在此基礎上，駱克哈特也指令學校重視衛生教育、開設種樹等農林科目這些具有實用性的科目。而面對威海衛民眾對英式教育的要求，駱克哈特說過：「在民眾之間對英式教育有著一種強烈要求，但不能過分鼓勵這種要求。」〔註39〕

駱克哈特不僅在學校教育中傳承倡導以儒家學說為主導的傳統中國文化，他對當時來自國內外的衝擊和攻擊儒家學說和儒家倫理的做法也都進行了有力的抵制。這主要表現在兩個方面：其一，對來自境外的來威傳教士的傳教行為不予鼓勵，而在傳教士們出現強迫威海民眾信仰基督教的做法時則予以抵制。英租時期發生的幾個典型事件可以證明駱克哈特的這一立場，比如成立於1902年的安立甘學堂作為英國國教聖公會在威海衛設立的學校，成立後每年均能得到當局的適當補助。但1905年駱克哈特得知中國學生在這所學校裏被強迫信仰基督教後，1906年就立即取消了政府補助。而對境內觀裏村附近教徒希望當局將聖水庵廟產轉給書堂以開設學堂、傳經布道的上書，以駱克哈特為首的威英政府的反應也比較冷淡。於是在整個英租期間，西方宗教的作用基本上僅限於駐威的外籍人士當中，對境內中國民眾的思想和生活的影響並不大。到1933年境內近20萬人口中，信奉基督教和天主教的也不過205人。用殖民當局的話來講，「基督教對人們的公共利益和家庭生活不產生任何作用。」〔註40〕

〔註38〕 張建國、張軍勇《駱克哈特在威海衛》，參見 http：//www.weihaida.gov.cn/text. php?artid=1956。
〔註39〕 The National Archives at Kew, London, CO873/31, Annual Report, 1910, P.13.
〔註40〕 參見鄧向陽主編，《米字旗下的威海衛》，山東畫報出版社2003年版，第180 ～183頁。

　　其二，對國內辛亥革命尤其是五四新文化運動後風靡全國的激進反傳統做法在威海衛社會激起的波瀾，駱克哈特領導下的威英政府也採取措施予以制止打擊。比如當時在全國範圍內掀起了毀廟興學的高潮，傳統的私塾教育、民間信仰受到極大衝擊，據莊士敦在《獅龍共存威海衛》中的記載，當時的威海界內有 62 處寺廟、觀庵和其他廟宇，每個村的同姓家族還都建有一家廟，而針對威海衛界內激進主義思潮的抬頭，政府規定凡破壞寺廟神像的將被處以 2 年監禁或 500 元罰款，這在英租期間是一種非常嚴厲的懲罰。這期間，也曾有人主張動用廟產資助學校，但遭到當局堅決反對。〔註41〕

　　駱克哈特保守儒家文化、踐行孔子父母官教誨的治理之道更為淋漓盡致地體現在他在威履職期間所發佈的諸多公告、訓諭和告示中，他對發生在威海衛民眾中的典型行為經常以儒家的綱常倫理為標準進行宣傳褒揚或訓誡批評，由此對民眾實施教化，由此我們不難看出駱克哈特對儒家學說的服膺及其得心應手、遊刃有餘的運用，而這也正是他富有文化底蘊的務實主義施政做法的極致體現。以下茲舉三例為證：

　　一是駱克哈特剛剛就任威海衛行政長官時所頒佈的「嚴格執法的告示」：

　　「大英欽命威海衛辦事大臣駱為曉諭事。照得**大英以仁治國，以恕臨民，官威不壓平民，下情猶能上達，農工士庶各得自由**，官吏役胥無由舞弊。奈何地大物博，良歹難齊，間有奸民知而故犯，聞之甚堪痛恨，特此出示曉諭軍民士庶人等悉知。大英政治，至恕至公，斷難賄托夤緣，遂可以曲為直，而官書吏役尤當潔己奉公，勿言敗俗，用體本大臣保民如赤之至意。如查有以上流弊，與同受科，本大臣言出法隨，勿謂言之不預也，為此示闔華人等即便遵照。如有詞訟，一到公堂，曲直自分，不必詭事夤緣，希圖掩飾，如有弊案，與受同罰。各宜稟遵，毋違特示。一千九百零二年九月二十七日．壬寅年八月二十六日。」〔註42〕

　　二是他在 1915 年對林家院和溫泉湯兩村延續多年的土地糾紛作最終的判決時發佈的如下訓諭：

　　「林家院村眾居民靜聽。本大臣今日傳你們到堂，為要訓諭警告你們，

〔註41〕鄧向陽主編，《米字旗下的威海衛》，山東畫報出版社 2003 年版，第 211、183 頁。

〔註42〕英國威海衛行政公署檔案，威海市檔案館藏，卷號：229-1-656。加黑處為本文作者的標記。

使知你們不法行爲國家勢難再忍，倘敢再試，定必嚴行懲罰，決不寬忍。……**爾其謹遵國法，循規守禮，勉作安善之百姓可也**，此批。本大臣所以不闡繁絮，詳述從前各節者，惟期明示爾等，使知國家待你們林家院人誠屬公平允協，你們的訟案亦經不偏不袒確實判結。……今日特別傳來者，有林輝先、林子模、林基浩三人，因爾三人明目張膽，敢爲罪魁，所有滋擾之情，爾三人首負其咎。林輝先，爾曾迭次向爾之父母官大肆蠻悍；林子模，爾亦曾挑弄事非，演成滋擾之事實；林基浩，爾曾編寫大肆不敬之稟呈，**顯明爾雖讀書而未習禮，士林中凡稍知自愛之人斷無污辱筆紙如爾所爲者，推爾之心，似以固執蠻拗方能顯爾之學問**，而不知於綱常道德上講求工夫。總而言之，爾三人實爲罪首，按爾等所爲既然如是，國家將嚴加看管，後若不改弦更張，一洗前非，國家斷不再行姑息。至於溫泉湯村民本大臣一併傳來者，爲要使你們知曉林家院村民背地所行之各事，又要當著林輝先等三人面前，清清楚楚、明明白白的曉諭你們，使知這訟案已經確確鑿鑿的判結，決不能更易，倘有人敢向你們或你們地中滋擾，不論是用什麼法子，你們溫泉湯村民當立時到衙門呈報，華務司必要立時保護，並將敢於滋事擾及你們或及田地之人從嚴懲辦。你們林輝先等三人，以及林家院村民人等，須知國家容忍爾等已至極點，不能復加矣，在爾等之心，或將國家寬忍優容之量誤看爲柔弱，故敢固執私見，頻行違法，歷數年而未悛，如果爾等眞具此種見解，誠屬大誤。本大臣之日剴切曉諭爾等，向後爾三人中或爾村民之中倘有一人再敢試爲非禮，國家必立派巡捕至爾村駐守，其使費須由爾村認納，並令爾村具一安分守己之妥實保狀，更將籌備善法教誨爾村人等，**使知禮義廉恥，庶可端謹自重**，以補爾等顯著之缺點，其經費須由爾村自備。試思本租界內三百餘村，倘所行皆如爾等一般，秩序紊亂將臻何境？幸各村尚多能知禮守法樂助國家，不給國家加贈困難，林家院村民應當效法他們，倘仍不肯學好，總必有法子叫你們覺悟，你們這種行爲國家斷不縱容。本大臣深望你們將這篇訓諭牢記在心，好好的遵行。本大臣業已定意，決不寬容。切切特諭。」〔註43〕

三是針對 1916 年的一起有個老人「投井自盡，有五十餘人環井邊袖手旁觀」而無一相救的事件所發的訓辭：

你們這般狠心人，**生於孔孟之鄉，習聞聖賢之教，竟無惻隱之心**。不知

---

〔註43〕　《對林家院村民土地糾紛的判決》，英國威海衛行政公署檔案，威海市檔案館藏，卷號：229-1-651。加黑處爲本文作者標記。

尊重人命，不肯救人出危，**所行既顯違孔孟之道，即不配生於聖人之鄉，就應該遷徙聖教不至之處。……你們衆學生，讀書學理，自幼宜習仁民愛物之心，勉盡救人助人之義」**。〔註44〕

由這三則摘錄我們不難看出，無論是關於嚴格執法的告示，還是對林家院村民的訓諭，抑或是對於民眾面對投井自盡之人的袖手旁觀狀的指責，都充滿了濃鬱的儒家文化的色彩。「仁」、「恕」、「循規守禮」、「讀書而未習禮」、「士林之中」「父母官」「綱常道德」「禮義廉恥」「端謹自重」、「聖賢之教」、「惻隱之心」、「孔孟之道」、「仁民愛物」等等無一不在彰顯這一特色。這不僅反映了駱克哈特對中國儒家文化的深厚功底和高深造詣，也表現出他對以儒家文化爲底蘊的中國傳統統治方式的熟悉和駕輕就熟的運用。而翻閱英租時期的檔案，我們發現，在駱克哈特的施政過程中，這樣的例子比比皆是。駱克哈特還設立了諸多獎項，頒發匾額或獎章給那些捨己救人、捐資修路辦學及救濟災民等弘揚儒家倫理的行爲做法以鼓勵，比如我們在前文中所提到的對海西頭村董車碩學救助遇難貨船的表揚與宣傳以及其它諸多表彰好人好事的文件。〔註45〕

儘管駱克哈特就職威海衛行政長官之後，受天時地利條件的限制壯志未酬，比如租期不定使得他打算利用在香港的商業界人脈來發展威海衛商業的計劃落空，英國政府對威海衛的「國際談判桌上的一個有用的小卒而已」的定位也使得他增配得力官員協助其工作的要求得不到滿足，但駱克哈特仍然在其能力允許的範圍內，在尊重威海衛的文化傳統、風俗習慣和社會結構的前提下，盡職盡責地履行了他的義務，並且使得動亂年代的威海衛獲得了較爲成功的治理。駱克哈特於 1921 年 4 月退休回國後，仍然從事與中國有關的社會工作，1924 年他被英商中華社會聘爲會員，1925 年接替朱爾典出任倫敦大學漢學教授，1932 年開始太平天國史的研究，直到 1937 年 2 月 26 日在倫敦寓所病逝。〔註46〕

駱克哈特的朋友布朗特在 1921 年 4 月 22 號寫給他的一封信中對他評價

〔註44〕 《嘉獎勇救溺水者、指責旁觀者冷淡的訓詞》，1916 年，英國威海衛行政公署檔案，威海市檔案館藏，卷號：229-1-98。加黑處爲本文作者標記。

〔註45〕 《海西頭村長的模範行爲》、《獎賞巡捕邵學仁、朱連元的訓詞》、《表彰叢福寶兄弟二人救落水兒童的訓詞》，英國威海衛行政公署檔案，威海市檔案館藏，卷號分別爲：229-1-96、229-1-97、229-1-99。

〔註46〕 鄧向陽主編，《米字旗下的威海衛》，山東畫報出版社 2003 年版，第 35 頁。

道：「衡量一個人的成功與否不僅取決於他的言論甚至不取決於他的知名度，而很大程度上取決於他留給後人的榜樣。在你和我們的交往以及和中國民眾的交往中，你都留下了令人難以傚仿更無法超越的榜樣。」〔註47〕我們認為這是對駱克哈特的一個十分中肯的評價，的確即使時至今日，駱克哈特對中國傳統文化的領悟、把握以及在此基礎上的保守主義治理手法仍然值得我們去琢磨、品味、研究和借鑒。

　　駱克哈特的故事在今天看來，也許不過是英國當年眾多殖民事務管理者中一個並不特別突出的個案。不過從這個殖民事務管理者身上我們還是能看到英國治理文化與治理藝術中那種平和務實，尊重既有生活世界，藉重一切文化資源，實現最大限度柔性管理的精神。正是在這種管理精神的基礎上，我們發現，一切成功的人類文明，雖然可能在治理形式上千差萬別，但就其實質而言，存在著某些方面的共性。而作為殖民者的駱克哈特也正是在發現這些共性的基礎上，以「循其舊制」的形式，實現了英國治理文化與傳統中國鄉村社會治理文化的對接。

## 第四節　儒家文化的「衛道者」——莊士敦的文化保守主義理念

　　莊士敦（Sir Reginald Fleming Johnston，1874～1938）出生於蘇格蘭首府愛丁堡，1888 年進入福肯豪爾學校，在就學期間他學習非常刻苦，並把目光瞄準了印度文職機構，家庭的不幸使得（父親的酗酒和冷漠，母親的奢侈和縱樂）他通過寫作尋找慰藉。1892 年從福肯豪爾學校畢業後，莊士敦進入愛丁堡大學學習英語和歷史，1894 年前往牛津大學瑪格德琳學院學習現代歷史，1898 年畢業並獲得二等學位，同年通過英國殖民部的選拔考試並以香港見習生的身份被派往香港。他在廣州學習了 7 個月的漢語後就被召回香港做咨詢會的文書工作，後又被調到新界幫助進行土地登記。他工作中的勤奮、堅韌給當時的香港總督卜力和輔政司駱克哈特留下了深刻印象，因此來到中國不到一年，他就升任輔政司助理，後又擔任總督的私人秘書。1904 年，莊士敦被殖民部派往英國的租借地威海衛，先後任租借地政府秘書、正華務司、

---

〔註47〕Shiona Airlie, Thistle and Bamboo: The Life and Time of Sir James Stewart Lockhart, Hongkong, Oxford University Press, 1989. p.1.

南區行政長官等職務。在香港和威海衛任職期間，莊士敦受到熱愛中國文化的駱克哈特的賞識和鼓勵，駱克哈特「鼓勵莊士敦不僅要學習漢語，還要研究歷史、哲學等，因爲要想充分瞭解中國，就必須瞭解它的文化和社會，而不是單純懂得一門語言。儘管他們之間存在著年齡差距，但這兩位殖民官員很快成爲一對密友，共同分享著對中國文化的摯愛。這份友誼貫穿了他們的一生。」〔註48〕

1918 年，經莊士敦的老相識李經邁（李鴻章之子）的推薦，時任總統徐世昌向英國公使館交涉，決定聘請莊士敦爲溥儀的老師。1919 年 2 月，莊士敦離威赴京，開始其「帝師」生涯，聘期三年。在三年合同期間，莊士敦需要「就各方面課程進行指導，以便對年少皇帝的知識和道德教育產生直接或間接的影響」。三年聘期結束後，莊士敦仍然留在溥儀身邊，幫助溥儀進行驅逐太監和改革內務府的活動，後又擔任管理頤和園的欽差大臣。由於 1924 年 11 月 5 日馮玉祥把溥儀逐出紫禁城，莊士敦曾爲溥儀的安全而四處奔走，但溥儀最終還是落入日本人手中成爲政治人質，莊士敦最後離開了溥儀，並於 1926 年擔任英國庚子賠款委員會秘書。〔註49〕溥儀在後來的回憶錄當中認爲莊士敦是其「靈魂的重要部分」〔註50〕，可見前後七年的相處使得莊士敦對溥儀產生了非同一般的影響。

1927 年 3 月，莊士敦返回威海衛，擔任英租威海衛最後一任行政長官並於 1930 年 10 月 1 日代表英國政府將威海衛歸還中國。回國後，他於 1931 年 5 月申請到倫敦大學東方研究學院漢語教授一職。1931 年 8 月，他趁擔任「太平洋會議」英國代表團成員之機，到天津造訪溥儀。1935 年，莊士敦最後一次到中國，並前往長春看望已是僞滿皇帝的溥儀。〔註51〕1938 年，莊士敦在建有松竹廳、皇帝廳和威海衛廳的寓所中離開人世，時年 64 歲。他終身未娶。

莊士敦不僅是一名英國派往中國殖民地的行政官員，同時還是一位學者和作家。他酷愛旅遊，熱愛中國文化，對佛教和儒家學說都頗有研究。他根

---

〔註48〕〔英〕史奧娜・艾爾利著，馬向紅譯，《回望莊士敦》，山東畫報出版社 2009 年版，第 1～8、16～22 頁。

〔註49〕〔英〕史奧娜・艾爾利著，馬向紅譯，《回望莊士敦》，山東畫報出版社 2009 年版，參見本書第三章「與末代皇帝在一起」，第 77～111 頁。

〔註50〕愛新覺羅・溥儀，《我的前半生》，東方出版社 2007 年版，第 109 頁。

〔註51〕〔英〕史奧娜・艾爾利：《回望莊士敦》，馬向紅譯，山東畫報出版社 2009 年版，參見本書第四章「中國及更遙遠的地方」，第 113～134 頁。

據自己的旅行見聞、帝師生涯、任職經歷以及學術研究，寫就了《從北京到瓦城》（From Beijing to Mandalay）、《獅龍共存威海衛》（Lion and Dragon in Northern China）、《一個中國人關於基督教使命向基督教世界的籲求》（A Chinese Appeal to Christendom Concerning Christian Missions）《佛教中國》（Buddhist China）、《紫禁城的黃昏》（Twilight in the Forbidden City）、《儒學與近代中國》（Confucianism in Modern China）等著作。

莊士敦在華的三十餘年恰逢中國近現代史上的劇烈變革時期，身處這一變革年代的他，親眼目睹了當時彌漫於中國大地的激進主義狂飆，他在其著作中不止一次地對這些激進主義的思潮和做法進行了描述，「中國出現了一些蔑視嘲笑古老傳統的人，這些人想要摧毀傳統的道德根基以及生活是一門藝術的古老觀念」；「中國新知識階層中的一些成員不但將自己與古老的文化和道德割裂開來，而且還對它們抱有一種強烈的憎惡感，它們在自己所寫的文字裏對此毫不掩飾。有些人不但要摧毀中國文化的精神道德基礎，而且還要廢除中國語言本身，至少要毀滅掉人類最富創造性的精神成果之一——中國人書寫的文字」；「那些共和主義者們——或者說是其中先進的、富有戰鬥精神的一部分人——他們過分急於蔑視他們的祖輩所信仰的宗教和倫理體系。……不顧一切地將自己的社會的、政治的夢想和種種其他的想入非非收納進那外國材料建築的匪夷所思的大廈裏。〔註52〕而這些共和主義者「可能由於他們還沒有學會從書本世界轉到人的世界，也就沒有機會由政治理論家轉變為實際的政治家。他們之所以失敗，在於有關『共和』和『君主』的所謂真理，掩蓋了應該考慮的政治結果多樣性。他們表現出的空想臆測的危險傾向，使他們喪失了政治判斷力。〔註53〕

而作為一名被英帝國挑選出來的前往殖民地的精英人士，繼承了英國保守主義基因的莊士敦對當時中國人這些激進主義的思潮和做法充滿了擔憂和反對。針對當時儒家學說的被邊緣化和整個中國文化傳統的被妖魔化，他認為「當時中國面臨的最為嚴重的危險就是摧毀三千年來引導中國社會和政治生活的各種原則和長期積纍起來的實踐經驗，並試圖以純粹理論和抽象原則為基礎建設一個富強的中國，而這無異於法國大革命早期的理想主義者的做

〔註52〕〔英〕莊士敦著，潘崇、崔萌譯，《儒學與近代中國》，天津人民出版社2010年版，第158、99～100、116頁。
〔註53〕莊士敦：《紫禁城的黃昏》，陳時偉等譯，求實出版社1989年版，第97頁。

法」。〔註54〕「吾西人至今始不復以中國之文物爲怪異，而中國多數少年，今反自以爲怪異，……此實今日中國最可駭詫之現象也。」〔註55〕面對中國追求現代化過程中拋棄自身傳統、試圖全盤學習西方的做法，莊士敦也提出了警告，他在分析中國的鄰國日本現代化的成功之處時指出，「日本成功的秘密之一不是它對西方的教義以及政治和社會制度方面的全盤接受，而是它在社會、道德、宗教傳統和理想方面從來沒有割斷與過去的聯繫。但是當下的中國卻有一大批所謂的改革者，其目標就是要使新中國與舊中國徹底決裂，而這成了中國在開創其新未來之初最爲嚴重的危險之一」〔註56〕。因爲中國人如果完全摧毀了自己數千年的傳統，就可能同時毀掉一切在中國人的生活和思想中起良好作用的事物。「如果在漫長的改革過程中，中國逐漸輕視並放棄她幾千年所賴以依靠的所有支柱，如果她使自己的所有理想、生活哲學、道德觀念和社會體制全盤西化，則她的確會變得富有、進步與強大，甚至會成爲世界之霸，但她也會因此而丟掉更多優秀而偉大的品質、她的幸福來源，所有值得她自尊自強的東西都將一去不復返，……代之而起的將是成千上萬個村莊派出所！」〔註57〕

　　莊士敦不僅是一名有著英國保守主義文化基因的在華殖民者，他還是儒家文化的一名忠實信徒和追隨者。來華後，他爲自己起了中國名字莊士敦，按照中國的傳統爲自己加了一字「志道」，該字取《論語》「士志於道」，即要做基本價值的維護者之意。他在對儒家學說進行精深研讀的基礎上，認爲儒家的思想體系是中國的文化遺產中最具價值、最富有持久性的體系〔註58〕，儒家思想絕不應受到攻擊，因爲它構成了中國社會的基礎，是惟一可以把中國人聯爲一體的紐帶，「中國兩千年來一切典章制度，政治法律，皆以孔子之經義爲根據，一切學理學術，禮俗習慣，皆以孔子之教化爲歸依，孔教固中

---

〔註54〕 Reginald F. Johnston. Lion and Dragon in Northern China. London: John Murray, 1910, pp.10～11.

〔註55〕 莊士敦，《聯合中西各國保存國粹提倡精神文明意見書》，載《東方雜誌》，1912（12）：3。

〔註56〕 Reginald F. Johnston （Lin Shao-Yang）. A Chinese Appeal to Christendom Concerning Christian Missions，New York and London: Knickerbockers Press, 1911, p.291.

〔註57〕 鄧向陽主編，《米字旗下的威海衛》，山東畫報出版社2003年版，第37頁。

〔註58〕 〔英〕莊士敦著，潘崇、崔萌譯，《儒學與近代中國》，天津人民出版社2010年版，第110頁。

國原有之國教哉」〔註59〕。面對當時中國的傳統、信仰尤其是儒學遭受西方思潮衝擊和國人批判甚至唾棄的局面，他一方面爲儒學的開放性、適用性和發展性作出論證，認爲儒家思想仍然富有生命力〔註60〕；另一方面他也反對洋商們急欲對中國進行社會和經濟改革的企圖，尖銳地抨擊西方教會在華傳教行爲，認爲中國具有以儒教爲代表的最好宗教，西方傳教士在華的行動純屬多餘。〔註61〕他充分認識到到當時儒學的劣勢和弱勢處境並力圖爲改善這一處境而努力，爲此他加入陳煥章成立的孔教會，並撰文呼籲定孔教爲國教，「中國政教文化基於孔教，此明眼人所公認者。外教無論如何優美，亦不可與孔教並峙於中國」，「欲保孔教之地位，救孔教於衰微，捨定國教外無他法」。否則，「大教就湮，道德淪喪，中國四萬萬人民，將隨其先聖先賢相傳之國粹而並盡，其不可寒心哉。」〔註62〕

　　莊士敦在其晚年的著作中還對儒學的國教地位問題進行了進一步的思考和論述，他認爲「儒學在其漫長的歷史歷程中——比英國的基督教還要漫長得多——歷經了一個『逐漸與國民生活相融合的過程』。在這個意義上說，儒教也可以稱爲中國古已有之的民族性信仰或『國教』——我們怎樣稱呼它其實無關緊要，其形成遠在有人想通過憲法給予其一個明確地位之前」。他論證說，英國教會之所以能取得國教的地位，是因爲它逐漸融入到英國國民的生活之中所致，並不是依賴議會法令的推動。因此，定國教與否的問題實際上從屬於另一更爲重要的問題：中國文明應當以西方爲基礎進行重建，還是需要繼續保存兩千多年來所形成的文明根基。而在他看來，「任何一個獨立的國家都應當具有某些完全屬於自己的鮮明的精神特質，體現在藝術、科學、文化、宗教等各個方面，由此可以增強一個國家的生命力。」〔註63〕他還進一步引用喬治・查特頓—希爾博士的著述來爲其捍衛儒家文化傳統的立場作論證，「每個個人，只能在自己本民族的土壤中找尋養育自己和祖先的道德遺

〔註59〕　〔英〕莊士敦，《中國宗教之將來》，載韓達編，《評孔紀年（1911～949）》，山東教育出版社 1985 年版，第 28～29 頁。

〔註60〕　參見〔英〕莊士敦著，潘崇、崔萌譯，《儒學與近代中國》，天津人民出版社 2010 年版，第 73～74、102、155 頁的論述。

〔註61〕　鄧向陽主編，《米字旗下的威海衛》，山東畫報出版社 2003 年版，第 37 頁。

〔註62〕　〔英〕莊士敦，《中國宗教之將來》，載韓達編，《評孔紀年（1911～949）》，山東教育出版社 1985 年版，第 28～29 頁。

〔註63〕　〔英〕莊士敦著，潘崇、崔萌譯，《儒學與近代中國》，天津人民出版社 2010 年版，第 132～133 頁。

產……國家的偉大取決於培養本民族的獨特性。而對這種獨特性的培養，又會進一步哺育出本民族的天才人物。但是，以上這些能夠使一個民族變得偉大起來的一切，不用想是不可能實現的，除非每個個人都和民族的土壤緊密相聯……一個國家如果切斷了與傳統的聯繫，那就像是一艘沒有指南針的航船行使在風雨迷茫的大海上一樣。如果一個國家脫離了傳統，丟掉了世代相傳下來的經驗，這個國家必然陷入混亂狀態。處於這種狀態中的社會，將無法管理其紛爭不已的成員，人們的行為也將毫無章法可循。」〔註64〕他引用《禮記・經解》中的一段話來為當時中國的處境做注腳：「夫禮，禁亂之所由生，猶坊止水之所自來也。故以舊坊為無所用而壞之者，必有水敗；以舊禮為無所用而去之者，必有亂患。」顯然莊士敦認為中華文明的復興與重建，必須以中國悠久的文化傳統尤其是儒家文化為基礎，否則重建無異於無根之木，而禍亂卻可能接踵而來。

也許正是由於莊士敦保守主義的文化底蘊和對儒學的精通所造就的他跨文化的恢弘視野，使得他對當時國人眼裏「封建落後專制的舊中國」有著不同的認知，他認為「不僅在中國的文化及宗教中，而且在中國的社會結構中竟然存在著如此眾多的真正值得欽慕和保存的東西」，而當時東方經濟的落後和西方器物層面的發達也並不意味著東方的一切都應該向西方看齊，在他眼裏，「無論東方還是西方都處在各自社會發展的試驗階段，因此不管對哪個半球而言，把自己的意志和理想強加給另一方是不明智的，同樣，快速地放棄自己獨有的理想則是危險的」〔註65〕。

正是出於這樣一種對文化和政治的保守主義的認知和理念，莊士敦初來威海時，對威海的環境感到相當振奮，因為「20 世紀初的威海衛數十年來，甚至數世紀來，幾乎未發生任何變化，」在許多方面「堪稱中國的縮影」。在他看來，威海衛是實現其政治理念的理想之地，他要在這裏為「儒家思想的生命作最後一搏」。以此為指導，莊士敦在其對威海衛的施政經歷中，努力以中國傳統的「士」的標準來規範約束自己的言行，力圖樹立起作為一個「父母官」的形象。他經常獨來獨往地在租借地巡遊，走村串戶，調查社情民意，

---

〔註64〕〔英〕莊士敦著，潘崇、崔萌譯，《儒學與近代中國》，天津人民出版社 2010
　　　年版，第 133～134 頁。莊士敦引用的這段話出自喬治・查西頓—希爾博士的
　　　一篇「法蘭西的再次覺醒」的文章。

〔註65〕轉見鄧向陽主編，《米字旗下的威海衛》，山東畫報出版社 2003 年版，第 36
　　　～37 頁。

努力掌握第一手資料。在村裏，他能用流利的威海方言與百姓交流，家長里短、生活方式、風俗習慣、民間傳說、諺語兒歌等無所不談。而在施政過程中，如我們上文的介紹，他更是充分利用中國傳統說教的方式，以孔孟之道對民眾進行道德訓誡，實施教化。〔註66〕。

在審理案件時，莊士敦認為，「法官和地方行政長官所必須具備的品質與其說是熟悉法律知識和法律程序，毋寧說是諳熟當地的語言、習俗、宗教儀式和人們的日常生活方式，同情或者至少得瞭解當地人的偏見和觀點等」。〔註67〕他深知中國人向來不大以法律為準繩，風俗習慣和道德價值觀念才是他們的法律。倘若嚴格以法律條文來審案，不僅不利於查清案情，而且會導致不公正。〔註68〕而他自己在處理民眾糾紛時也的確是這麼做的，他在自己的著作中記載道，「無論在民事還是刑事審判中，我經常從儒家經典著作或《聖諭廣訓》中引用某些合適的文句，以求針對所涉案件反映出來的問題，使當事人獲得一些道德訓教。例如，有兩個鄰居為些許瑣事爭吵，我就會引用康熙皇帝講過的箴言，詮釋給他們聽，告訴他們有關鄰里之間應該融洽相處的道理，提醒他們如果鄉鄰之間爭吵不休，各不相讓，不僅會彼此終身成仇，且會殃及子孫後代，永難和解。」〔註69〕他還寫道，「理論上說，作為一縣父母，凡有兩造爭訟到庭，不僅要允執其中，懲罪罰惡，昭雪無辜，還要化其『子民』之心，言之以義，喻之以理，使其樂服往聖之遺教，無論居家治國，處鄰里待陌路，均能敬古畏威。」〔註70〕不僅如此，他反對西方傳教士強迫威海衛民眾皈依上帝的行為，也努力去限制辛亥革命尤其是五四新文化運動後當時風靡全中國的激進反傳統做法在威海衛社會所引發的影響。

在莊士敦及其英國同僚的保守主義治理手法下，莊士敦對威海衛沒有過分受到「現代主義」的衝擊感到欣喜。他說：「將自己置身於保守主義之牆的保護之下且恪守傳統方面，威海衛取得了相當大的成功。……事實上，當前

---

〔註66〕 鄧向陽主編，《米字旗下的威海衛》，山東畫報出版社 2003 年版，第 36～38頁。

〔註67〕 Reginald F. Johnston. Lion and Dragon in Northern China. London: John Murray, 1910, p.124.

〔註68〕 鄧向陽主編，《米字旗下的威海衛》，山東畫報出版社 2003 年版，第 38 頁。

〔註69〕 Reginald F. Johnston. Lion and Dragon in Northern China. London: John Murray, 1910, p.123.

〔註70〕 轉引自〔馬來西亞〕陳玉心，《清代健訟外證——威海衛英國法庭的華人民事訴訟》，載《環球法律評論》，2002 年秋季號。

中國沒有哪一部分——或許更加確切地說，沒有哪一部分中國人——沒有受到變革的現代精神的影響。自然而然的是，那些受過最高教育的人們是最先受到影響並致力於行動的人群，不過威海衛的百姓幾乎無一例外地大部分都是文盲。然而，變革的精神正在盛行，它不僅出現在大城市的書籍、報紙和市場中，也在茅屋草舍中嶄露頭角。爲了中國的利益，讓我們期待威海衛以及其他地方的保守主義城牆不要被太快太突然地推翻。」〔註 71〕不僅如此，他還認爲雖然在當時的中國，保守主義的城牆已經開始崩塌，但他希望保留在威海衛的這股保守主義力量在激進革命冷卻之後發揮出其應有的價值，「如果他們成功地使這面古老的旗幟高高飄揚，直到激進的黨派隨著時間的推移和閱歷的增加而冷靜下來，而且不再急切要清除那些歷史悠久而值得尊重的所有道德和社會治理的基礎，那時，這些保守主義的古老中心將得到他們國家的感激」〔註 72〕。

雖然莊士敦保守中國文化傳統的吶喊被那個時代的激進主義強音所湮沒，他力圖立孔教爲中華民族國教的努力也無果而終，甚至他的這一做法本身在一個倡導政教分離的現代政治社會裏也是值得商榷的，但中國在全盤反儒學、反傳統之後陷入的「夏天的蒼蠅」般的處境卻不幸爲莊士敦所言中，的確當「古老的見解和生活準則被取消時，……我們就失去了引導我們的指南，我們也不可能明確知道我們在駛向哪一個港口」〔註 73〕。而「毀滅性的破壞終將導致一種新的專制主義強權的出現，唯有它才能夠維持社會免於全面的混亂和崩潰」。〔註 74〕

莊士敦和駱克哈特見識接近，脾氣相投，他們之間的友誼一直維持到了幾近於他們生命的終點。和駱克哈特相比，莊士敦主政威海衛期間在具體鄉村治理事務中大體上「蕭規曹隨」，延續了駱氏等人所開創的治理格局。不過，莊士敦在治理風格上也有自己的特色：更爲隨和、更爲深入民眾日常生活。而特別值得一提的是，莊士敦雖然在具體實務能力方面難以企及駱克哈特，

---

〔註 71〕 Reginald F. Johnston. Lion and Dragon in Northern China. London: John Murray, 1910, p.10.

〔註 72〕 Ibid, p.11.

〔註 73〕 〔英〕埃蒙德・柏克，《法國大革命感想錄》，載《埃蒙德・柏克讀本》，陳志瑞、石斌編，中央編譯出版社 2006 年版，第 172 頁。

〔註 74〕 〔英〕埃蒙德・柏克著，張雅楠譯，《反思法國大革命》，上海社會科學院出版社 2014 年版，封底上的「柏克定律」。

但他的人文歷史視野較駱氏更爲開闊。正是這一點使他在對於中國儒家文化的認同中，帶有一種更爲深邃的比較文化學的眼光。由此我們也能發現，他在偏愛甚至癡迷中國傳統文化這方面所體現的，不僅僅是因其個人經歷而產生的感情化色彩，而且也是他從英國保守自由主義立場出發，穿透人類不同文明所具有的表象性差異而看到了它們背後所具有的共性；是他尊重與敬畏一切成功人類文明的歷史文化傳統背後所具有的一種原則立場：一切美好的新事物，都只能從有價值的「生活世界」中生發出來。不難看到，這樣一種立場與眼光和肆虐中國百餘年，在追求現代化過程中一再得以強化的激進「建構理性主義」立場，顯然有著天壤之別。

而時至今日，當曾經甚囂塵上的激進主義冷卻下來，我們再去回首我們走過的百年現代化之路，再去重新審視莊士敦治理思想背後的立場與眼光時，恐怕不難發現莊士敦當年對儒家文化推崇和對整個中國文化傳統珍視立場背後的眞正價值。毫無疑問，英國保守自由主義立場與認同中國傳統歷史文化在莊士敦那裏表現出的高度一致，不僅體現出保守自由主義者在政治改革方面的審愼美德，也表明傳統中國本有可能在自身文化傳統的基礎上創造出一個屬於自己的未來的。儘管莊士敦生活於其中的那個年代的中國在今天已然成爲一段不可逆的歷史，但其審視中國歷史文化傳統的立場和眼光仍然閃耀著國人在今天這個時代才逐漸體會得到的智慧光芒。

# 第五章　現代性生成理論的範式革命與對話「英租威海衛」

近現代中國的現代化道路充滿了曲折坎坷，我們經歷的半殖民地經歷使得我們這個曾經一度極為成功的文明的自尊心與自信心受到極大挫傷，乃至於一直到今天大凡涉及殖民地的研究都成為具有一定政治敏感性的話題。不過可喜的是，今天我們的第二世界大國的地位使得我們逐漸能以相對平和的心態來看待曾經的被殖民歷史。不僅如此，我們的現代化還是一個未竟的事業，今天鄉村治理的困境成為我們不得不去直面的一大課題，在這個意義上，與「英租威海衛」時期曾經成功的鄉村治理展開對話就具有了現實的可能性。而從理論層面看，英國作為世界上第一個成功地走上現代化之路的國度，有關它現代性生成的理論也經歷了範式性的「革命」，從而提供了一個在這·領域展開對話的全新的前沿性理論支撐。

## 第一節　英租威海衛鄉村治理個案作為「對話文本」的現實可能

威海衛於 1898 年淪為英國的「租界」，它與俄國人在遼東半島強租的旅順大連及由德國人全面控制的青島相呼應，成為西方帝國主義勢力對於老大的中華帝國在北方最重要的幾個軍港城市進行「瓜剖豆分」的象徵，也是傳統中國近代陷入「半殖民地半封建社會」的突出標誌之一。在這個帝國主義殖民時代裏，中國在近現代的歷史舞臺上所遭遇的遠不止割地賠款、領土完

整和主權的部分淪喪，而且還經受著國家的分裂、社會轉型過程的困頓、生活家園與精神家園的夷毀以及隨之而來的人們所感受到的前所未有的苦難。毫無疑問，「殖民主義時代」帶給我們這個民族的是血與火，是災難和恥辱，是現代化轉型的異常艱難。中華民族在近現代所表現出來的激越、亢奮、無畏直至超常規的政治動員手段的運用與超常規革命的勃發，都直接間接與這段令人難以釋懷的歷史有關。一句話，由亡國滅種帶來的緊迫感和由喪權辱國帶來的恥辱感所激發出來的國人前仆後繼的拼死鬥爭，構成了理解中國近現代史一條必不可少的紅線。

正因為如此，殖民地問題成為一個自近現代以來一直壓在國人心頭、因而也是極其敏感而沉重的歷史話題，它作為我們完全無法釋懷的「國恥」，不僅留存在幾代人的記憶深處，而且還真正成為了我們民族的「集體無意識」。只有理解了這一點，我們才不會奇怪，當年處於社會主義陣營中的中國在處理中蘇兩國國家關係時，為什麼會在冷戰這個大格局中，既偏離意識形態要求，也不顧國家蒙受的巨大經濟、社會損失而憤然走向全面對抗，陷自己於一種「憤怒的孤立狀態」之中。〔註1〕理解了這一點，我們同樣不會奇怪，在中英有關香港回歸問題的最高級別談判中，鄧小平為什麼會不給英國當年的首相撒切爾留任何一點「面子」，會表現出一種毫無商量餘地、不留任何靈活性的堅定立場。鄧小平所表現出來的不容任何商量的態度，給當時以強硬著稱的英國首相之難堪如此強烈，以致於咽不下這口氣的「鐵娘子」完全無法平靜自己憋屈的心情，竟於步出人民大會堂時，在眾目睽睽之下失足摔倒在門廊前的臺階上。

可以說，上述這些場景所映射出的，並不是中國當代外交缺乏柔性和不通達情理，而是中國在經歷百年屈辱後形成的，在捍衛「民族尊嚴」問題上的堅定不移與高度敏感。就世界範圍而言，中華民族在這方面的表現可以說並不是唯一的，它和眾多有著被殖民經歷的發展中國家一樣，在民族尊嚴、在反帝、反殖、反霸問題上不可能有任何其他的選擇。

由此我們不難看到，儘管新中國的成立已經在很大程度上令中華民族和中國人民「站起來了」，它也象徵著中華民族自近代以來飽受民族屈辱歷史的

---

〔註 1〕 「憤怒的孤立狀態」，是美國前總統尼克松在 1969 年發表的「就職演說」中用來描述中國當時所處境況的用語。這一帶有中性色彩的描述，在一定程度上傳遞出了當時美國官方關注、甚至想利用中蘇矛盾想法的信息。

終結，象徵著我們這個民族終於有能力對帝國主義列強和所有的「民族壓迫者」說不的決心和信心，象徵著我們這個民族在歷盡了千難萬險之後，恢復了國家的凝聚能力和行動能力，挽回了一度喪失殆盡的民族尊嚴和「國家自主」。〔註2〕然而，歷史常常很難輕鬆話別。這段不堪回首的經歷及其給整個民族帶來的「悲情意識」恐怕不是通過幾個政治事件並在短時間內就能撫平的，它還多多少少留存在我們民族集體無意識的深處，並且時不時地影響著我們今天在一切「涉外問題」上的感受與情緒。由此不難理解，在這種情況下，我們在談論英租威海衛、談論威英政府鄉村治理經驗時的心情是相當複雜也相當矛盾的。有著32年歷史的英租威海衛與英國發動的鴉片戰爭和火燒圓明園留給我們的歷史記憶糾纏在一起，構成我們心頭難以癒合的傷口，以致於不僅在新中國成立後的近半個世紀裏很少有人提起這個話題，就是在此前的民國歷史中也論及不多，以致於不少國人在提起威海衛時所產生的歷史聯想，多為甲午戰爭的慘敗和北洋水師的覆滅，而少有「英租」的影子。

儘管如此，情況畢竟正在緩慢而又有力地發生著變化。在經歷了30多年開放與發展後的中華民族，雖然當下依然面臨著不少需要通過「全面深化改革」才能解決的瓶頸與麻煩，但它在財富創造能力方面，科學技術追趕速度方面，維護民族獨立與國家主權完整的自信方面，整個民族在互聯網時代所表現出來的創造活力方面，十三億人口天然擁有的市場潛力方面，都給整個世界留下了深刻的印象，令人們不得不刮目相看。儘管當下人們所談論的「中美國」這個概念還帶有著不小的自我誇張色彩，但一個積弱不振、閉關自守、貧窮落後的國家形象的的確確已經有了一個根本的改變。「金磚國家」的帽子也好，世界經濟不可或缺的發動機也好，世界工廠的頭銜也好，高額的外匯儲備也好，將中國商品視為席卷世界中低端市場的「洪水猛獸」而嚴加防範也好，中國在世界高端軍工產品出口競爭中的嶄露頭角也好，都在一定程度上彰顯出中華民族在新的世界性競爭格局中「羽翼漸豐」，不斷進取的態勢。

自2010年我們在生產總量上超越日本算起僅四年功夫，我們今年有望在這方面超過日本一倍。這就無怪於美國這個世界最發達國家也以一種擔心被

---

〔註2〕「國家自主」這一概念是美國學者西達・斯考切波在她《國家與社會革命——對法國、俄國與中國的分析》（何俊志、王學東譯，上海人民出版社，2007年）一書中提出的概念。參見該書第28頁。

超越的眼光在打量著中國，並把處理好與中國的關係看成是本國外交的重中之重。無論是奧巴馬邀請習近平在加利福尼亞的安納伯格莊園進行的 G2 會談，還是美國人把自己的全球軍事布置重點移向太平洋地區，都從不同的側面反映了美國對於中國大國地位及其世界性影響力的承認，反映了今天的中國已經成為美國最為重視的合作夥伴或競爭對手，反映了美國外交已將美中關係視為當代國際關係的樞紐與核心。儘管作為中國人的我們清楚地知道，自己內部的社會轉型還正在進行之中，不少交織在一起的問題與麻煩還有著進一步惡化的可能，我們在露出自己身上肌肉的同時還有著更為迫切的精神家園建設任務有待完成。但所有這一切都並不影響下面這個事實的存在：今天中國人的自強，在客觀上的確走向了一個自近代以來從未能達到的高度。正是在這樣一個高度上，我們正在重新撿拾起我們這個民族在歷史上曾擁有的自信和沉著。因為我們知道，當下中國所遭遇的嫉妒也好、防範也好，敵意也好、威脅與恐嚇也好，都不足懼，都不值得我們去加以無端地放大；只要我們把自己內部的事情辦好，時間將站在我們這一邊；當中國順利地完成自己的社會轉型時，世界力量的天平自然會轉過來，中國到時恐怕不想獲得尊敬與敬畏都難。

以這樣一種發展前景與平和心態去回首我們近代以來慘遭帝國主義蹂躪而喪權辱國的歷史，我們也許便能逐漸從一種純粹「受害人」的「悲情意識」中走出來：帝國主義行徑固然值得譴責與抨擊，但我們不必讓「仇恨心態」幾十年如一日地糾纏自己，每每想起便耿耿於懷。畢竟仇恨對任何人來說都是一把鋒利的雙刃劍，它給自己帶來的傷害也許遠甚於給敵人所帶去的。而我們同時也堅信，隨著我們的社會現代轉型走上正途，隨著國力與內部認同的加強，我們歷史上作為一個成功文明所培養起來的博大、寬厚、開放、理性的情懷，也一定會重新回到我們中間。

不難理解，這樣一種心態與眼光的形成，使我們在接觸和研究英國人對威海衛的殖民歷史時，比較能在平心靜氣的氛圍下將英國人的殖民政治與它的殖民地治理這兩部分分離開來，在控訴和譴責殖民時代、殖民統治和殖民主義罪惡的同時，看到作為西方現代文明開創者的英國在殖民地治理、特別是鄉村治理方面，所表現出來的較為獨特的治理思路、治理原則與治理藝術。我們甚至還可以發現，英國這個西方現代文明的開創者，在向世界伸出自己殖民魔爪的同時，也像馬克思所指出的那樣，顯現出了它「兩面性」中的另

一面：自覺、不自覺地向殖民地輸出了現代生產要素與文化要素。〔註3〕正是在這樣一個特定意義上，當我們翻開英租威海衛的這一頁歷史時，我們把它作為一個「對話文本」並與之展開對話也就有了可能。畢竟，英國和其他殖民帝國有所區別的是，它在近現代世界性的擴張中也像漏斗一樣，向外部世界注入了它自己的「現代性」。〔註4〕

顯然，對英租威海衛鄉村治理經驗的討論及其與之展開的對話，不能不直面英國的這種「現代性」。中國社會在近代的轉型，畢竟在很大意義上就是向這種「現代性」的靠攏和趨近。因此，搞清楚這「現代性」及其在英國的發生，對中國如何真正實現自己向現代社會的轉型這個問題的深入討論應該是有幫助的，而且也只有這樣，整理和借鑒英租威海衛具有現代性的鄉村治理藝術，才能不僅知其然，而且知其所以然。

## 第二節　解釋英國現代性生成的傳統範式

眾所週知，英國在世界現代化歷史上佔有非常重要的地位：正是英國先於世界各國取得了邁向現代化的突破性進展，將市場經濟與整個社會方方面面的結構成功地「嵌合」在一起，從而消解了市場經濟對既有社會結構極易形成的解構與顛覆性破壞，將市場經濟優化資源配置的功能不受損害地發揮了出來，完成了所謂的社會「現代化轉型」。英國在自身文明發展基礎上取得的這一突破不僅給英國帶來了有形實力的巨大增長，為它在全世界進行殖民擴張打下了厚實的基礎，它同時也在無意間建構起了一種有關英國政治、經濟、社會及宗教的神話，使得人們在一個很長的歷史階段中一直把「英國化」看成是衡量「現代化」實現程度的標準。儘管全世界的思想家們在什麼是「英國化」的解讀中，並沒有形成過一種統一的共識。

---

〔註3〕馬克思有關英國殖民者充當了「歷史為自己開闢道路的不自覺工具」的看法，較集中地反映在收入到中央編譯局 1972 年版的《馬克思恩格斯選集》第二卷開頭的幾篇文章中。

〔註4〕參見艾倫·麥克法蘭著，管可穠、嚴瀟瀟譯，《給莉莉的信——關於世界之道》，商務印書館 2006 年版，第 6～7 頁。他的原話是：出於偶然，英國歷史彷彿成為一個漏斗，從中流淌出了現代世界的一大部分。全人類都為現代世界的誕生貢獻了很大的力量，然而不巧，正當工業革命和科學革命塑造我們的現代世界之時，英國恰好變成了全球最大的帝國，這不僅給美洲、非洲、澳大利亞和印度打上了印記，也給其他許多地區留下了標識。

　　英國的崛起以及它在文明創造上所獲得的突破，是一個大家都不得不承認的客觀性事實。而世界上的其他文明，除了那些與英國在文明與文化層面上有較深親緣關係的文明外，在努力向「英國化」學習和看齊的過程中，卻先先後後都體悟到了其間的不易與艱難。不惟如此，不少國家，特別是那些有著自身深厚文化傳統的「東方國家」，不僅沒有在努力追求現代化的過程中品嘗到成功的喜悅，相反卻一個又一個地遭遇到了嚴重的挫折，陷入了社會全面失序的苦難之中，並最後落入「以狂熱地追求現代化始，以激越的抗拒現代化終」的悲劇之中。〔註5〕

　　一而再、再而三的慘痛教訓終於讓我們逐漸明白了「現代化並不一定等於英國化」這樣一個道理。而理解英國現代性的生成與現代化的道路，對「後發國家」來說可能更為重要。這樣一來，便形成了英國現代性的「發生學」問題，涉及到了英國當年是如何從傳統的中世紀社會「轉型」到現代社會的問題。而在這個問題的研究上，有兩個我們無法繞過去的標誌性思想家：一個是卡爾·馬克思，一個是馬克斯·韋伯。可以說，當今人們普遍接受的，有關英國社會現代性發生以及英國現代化道路的解說範式，是與這兩個思想家的名字分不開的。下面我們先來看看馬克思對這一問題的解讀。

　　馬克思對這一問題的認識是以「唯物史觀」為基礎，偏重於從社會經濟發展的角度入手。由此，他對中世紀英國社會在經濟生活領域、生產方式領域產生的變化作了重點分析。在馬克思看來，英國社會現代性的發生，從時間上講，「資本主義生產方式奠定基礎的變革的序幕，是在 15 世紀最後三十多年和 16 世紀最初幾十年演生出來的」，而這一過程的最後完成則延續到了「18 世紀最後三十多年」，其標誌是「世界貿易和世界市場」成為「資本的現代生活史」的重要內容。

　　馬克思認為，在這個由傳統農業社會向現代社會變遷的過程中，農業革命的深入展開，是一個「通過把農民從土地上趕走」，從而使勞動力與生產資料分離並由此推動了農產品生產商品化的過程。而生產資料所有權在這個過程中，也相應地發生了革命性變化，以一種「現代的、個人主義的所有權」取代了「封建的土地所有權，克蘭的所有權，……小農所有權」，從而將土地

〔註5〕　〔美〕艾愷著，《世界範圍內的反現代化思潮》，貴州人民出版社 1991 年版；
　　　　〔英〕卡爾·波蘭尼著，馮鋼、劉陽譯，《大轉型：我們時代的政治與經濟起源》，浙江大學出版社 2007 年版。

所有權「從統治和從屬的關係下完全解脫出來」，以此與封建社會下面典型的「家庭所有制」形式和家庭式「生產關係」劃清了界限。而正是這後一種生產關係，使得整個生產難以形成分工，因為人們以家庭為單位生產自身所需的幾乎一切消費品，形成了與商品經濟截然對立的、非貨幣化的「自然經濟」。〔註6〕總之一句話，財產權的變化、勞動者與生產資料的分離、貨幣經濟的發展，「把一切變成了商品，從而消滅了過去留傳下來的一切古老的關係，它用買賣、『自由契約』代替了世代相因的習俗，歷史的法」，〔註7〕完成了人類文明史上極為重要的社會發展形態的轉變——從自然經濟到商品經濟，從封建社會到資本主義社會的躍遷。

可以說，馬克思有關資本主義社會在英國的形成的分析，以它特有的嚴謹邏輯，給世人留下了一份豐富的理論遺產。

韋伯在有關英國社會現代化發生問題上的解讀，和馬克思有著不少一致的地方，他也很注重社會經濟層面發生的重要變化。比如他指出，傳統的世界農業文明有著諸多共性特徵，「小型單位在農業中有著非凡重要性」，而在這一點上，包括英國在內的中世紀歐洲與其他農業文明在本質上並無不同。而使英國產生對這種共性特徵偏離的，則是市場的發展、資本的積纍、社會活動與經濟活動的分離、土地所有權與家戶的分離、無地的「自由」勞工階級的興起，緩慢的「莊園的解體」。正是這些要素的發展，使得整個社會不再能穩定地停留在一種「農民勉強糊口的生存狀態」中。

不過，韋伯接下去對英國現代性發生問題的探究重點與馬克思就不一樣了，他更強調英國出現的新教倫理因素對於它最後成功邁入「資本主義社會」所發揮的重要作用。韋伯的這一看法來自於他當時給自己提出的這樣一個問題：世界上其他文明實際上也都存在或存在過類似於英國發生的經濟現象與「資本積纍」現象，但它們為什麼沒有像英國那樣演生出「資本主義社會」來？而正是對這一問題的思考，把韋伯帶到了對於經濟之外的對其他領域的考察。

作為考察的結果，韋伯對這個問題的解答是，這些文明之所以沒有成功實現向「資本主義社會的過渡」，是受傳統倫理的束縛太大而無法培養出一種

---

〔註6〕〔英〕艾倫·麥克法蘭著，管可穠譯，《英國個人主義的起源》，商務印書館2008年版，第53～54頁。

〔註7〕同上，第60頁。

樂此不疲、持續無止境的積纍資本的積極性，從而使這些社會中的資本積纍發展高度最終受到限制，形成一道突不破的瓶頸，最後無法推動社會完成從封建自然經濟向資本主義商品經濟的過渡。由此，韋伯注目於那些奉行新教的歐洲國家，認為正是這種信仰在不自覺中培養起來的一種特殊「倫理」與行為，鼓勵和推動了對資本積纍的無止境追求的積極性，從而令這些國家無意中獲得了打開通向「市場經濟」大門的鑰匙。新教在這裏顯然「有著把財產的獲取從傳統倫理的禁錮中解脫出來的心理效果」。因此，資本主義的產生與西方社會結構中已然出現的諸種變化有著內在關聯，但離開了加爾文主義談資本主義在一些歐洲國家的衍生，恐怕是缺乏說服力的，因為畢竟是清教哺育了幾代有著特殊信仰的、對市場經濟而言不可或缺的近代經濟人，並在替代氏族、家庭體系的功能中發揮了重要作用，造成了「親屬忠誠意識的減退、商務與家務的分離」，形成了「對擴展型家庭的意義非凡的摧毀」。〔註8〕不僅如此，韋伯還在這樣一個推論說理的基礎上，作出了進一步的理論抽象：經濟是發動機，提供給社會以發展動力，而信仰則起著「轉軌器」的作用，決定著社會發展的特定方向。

馬克思和韋伯有關英國現代社會發生學與轉型問題的討論，雖然各有側重，而具體的答案也很不相同。不過，在這種種不同的表面背後，我們還是能看到兩者的解釋範式在宏觀上的某種相似性：建立於諾曼底人征服之後的英格蘭國家，和歐洲大陸各國家相比較，在社會結構與社會生活等方面並沒有什麼重大差異。貧窮的鄉村社會，閉塞的、自給自足的自然經濟，領主莊園或家庭為單位的土地領有制度等等是它們共同的社會特徵；而有著歐洲中世紀傳統社會普遍特徵的英國，出於一些尚無法加以充分解釋的偶然原因，出於某種經濟運動或宗教倫理內在發展邏輯的推動，在15、16世紀之交到18世紀之間，與它的大陸鄰居們分道揚鑣，完成了本國經濟、社會和政治領域中的結構轉型，從傳統社會跨入了現代社會。

馬克思與韋伯有關英國社會現代性發生與社會轉型的這一解讀範式，是以一個特定時代所形成的、占主流地位的認識論和方法論為基礎的，也有著其嚴謹的內在推理邏輯支撐，因而它在世界各國的歷史、社會與人文諸學科中逐漸佔據了學術主流地位，並由此形成了一個有關社會現代性演生的系統

---

〔註8〕上述有關韋伯觀點的引文出自《英國個人主義的起源》（〔英〕艾倫·麥克法蘭著，管可穠譯，北京，商務印書館2008年版）一書第63～64、66頁。

假說（儘管不同的學派在這演生的原因或細節上有著不同的看法）。而我們今天較為流行的有關現代性與現代化演生、發展的基本看法，雖然不盡相同，但很大程度上都來源於這一系統假說。正因為如此，我們今天很少有人會懷疑下面這樣的看法：在英格蘭這個現代化的「先發內生型」國度中，歷史越久遠、傳統越古老，英國人的社會結構與生活方式就與今天的現代化國家越不相像。換言之，英國社會是在 16～18 世紀期間，通過一個不無痛苦的裂變過程，才完成了從傳統到現代的轉變。而從英國是其他國家現代化的榜樣意義上，其他國家也必須同樣經歷與自己傳統社會的痛苦決裂，才有進入現代社會之可能。

這樣一來，對於關心現代性生發與社會現代化轉型的社會人文學科研究者來說，我們的任務便是要總結出那些已經實現了現代化的國家發展經驗：它們內部的各種不可或缺的新要素是如何生成的？傳統社會的強大羈絆最後是通過什麼方式加以衝破的？對這些問題的回答無疑會為「後發外生型」國家的現代化轉型提供有用的理論指導。而與之相應，我們恐怕也很難避免將傳統看成是現代性的對立物，認為現代化就是對傳統的告別、否定，就是要與之作最徹底的決裂。而按照這樣的解讀，一個國家現代化的過程便不可能不是一個「破舊立新」的過程，不可能不是一個徹底否定「昨日之我」的過程，不可能不是一個去擁抱那些由西方文明所創生出來的現代化標誌物的過程。而我們照此辦理追求自身現代化的努力一次次的碰壁，也只能用傳統的強大、頑固與難以告別來加以解釋，因而也只能用更加激進的反傳統來加以應對。

然而，這真是一條可能的出路嗎？後發國家現代化追求實踐所經歷的曲折之路最後不能不向這一解讀提出自己的質疑。我們是不是在徹底的反傳統中將傳統作了最醜陋、更惡劣的扭曲？我們與現代化之間的距離是不是因這種徹底的反傳統而越拉越遠，從而讓現代性完全失去了自己的生發土壤？應該說，這就是我們這個世界在不無痛苦的現代化探索歷史中所面臨的最大困惑。

針對這種困惑，當下海內外思想界也對之作出了有力的反應。如今理論界對於「中國特色」的強調也好，不同版本的「新儒家」的出現也好，對中西合璧式的「儒家憲政主義」的倡導也好，致力於做好「傳統的創造性轉換」工作也好，都是這種反應的具體表現形式。這樣一些理論性的反思與努力雖

然不能說一定會開闢出中國現代化的新局面，但它們的努力應該說是難能可貴的。畢竟一條路走到黑，撞了南牆也不回，讓悲劇一演再演，對一個社會來說實在是傷不起。

但話說回來，理論界目前所表現出來的對於傳統一定程度的重視，更多地還是建立在我們幾代人具體的感受與體驗基礎之上的。而這種特定的感受與體驗在稍長一點的歷史時間度量下，有可能帶有自己的極端性和間隙性，因而也不會是持續和經常的。在人類的代際轉換中，「好了傷疤忘了痛」的現象層出不窮。從「文革」中走出來的那幾代人恐怕真難以想像，就在一代人的時間中，文革這只過街老鼠竟然會在新的社會背景下演生成為一大社會思潮的理想旗幟。

由此我們不難理解，如果經馬克思和韋伯發展出來的，有關現代性發生的解釋框架是正確的，那麼，傳統這面旗幟將不會有太大的生命力與號召力，而激進的反傳統思想不管它闖出多大的禍來，只要陣痛過去，便保不定又會獲得大片的喝彩聲。畢竟這種喝彩的背後有著一種長期培養起來的思維定勢，有著一個社會轉型受挫、轉型苦難所培植起來的「民意」基礎。

因此，真正值得深入討論的問題不能不指向馬克思和韋伯所發展出來的，有關英國社會現代性發生的解釋範式。這個解釋範式是不是真的沒有問題？我們有關社會現代化的框架性想法有沒有可能是建立在一個多少有點虛構起來的神話的基礎之上呢？

## 第三節　現代性發生新闡釋：傳統社會向現代社會的 「長入」

第二次世界大戰後，西方國家的歷史學研究日益向縱深發展，其中的一大標誌是，對宏大理論體系建構的興趣相對冷卻，學者們的治學路徑普遍日益走向精細化、微觀化，並由此在實證研究、史料挖掘、還原既往時代的「日常生活世界」方面取得了不菲的成就。儘管我們知道「一切觀察都滲透著理論」，這樣的實證化與微觀研究並不可能完全擺脫既存「宏觀理論體系」的影響，而「還原」最多也是相對而言的。但儘管如此，我們還是不能不承認，西方國家史學的這一研究走向的變化的確將歷史上「日常生活世界」的多樣性、豐富性和地域性較為充分地揭示了出來，從而令當下西方的學者很少再

會以一種大而化之的口吻輕率地談論「歐洲」的過去如何如何,「英國」的過去如何如何。他們在談論自己從史料中推演出的結論時,大體上會更突出其觀點與結論的時代性和地方性。

而更重要的是,戰後成長起來的一代研究者在日益深入的微觀化、精細化研究中發現,研究對象最後向他們所展示的內容,無法與他們一直以來信奉的「宏觀理論體系」的預期相統一,無法與這種理論體系背後的解讀範式相吻合。在這類例證不斷增多的情況下,那些有著權威性的「宏觀理論體系」開始受到了挑戰。儘管既有理論體系中的「認知範式」在頑強地進行自我捍衛,但日積月累的「反例」最終改變了人們的認知角度,引發了在這一問題認識上的「範式革命」。而圍繞有關英國現代性發生問題形成的討論,恰好正是發生了這場「範式革命」的領域之一。其結果則是,作為這一領域中佔有權威地位的、由馬克思與韋伯建構起來的現代性發生學與現代社會轉型的理論,在最近這個世紀之交遭到了顛覆。一個咄咄逼人的新「中世紀學」在先前理論假說的廢墟上矗立了起來。〔註9〕

有關認識中世紀社會的新理論範式是以一些學者所做的大量微觀歷史研究為基礎的,鑒於篇幅限制和文章重心所在,我們不再去轉述這些具體的微觀研究本身,而只對與本文直接有關的新理論範式本身作出相應的介紹。大體說來,這一新範式並不複雜,下面我們分三個方面勾勒一下它的概貌。

第一,在羅馬帝國作為一種生活方式毀滅的基礎上,入主的「日耳曼蠻族」給此後被稱之為中世紀社會的歐洲打上了自己的印記。日耳曼人與舊世界唯一留存下來的基督教文化結合,將整個歐洲帶進一種新的生存樣式之中。這種新生活樣式以日耳曼式的「習慣法體系」為基礎,以不同等級間的

---

〔註 9〕提出並倡導新學說與新理論的思想家中,要算如今在英國劍橋大學執教的艾倫‧麥克法蘭教授最具代表性。麥氏早年畢業於牛津大學,後長期執教於劍橋,如今是英國著名的歷史學家、社會人類學家,英國皇家科學院和歐洲科學研究院的院士。麥氏的研究範圍很廣,涉及歷史、法律史、歷史人口統計、人類學、社會學等領域。出版有 16 部著作,其中與英國現代性問題相關的有《英國個人主義的起源》、《都鐸和斯圖亞特王朝英格蘭的巫術》、《拉爾夫‧約瑟林的家庭生活》、《拉爾夫‧約瑟林日記》、《現代世界之謎》、《資本主義文化》、《現代世界的誕生》、《給莉莉的信──關於世界之道》、《重建歷史共同體》等。當然,麥克法蘭並不是推動這一次理論上「範式革命」的唯一者,但正是他和其他一些學者的不懈努力,基本上改變了人們對西方國家現代性發生與現代化進程長期以來所形成的基本看法。

「契約性政治」爲勾連，以基督教爲信仰，使社會結構在「多元」的特徵下呈現出一種相對的鬆散性；它的社會經濟形態雖然屬於「自然經濟」，但其內在並不是很封閉，基於「血緣和情感」意義上的「自然共同體」並不是社會中唯一的共同體，因而個人並非僅僅從屬於這些自然共同體。相反，相對於這些家庭式的共同體而言，個人還享有著包括財產權、行爲自主權等在內的各種權利。個人與個人間還存在著一些自發形成的、橫向的、跨家庭與家族的「半共同體」，每個人在包括經濟生活在內的日常生活中，除了血緣性共同體外，還有著較爲緊密的、相對固定的其他社會交往對象。這也就是說，歐洲中世紀最初的社會結構並不是越「原始」就越封閉，並不像後來人們印象中的那種基於嚴格自然經濟基礎上的「農民社會」。

不過這種歐洲中世紀社會早期普遍呈現出來的社會形態歷經幾百年發展，自 14 世紀始在歐洲大陸發生了較大的變化。一方面羅馬法在此後的二、三百年時間裏在歐洲大陸獲得全面復興，並由此給大陸各國的法律制度帶來了重大變化：立法權力在法律定制中扮演的角色越來越重要，形成了以突出成文法典權威爲特徵的「大陸法系」。在這一法系下，得到彰顯的「立法理性」強化了對法律的理性建構，從而增強了建立在形而上學體系基礎之上的抽象法規對於社會習俗、慣例與「習慣法」的干預取向與干預力度。而正是這一變化，使得整個社會日常生活方式中的傳統、習俗、民間法經常受到衝擊，發生了較快的轉換與變更，並逐步失去了自己的「地方性」和歷史性。另一方面，隨著意大利文藝復興運動「人的覺醒」魅力的擴散，理性的「算計」開始向人們的日常生活和人們相互間關係的領域滲透，建立在歷史文化基礎上的信仰、敬畏、生活習俗與慣例開始受到全面衝擊。這兩方面的影響都直接間接地衝擊著那些完全依賴於傳統、習俗、習慣法加以維持的個人權利以及個人間自發形成的鬆散小共同體，使人們間交往所不可或缺的「社會資本」大量流失。在這種情況下，受孤獨與無力感支配的人們既不得不日益退縮到以血緣爲紐帶的、有著更高結合緊密度的「親屬共同體」中，同時也日益離不開自上而下的法律權力與行政權力的保護。這種社會結構性的變化反映到社會經濟領域，便是生產方式日益向家族性和自給自足性靠攏，財產權日益向家庭或家族所有轉移，家庭和家族在整個社會結構中的核心地位開始得到彰顯，而家庭與家族外的社會橫向聯繫以及社會組織則不斷萎縮。歐洲大陸文明在這種情況下，便在不知不覺間走上了一條新的道路，一個「馬鈴薯」

式的「農民社會」開始成型。

第二，與歐洲大陸不同，英格蘭在自己後來的發展中，由於一些較爲獨特的原因而未深受羅馬法的影響，在較多地保留它傳統的（日耳曼）習慣法體系基礎上，逐漸形成了以非成文法爲特點的普通法法系。這一法系不甚欣賞羅馬法系統性成文法典中那些「抽象法規」及其背後所體現的「形而上學體系」，它更注重的是自身司法實踐歷史中積纍起來的「集體經驗」，因而大體以實踐經驗豐富的法官通過具體審判案例而不是由那些法理學家們以立法手段來創制法；普通法雖然也帶有「自上而下性」和國內的統一性特點，但它在與地方法院和教會法院並存與分工的過程中，使得法律正義之概念與人們的日常生活傳統與習俗及習慣法結合得較爲緊密，並形成了相互間的影響與支撐，從而在很大程度上維持了傳統、習俗和習慣法在法律走向統一化過程中的穩定，使得英格蘭中世紀既有的社會結構得以較好地延續與保存了下來。在這種情況下，原有社會結構中孕育出來的、有利於個人選擇與個人權利發展的氛圍得以繼續發展，基於個人間自發組成的各種「半共同體」在家庭與家族這個「自然共同體」的身邊也得以蓬勃發展，從而在經濟、財產、社交、人身權利保護等領域分離出了不少原來屬於家庭與家族共同體的功能，使得個人對於家庭與家族共同體的「依附性」大幅降低。在此基礎上，社會的家庭結構與經濟結構以及生產方式具備了較大的開放性，最終使得整個社會的生產方式免於被鎖定在封閉的、自給自足的自然經濟形態上。而社會橫向聯繫的活躍與「半共同體」的繁榮，反過來又成爲增殖「社會資本」的有力手段，它有效地阻擋住了「理性覺醒」、「理性算計」對各種人際關係的解構以及對傳統的質疑，保留了對傳統的敬畏，也將人們的興趣從「理性追問」與「形上玄思」中轉移出來，形成了與歐洲大陸「唯理主義」很不一樣的旨趣與習性。

第三，歐洲大陸與英格蘭在 14 世紀前後出現的發展分叉，和當今人們原來的想法很不一樣：不是歐洲大陸一直停留在傳統社會中而英國逐漸開始了自己的社會轉型，相反，是歐洲大陸開始背離自己的中世紀傳統而英格蘭卻獨特地將這傳統保留了下來，並在這基礎上「擴展」了傳統。〔註 10〕而且從

〔註10〕 我們在這裏的講法受到哈耶克「擴展秩序」思想的啓發。擴展秩序是一種自發秩序，不是人類理性設計的產物，而是人類介於「本能和理性」之間的能力和進化選擇過程相互作用的產物。參見〔英〕哈耶克著，馮克利、胡晉華譯，《致命的自負》，中國社會科學出版社 2000 年版，第 37～38 頁。

事後市場經濟發展這一現代性重要標誌來說，歐洲大陸對傳統的「背棄」給自己的社會轉型製造了巨大的障礙，而「中世紀傳統」在英格蘭的保存與擴展，反而打通了其叩開現代化之門的可能。從中我們似乎可以悟出，就歐洲範圍而言，「中世紀傳統」與「現代性」之間存在著某種親和性，背棄這種傳統而不是發展這種傳統，便會使一個社會生發與擴展出「現代性」的進程受阻，從而使自身的社會轉型更形艱難。

大量的歷史資料從微觀層面表明，傳統的中世紀英格蘭並不是一個建立在落後的、封閉的「自然經濟」基礎之上的、以家庭（以兩代到三代人共居的核心家庭為主，幾世同堂的大家族在英格蘭當時已經很罕見）為核心單位的、自給自足的「小農經濟」。這一新看法受到如下幾個方面的文獻支撐。首先是包括土地在內的財產權歸屬實際狀況。在當時的英國，土地等財產並不屬於家庭與家族當然的「共同財產」，其處置權完全屬於家長（根據來源甚至可能屬於女性家長），子代和孫代（即使是長子）並不當然享有繼承權，土地間的買賣與轉手十分頻繁且很少是出於生活所迫。其次是基本生產單位並不是主要由家庭成員組成。當時英國最基本的生產單位雖然大都是家庭，但其成員並不必然，且大多不是一個家庭中的所有成員；絕大多數家庭（不論貧富）的孩子在十歲前後就被送出去，在其他的家庭中參與生產或家務勞動，而每個家庭往往也接納其他家庭的孩子作為勞動力。最後，當時英國家庭生產產品的目的在很大程度上不是自給自足，而是用來作為在市場上交換的商品。從上面這三個方面我們不難看到，中世紀英國的商品經濟實際上已經相當發達，而生產效率也在分工的基礎上有很大的提高，這使英國在當時的歐洲成為相當富裕的國家。而在生產資料與勞動力相分離方面，更多的是長子繼承制使得中世紀英國出現了大量游離在家庭經濟單位之外的勞動力。這些勞動力的出現，使得無論是在農產品生產、手工業品製造還是在那些因商品經濟而興盛的商業與金融領域，都不缺乏通常所謂的「雇傭勞動」。

不僅如此，在流動與運用中不斷增殖的「社會資本」在漫長的積纍過程中，將英格蘭社會中的「半共同體」發展到了極致，出現了不可計數的各種社交性質的聯合會和俱樂部。比如婦女協會、童子軍、牛津饑荒救濟委員會、大赦國際、撒馬利亞慈善咨詢中心、救世軍、國民託管組織、皇家防止虐待動物協會、皇家鳥類保護協會、防止虐待兒童協會、獅子會、扶輪社，殯儀

協會、愛鴿同盟、韭蔥培植同志會、各種工會組織、科學界的「月亮會」，學界的各類咖啡會、討論社等等。而源於各種各樣的團隊遊戲組織的地方性的、全國性的俱樂部則更是不計其數，如今風靡世界各地的很多運動項目都發明於英國。〔註11〕當然，上述這些「半共同體」並不都是在14世紀前就存在的，不過，英格蘭社會橫向間關係的發達不能說不是「半共同體」普遍化存在的重要歷史淵源。

顯然，一個強有力的「民間社會」，無數個遍佈各個領域、相互交叉的「半共同體」，不僅在政治上提供了「做小國家」的可能，在社會道德培養上提供了最好的實踐課堂，更是在經濟領域中提供了家庭共同體之外的合作形式與「信任基礎」。而正是這些要件的存在，英格蘭發展出來的、較為獨特的「個人主義」和「商品經濟」才具備了自己良性成長的豐厚土壤，而「現代性」也在傳統的這種「擴展」中不期而然地呈現到了人們的面前。

由此觀之，英格蘭社會早在16世紀前就已經不再是一個封閉的、自給自足的「農民社會」，它經由自身有特色的傳統社會逐步「長入」了或「擴展」出了現代性，並在各方面實現了與市場經濟間的良性耦合。因此，那些我們原以為英國「資本主義」得以成長起來的重要因素，如16世紀後的「大西洋貿易」、海外殖民地的超額利潤、社會經濟結構的變化、有著自己特色的新教教義、組織與倫理等等，與其說它們促成了英國社會的現代化，不如說它們是英國社會現代性出現時與出現後的伴生物。

而更重要的是，這樣一幅描繪英格蘭現代性發生過程的圖景，多少解構與終結了支撐著馬克思與韋伯有關現代化性發生學與現代社會轉型學說的理論「解讀範式」。在新的解讀範式下，馬克思所強調的生產資料與勞動力的分離與韋伯所強調的新教倫理雖然也曾發揮過自己的歷史功能，只是它們的出現本身，更多的是一種為既成的生活方式所呼喚出來的現象，而不是形成這種生活方式的最主要推動者。

接受這樣一個對現代性發生所作出的全新解讀範式，我們便不能不面臨如下這一個極具挑戰性的追問：現代性一定是傳統的對立面嗎？現代性一定要以摧毀傳統作為自己發展的前提與代價嗎？現代和傳統的兩分與對立是不是一種摧毀我們走向現代化可能性的神話呢？

---

〔註11〕　參見艾倫‧麥克法蘭著，管可穠譯，《現代世界的誕生》，上海人民出版社2013年版，第159～164頁。

## 第四節　背棄傳統世界，我們憑什麼去生發現代性？

在我們既往所信服的有關現代性的發生學中，傳統世界完全是作為現代性的對立面出現的，甚至「現代性」、「現代化」這些概念被創造出來本身就是用來明確與傳統間之區分的。因此不難理解，要強化一個社會的現代性也好，要完成一個社會的現代化轉型也好，都必須要與傳統拉開距離，要與傳統實行堅決的告別。對於像華夏文明這樣與英國文明完全異質的東方國家來說，這種告別恐怕不做到與傳統作最堅決、最徹底的「決裂」，是沒有任何希望的。

應該說，這樣的想法還不僅是中國化的，也更是世界性的。除了盎格魯－撒克遜文化及其親緣文化之外的世界，在數百年間都受這一思想認識影響，而使反傳統的潮流激蕩澎湃，不斷在世界範圍內引起共振與回響。從意大利的文藝復興運動、歐洲大陸的啓蒙運動、蘇俄的「無產階級文化」運動、中國的「五四」與新文化運動，直到我們的「文化大革命」，無一不是對於傳統世界的無情批判與徹底否定，無一不對傳統的信仰體系、意義世界、社會組織、禮俗與民間風尚、存量「社會資本」發起全面衝擊。而一代又一代行進在追求現代化道路上的仁人志士們也一直由衷地相信，與傳統世界決裂得越徹底，我們離現代化世界的實現就越近。這就無怪乎，「不斷革命」的理論與實踐劇目在世界許多地方一再充滿激情地上演。

然而以激進反傳統的方式來追求國家現代化的做法數百年來在世界範圍內雖然不絕於縷，但卻鮮有一個成功的、可加借鑒的範例。〔註12〕這類社會幾無例外地都走上了悲壯的失敗之路：你追求的東西得不到，你得到的則是完全出乎你意料，甚至是與你的預期完全相反的結果。歷史在這裏多少顯現出了它的「弔詭」，一代又一代仁人志士對於現代化充滿激情的、忘我的追求，對傳統世界毫不留情地批判與摧毀，最終竟然都演化成為一幕幕「以追求自由始，以獲取奴役終」這樣的連詩人之遐想也難以企及的「歷史諷刺劇」，成為「人類理性遠不足以設計自己文明」這一哈耶克式斷語下的一個個活生生

---

〔註12〕作為唯一孤例的土耳其不只因其特殊背景而無法複製，它本身社會的發展在當代的一再反覆也表明以全面背離自己傳統去達成的現代化一定會留下自己難以克服的後遺症。參見張銘，《現代化視野中的伊斯蘭復興運動》（北京，中國社會科學出版社，1999 年版）一書第四章第三節「土耳其伊斯蘭精神的復活」。

的「注腳」。

在這方面，百多年來面對「亡國滅種」危機而奮起直追的中國，可以說是一個極爲典型的例子。我們曾經以爲，是專制主義政治文化傳統阻礙了我們國家走向富強與現代化，於是我們展開了轟轟烈烈的反「專制」王權、爭取民權、民主與自由的革命；我們也曾認爲，是國人的麻木、苟且、因循守舊、奴性十足阻礙了社會變革，於是我們從器物層面與典章制度層面的大膽改革進一步深入到了「文化層面」、「國民性」層面，力圖作出眞正「觸及靈魂」的革命。在這樣的信念下，我們展開了也許是這個世界上最爲徹底的「反傳統」運動。而我們這個民族在這一革命過程中所表現出來的激情、無畏、獻身精神以及那種與傳統作徹底決裂的決絕、擁抱新事物的義無反顧精神，可以說驚天地、泣鬼神，不僅「史無前例」，而且還一定會讓後人「自愧弗如」。我們甚至可以自詡地說，國人百多年來在這些方面作出的努力不比別人差，下的決心不比別人小，形成的意志不比別人弱，付出的犧牲比別人要多，對國家與社會作出的「再造」努力比別人更認眞！

然而，所有這一切都無濟於事。我們所有的憧憬幾乎無一例外地都撞碎在了嚴酷的現實面前，我們總是眼睜睜地看著那似乎到手的成果從我們的指縫裏悄無聲息地流走。一個個革命或變革的輪迴走下來，我們似乎都無比失落地回到了原來的出發點，儘管我們還能再度積蓄能量去投入新的「追夢」。這樣的經驗不用說，是極其痛苦的：我們所積極體認與擁抱的新事物總是在不斷地忽悠我們，一而再、再而三的反傳統激情革命沒有讓我們在人類文明的大道上向前邁進，而是令我們不可思議地倒退——在秩序、在精神、在道德、在藝術、在人格、在情操等方面的全面倒退。以至於華夏文明在全面反傳統劫難之後留下的似乎只有「文化曠野和廢墟加垃圾堆乘小丑」。〔註13〕

中國追求現代化的曲折經歷，只是整個世界現代化發展史的一個縮影。放眼世界，除了盎格魯－撒克遜民族及與其有較大親緣性的文明，世界其他各國在追求現代化的過程中沒少受這種折磨與苦難。肇始於法國大革命的「百年迷惘」，俄國歷時近百年，至今尚未眞正走出那場徹底革命帶來的陰影，拉丁美洲各國迷失在現代化的歧途上更是遠遠不止百年時光，而當今與恐怖主義這一概念牽連在一起的伊斯蘭世界所經歷的曲折與磨難更是一個令人扼腕

---

〔註13〕殷海光，《殷海光、林毓生書信集》，吉林出版集團有限責任公司 2008 年版，第 227 頁。

的個案。〔註14〕所有這些磨難與曲折都讓我們看到，隨著傳統世界在激進革命中的垮塌，與它一同逝去的其實還有歷史通過長期篩選與積澱而成的、反映著歷史「大智慧」與人類成功文明共性的具體載體。而沒有了這樣的「載體」，一個文明社會也就葬送了成其為「文明」的所在，不可避免地會墮落成「野蠻的化外之地」。追求現代化的這些社會一旦落入此種境地，那麼現代性在其中便不再會有自己的生長土壤，對它的追求成為鏡花水月便是一件無可避免的事情，畢竟現代性與現代文明不是與人類成功文明共性背道而馳的東西，它最初是在一個具有著這種成功文明共性的社會中成長起來的，它在其他文明中的生成也必須以一個社會能維持這種共性的存在為前提。

那麼人類成功文明中哪些核心內涵帶有著生發現代性所不可或缺的共性呢？在我們看來，這樣的核心內涵可以分為四個方面：與信仰、信念聯繫在一起的、穩定的意義世界；有著強烈使命感、責任感與擔當意識的社會精英；與民風、習慣和民間法緊密結合在一起的「禮俗」與法；能夠培養出廣泛信任與合作這類「社會資本」的跨家庭共同體。這也就是說，大凡成功的人類文明都一定會有上述四個方面內涵的支撐，儘管這種共性內涵在每一個具體文明中的表現形式可能千差萬別。可以說，任何人類文明如果在這四個方面有任何的缺失，它的長期發展就難逃衰微的命運，歷史的眷顧垂青便會很快轉移。為什麼這樣說呢？

個中的道理也許並不複雜。因為一個社會如果失去了自己與信仰、信念聯繫在一起的、穩定的意義世界，那麼它也就一定會喪失將自己與某種神聖性連接在一起的集體記憶，會喪失一個文明不能沒有的認同對象與凝聚在一起的能力，會喪失闡釋世界與生命存在意義的能力，會喪失了一切作為敬畏感和道德感來源的精神家園。而一個社會如果失去了自己有強烈使命意識、責任感與擔當意識的社會精英，那麼各類社會共同體與跨共同體的社會「文化網絡」的組織便會缺失必要的自我組織能力、垂範榜樣和凝聚核心，隨之而起的勾心鬥角與「理性算計」就會將有機社會解構成一盤散沙。與民風、習慣和民間法緊密結合在一起的「禮俗」與法也是這樣，如果它遭遇衝擊與踐踏，那麼社會就不會再有真正有效的教化機制與行為規範。在這種情況下，像底線秩序與底線正義的維持這類社會運行不可或缺的公共產品，便只能依

---

〔註14〕從奧斯曼帝國帶有「西化」色彩的「坦齊馬特改革」算起，也有近兩百年的歷史。

靠國家與政府那只低效率、高成本且容易弄髒的「看得見的手」來提供。而一個社會如果致力於抑制甚至消滅那些能夠有效培育道德自律和「社會資本」的跨家庭共同體的話，那麼社會的原子化與橫暴國家機器間的交互作用一定會把這個社會很快拖向大家都不願看到的「警察國家」的境地之中。

這裏需要指出的是，將這四個核心內核的重要性分開來講述，更多的是出於論述的方便而並不意味著這四個方面是截然分開、沒有任何內在聯繫的。相反，它們其實是緊密關聯、相互連鎖與相互支撐的一個整體的幾個方面。沒有了它們，文明便沒有了自己存續的基礎，一個社會便不再擁有自己能堅守的精神家園、基本認同、底線秩序、底線正義和底線倫理，就會向動物世界式的「爭於力氣」、「叢林化」方向退化。清末「新政」所開啓的向現代化「急行軍」之門，為中國帶來失序、動蕩與戰亂，陷國家與國民於水火之中的結局，正是這方面最具代表性的例證。由此我們也不難明白，為什麼在激進理想主義革命將傳統世界打碎「砸爛」後，只要燃起革命的激情理想在巨大的現實壓力下退潮，人們在自己的日常生活世界中一定會迎來一個「世紀末之風」熾吹、人們特別是權勢者耽於紙醉金迷的時代，而之後也一定會迎來一個「世紀末」式的世界。

行文至此，還有一個問題恐怕是我們不能不面對的，那就是既然對傳統世界的摧毀讓我們喪失了一切成功文明所必須仰賴的共性內涵基礎，那我們為什麼不可以在摧毀傳統世界的同時，以西方文明的借鑒與引入來重建一種更好的、更合於時代要求的共性內涵呢？這樣的發問的確是一個具有一定「合理性」的想法。然而這裏的問題在於，這樣一種想法及其指導下的行動，在理論上是站不住腳的，在實踐中也被證明是完全虛妄的，實踐上的走不通，本文在前面已經多有涉及，這裏就不再贅敘。那麼，理論上這種想法為什麼站不住腳呢？這主要是因為人類社會所具有的複雜性。社會是一個類似於有機體那樣的複雜大系統，其中的傳統、特別是涉及到社會層面與文化層面的傳統，是特定民族在漫長的歷史中經反覆篩選、積澱與磨合而成的。作為體現人類成功文明共性的個性化形式，它一方面支撐著在特定內外環境中獲得優選的文明，另一方面，它又構成特定社會向前發展與演進中無法擺脫的「路徑依賴」。因此，在借鑒「他者」在長期演進過程中形成的、具有成功文明共性內涵的個性化形式方面，除非目標文明與引進文明兩者間有著較近的親緣關係，一般都很難成功。正因為如此，在政治發展理論中，人們發現，大凡

那些在本國政治革命過程中進而提出「社會革命」、甚至「文化革命」要求的國家，它們的現代化道路都會走得特別的曲折和艱難。而歷史也反覆告訴我們，體現出成功人類文明共性內涵的那些個性化形式，不是人們只要想學就一定能學到手，只要想改就一定能改好的東西。

當然，這樣講並不等於說，那些特定的個性化形式不能改變或無法改變。由於歷史形成的集體經驗與時代發展要求相脫節，由於社會所面對內外挑戰性質的變化，這些特定的個性化形式毫無疑問需要通過改變來「與時俱進」，以靠攏或增強自己的「現代性」。然而由於「路徑依賴」的原因，由於社會系統的複雜性和內部的高度連鎖性，這種改變又只能經由「試錯」、「擴展」與「功能性看齊」的方式才會有成功的可能。想「滅此朝食」，想「畢其功於一役」，想以全盤照搬的方式來模倣那些令「他者」成功的個性化形式的結果，最後只能是欲速不達，毀掉社會生發出現代性唯一可以憑藉的基礎。畢竟在社會與文化系統方面所形成的那些成功的個性化形式，都是以自己獨特的歷史、內外環境以及包括偶然性在內的背景為基礎的。無視個性形式具有的這種特殊性與不可模倣性而盲目照搬，無異於「東施效顰」和「自廢武功」。〔註 15〕

由此我們似乎可以得出這樣的結論，背棄自己的傳統世界，全面引入異質文明成功的個性化形式，對於一個有著自身悠久傳統的國家的現代化來說，無疑走的是一條最為迂遠、曲折的道路，一條為自己不斷製造社會苦難的道路。

## 第五節　英租威海衛鄉村治理：從傳統中生發現代性的東方個案

說英格蘭從自己的傳統中生發出現代性，從而未經重大「社會革命」和「文化革命」便把自己一步步推上了現代國家之路，人們的接受度也許會比

---

〔註15〕　中國在百多年時間裏，多向度、多批次所引進的外來制度形式，不論是政黨制度、議會制度、選舉制度還是民主制度、法律制度，大多表現出了它們的「水土不服」。這些制度形式最後不是耽於形式化，便是在功能發揮方面出現嚴重的「異化」——期待它的效果發揮不了，發揮出來的效果卻不是所期待的。而最要緊的是，所有這些「異化」指向的方向，很少有與現代性相吻合的。這就使得我們的現代化進程遷延時日、反反覆覆、曲折跌宕。

較高。因爲大家對中世紀的認識，近幾十年以來已經發生了較大的改變，中世紀在很大程度上已經不再是人們心目中過去那個「黑暗」、「愚昧」、「專制」的形象。它多元的社會結構，法治帶來的社會底線秩序和底線正義的穩固，契約政治給社會精英帶來的權利與義務意識、相對鬆散的行政控制帶來的社會橫向發展的寬鬆空間、英國獨特的島國地理位置帶來的「政治生態放鬆」等，似乎都在告訴我們，現代化國家最早從英格蘭中世紀社會形態中脫胎出來，並不是完全偶然的。許多現代性的苗頭在它的傳統中大體能清晰地辨認出來，因此英國人看重與保守自己的傳統，堅決摒棄按人們的理性訴求對於社會傳統進行大規模改造的方案，是可以理解的。然而，在完全異質的東方大一統文明中，我們也依樣畫葫蘆，看重和保守我們的傳統，難道不是另一種「迂腐」嗎？難道我們的傳統中也像中世紀的英格蘭社會那樣，隱含有諸多現代性的苗頭？如果沒有，那談論傳統的保留還有什麼意義呢？如果有，又能憑什麼來證明這一點呢？

這的確是一個問題，一個無可迴避的問題。無庸置疑，英格蘭文明與華夏文明是兩個有著較大個性差異的人類文明，這種異質性就其大者而言，體現在如下幾個方面。首先，兩者在信仰方式與內容上不同，而各自依自己信仰建構的意義世界也不同。其次，兩者的社會結構不同：在前者那裏，多元特徵相當明顯，而後者的多元性則帶有一定的隱蔽性。再次，兩者在世俗國家的權力結構與行爲能力上的差異：前者是一個有著一定離散性的契約性政治架構，行爲能力相對有限；而後者則是一個高度集權的大一統架構，行爲能力非常強悍。最後，兩者在社會橫向發展空間開放程度上的差異：前者由於拜社會結構與國家權力結構鬆散性所賜，社會橫向發展空間高度開放，並在此基礎上使「社會資本」的增殖，使經濟合作與交換方式不斷創新成爲可能；而後者雖然也享有一定的社會橫向發展空間，但其開放度遠不及前者。

差異的確是存在的，我們對此也必須加以正視。但從另一個方面，即從我們前面提及的成功文明共性的角度上來講，兩者間的差異並沒有我們原來想像得那樣大。儒學爲華夏文明所提供的信仰雖然在「超越性」方面不如基督教，雖然它和世俗世界及世俗權力的聯繫過於緊密，但它在履行提供「意義世界」的功能上，可以說毫不含糊。而受其薰陶和浸淫的社會精英們在使命感、責任與義務感方面一點兒也不比西方的社會精英差。在風尚、習慣、禮俗與律法的結合上，傳統中國也許正如一些學者所指出的那樣，是世界上

與英格蘭普通法最爲相近的。〔註 16〕由此看來，兩者間在文明共性方面存在的最大差異，可能在於由於社會權力結構、政府權力結構之異而留給社會橫向發展空間的大小上。

的確，傳統的中國社會由於王權與儒學相對緊密的結合，由於大一統政治架構的存在，民間社會橫向發展的空間不是太大，由此影響到整個社會更多地採用了像家庭、家族這樣的自然共同體形式，使得跨家庭與家族的「半共同體」形式發展不夠。在與此相應的社會經濟領域中，也因自然共同體與遺產繼承制的限制，而表現出非常明顯的封閉、小生產與自給自足的特點。在這種情況下，現代性無法從中產生是很自然的，即便因機遇而偶然地產生出來，其生長的空間也極爲有限。

不過需要指出的是，中國傳統鄉村社會雖然有上述這些因素的限制，但相對於城市而言，它在這方面還是有著一定優勢的。這優勢一是大一統政治因儒學確立的道統和治理規範限制，在政府規模和稅收上形成定制，從而使得傳統鄉村社會享有一定的自治空間，而與儒學結合緊密的鄉紳在鄉村治理中所發揮的積極有效的作用，更是使得這種鄉村自治具有可操作性。這樣的自治雖然沒有像英格蘭社會那樣，在社會橫向發展方面越走越遠，推出形式多樣的「半共同體」並促使生產組織、生產規模和市場交換方面的制度創新，但它也還是在限的發展空間中形成了以家族爲基礎的「文化網絡」，有效提供了自然經濟發展所需要的社會協作與「社會資本」，形成了推動產品交換的市場。

因此從鄉村治理層面來說，傳統中國鄉村社會生發出現代性來的瓶頸似乎集中在兩個方面，一個方面是中國的財產繼承制度即大體而言的諸子平分

〔註16〕二十世紀三十年代曾在倫敦師從哈耶克學習經濟學、晚年曾翻譯哈耶克所著《自由的憲章》的周德偉先生，曾說過這樣一段話：「所謂禮者即由風俗習慣傳統及人民接受之道德價值而成，亦即人民共同生活之規律，雖無法律之拘束力，但其普及於民間較之成文之法律不只高出若干倍，且唯其無拘束力，故能適時生長演變，以現代西方術語表示之，此乃私法系統（Private Law System），類似英國之判例法（Common Law）。」（參見周德偉《自由哲學與中國聖學》，中國社會科學出版社 2004 年版，第 121 頁。）中華民國司法院院長居正也曾說過，「中國向來是判例法國家，甚似英美法制度」。在 1928 年民法頒佈之前，「支配人民生活的，幾乎全賴判例」。（參見居正，《司法黨化問題》，引自武樹臣，《中國傳統法律文化》，北京大學出版社 1994 年版，第 76 頁。）

制使得生產規模與生產組織方式難以實現真正的提升，這就阻礙了社會勞動力實行跨家庭式的廣泛流動，限制了「社會資本」通過跨家庭、家族交往形式來實現增殖。另一個方面是社會橫向發展的空間受大一統政治架構的間接影響，預留不是很充分。在這一政教有所結合的架構中，國家有意識地奉行「抑商」政策，從而將社會橫向發展的實際空間限制得很小。不僅如此，傳統中國鄉村社會雖然享有較廣泛的自治權，但這種權利還沒有上陞到契約性合法與神聖不可侵犯的高度。相反，國家以及代表國家的官府，對於這種自治權不是沒有能力進行改變，而更多的是出於儒學「柔性約束」下的不為。因此，這種「不為」多少也是可以以「長官意志」、「長官判斷」為轉移而加以變更的。

由於這兩個瓶頸的存在，華夏文明在鄉村社會中生長不出現代性來，也就不難理解了。但儘管如此，作為「後發國家」的鄉村社會建設，我們覺得還有兩個需要提請人們注意的地方：一是就社會現代化的實現而言，它對「追隨型國家」所提出的要求，相較於「原生型國家」而言，不會完全相同，也不會那麼嚴格。二是東方文明雖然有著一些對現代性成長來說不很有利的要素，但是它作為歷時彌久的複雜大系統，作為曾相當成功的文明，內部是有著較高的應變彈性和「自適應能力」的，只要它能在這一點上保留自信，而不是亂了方寸，以「病篤亂投醫」的方式自戕。畢竟一個歷時悠久的文明在應對不測挑戰時，只要具有開放的心胸，它手頭可資利用的內外資源還是很巨大的。喬叟嘗言，「從古老的田地裏一定能發育出和長成新的穀物。」〔註 17〕

在澄清了上述所有這些方面後，我們現在大體上能解釋為什麼英租威海衛鄉村治理得以使現代性逐漸從傳統中生發出來這個問題了。

首先，威英政府從英國殖民部領受的任務不是從租借地榨取最大限度的經濟利益，而是盡快實現「自給自足」，這使得英租時期的賦稅水平沒有任何提升，同時也免去了殖民者為完成超額徵稅而不得不強化控制、擴張政府的麻煩。這兩點在很大程度上與傳統中國「輕繇薄賦」和「小規模政府」的長期做法較為吻合，因而沒有對威海衛當地的經濟與日常生活形成衝擊性影響，最大限度避免了因租界體制變革而給當地的社會秩序與日常生活帶來震盪、混亂與破壞的局面。

---

〔註 17〕哈羅德·J.伯爾曼著，賀衛方、高鴻鈞等譯，《法律與革命——西方法律傳統的形成》，中國大百科全書出版社 1993 年版，第 258 頁。

其次，威英政府推行的「循其舊制」的政策，最大限度地不去觸動一切行之有效的社會、經濟、文化、宗教傳統與行為習慣，從而很好地保留了傳統社會在長期磨合中運行良好的結構功能，並為秩序的「擴展性演進」、現代性的生發保留了一個必要的前提。

再次，將英國的法律制度與法治原則引進租界，在與中國傳統社會民間法、習慣法相結合的基礎上，形成了維持社會基本秩序和社會底線正義的連續性，並以其慣有的法治精神成功遏制了處於權力底層的胥吏衙役長於勒索敲榨的傾向，改變了大一統政治架構中最難以糾正的陋習。

復次，與威海衛本土社會精英攜手，發揮和利用他們的治理積極性和在民間社會所享有的聲譽，在人們所熟悉的傳統文化框架內，倡導良風美俗，扶持社會正氣，有意識地鼓勵和支持社會橫向發展空間的擴大，發展跨家庭與家族的「半共同體」組織，推動「社會資本」的流動與增殖。

最後，將威海辟為自由港，招商引資，推動外向型經濟發展，以市場經濟和貿易來引導鄉村經濟突破自給自足的樊籬，在不解構家庭與家族作為生產單位的基礎上，使農、漁產品生產逐漸走向專業化、精細化與商品化。同時還在商業發展的基礎上，大幅度增加了富裕人口在家庭、家族外的就業機會，推動了社會的流動，為商品經濟與勞動分工向縱深發展打下了基礎。

總體來看，威英政府在威海衛鄉村治理中的運作、努力和付出都不算很大，真正具有特色的舉措在今天看來，無非就是上述做法中的第三、第四點和第五點。因為第一、第二點是我們傳統中所固有的要素，威英政府只是加以維持而已。這也就是說，威英政府給威海衛傳統社會帶來新發展內涵的主要奧秘，集中在以法治約束政府權力、努力培育推動社會橫向發展的「半共同體」與「社會資本」、以發展貿易推動自然經濟向市場經濟的靠攏。

平心而論，做到這三點似乎並不難。但從中我們也不難看出，這三點舉措在治理思路上和清末新政以來國人的現代化追求方式之間所存在的巨大差異。後者百多年來的理論與實踐幾乎無一不是建立在對傳統的否定與批判基礎之上的，而前者在一種完全不同的治理思路中，在保留幾乎所有有著自身個性特點的傳統形式下，使現代性獲得了一個得以真正生發的機會。由此說來，現代性與現代化離我們的傳統似乎並不很遙遠，只是因為我們始終蔑視它、破壞它，這才會有越折騰越遭罪的結果。

當然，話還是要說回來。英租威海衛還只是一個個案，由於它在治理主

體、時代背景等方面所具有的特殊性，因而對今天的我們來說並不具有可複製性和普遍性，畢竟百多年前的那個傳統中國在一次又一次的革命與戰亂的掃蕩下早已遠離我們而去。儘管如此，它留給我們的啟示意義還是巨大的。因為我們尚置身其中的、延續了百多年的社會轉型困局的突破，特別需要有一種新的建設性思路。我們應該看到經由歷史篩選和積澱下來的傳統中國鄉村社會的自我治理是一個有著複雜支撐結構的有機系統，它與現代性的生成並非格格不入，而它在近代以來所受到的結構性和系統性的打擊則在很大程度上延緩甚至是阻礙了我們邁入現代社會的步伐。今天當我們致力於鄉村社會自治的重建時，應該把這一重建看成是一個任重道遠、涉及諸多方面的複雜系統工程，而不能簡單地把它看成是一件可以通過人為設計而一蹴而就的事情。為此我們似乎有必要直面如下幾個方面的問題：

首先是要認識到，我們時代的治理思路需要有一種信念層面的轉換，要告別那種建立在人類理性自負基礎之上的全盤操控願望，要把不斷擴大社會活動空間、培養鄉村自治精英、文化網絡和提升治理藝術視為一個長期性的戰略任務，並在此基礎上逐步減輕我們在鄉村社會治理上對於行政控制的依賴程度。畢竟一個社會的成功自我治理是所有成功的人類文明的一個共性基礎，更是一個高度集權制國家得以合理存在的前提。一部世界現代化的歷史反覆告訴我們，傳統社會的成功自治經驗儘管在現當代社會也有著自我升級與適應時代變化的必要，但這種自我升級與適應應該也只有在傳承、漸進改良，而不是「打碎重來」的基礎上才有可能。

其次是要警惕那種缺乏背景意識，以線性發展觀來解讀現代化的認識論方法。要看到，人類社會是一個多元、開放的複雜系統，它的發展是一個有著「多元主體」參與和建構的「互動生成」過程，有著充分的開放性、不確定性和模糊性。一個國家成功的現代化經驗固然有著它的普遍性，有著供他國借鑒的意義，但這種經驗中也有完全個性化的，不具普遍性的，因而不是可以照搬照抄的東西。在這個特定意義上，發達國家的今天，不一定必然是發展中國家的明天。後發國家應該意識到自己在適應現代化的過程中，在遵循共性的基礎上，實際上還肩負著創新現代化個性形式的任務與使命。

再次是在追求工業化和市場化的過程中，應該注意到協調這些新生性要素對於傳統社會容易造成的結構性破壞，要爭取使這些新生性要素與既有的社會結構通過相互調整來達成相互協調、相互「嵌入」，要調動一切可以調動

的、包括本土性歷史文化傳統在內的資源以防止轉型苦難的快速積纍，防止社會因轉型苦難的大量積纍而引發結構性震盪與爆炸性局面的出現。

最後是要防止現代化追求過程中容易出現的焦躁、激進心態。社會的轉型是一個複雜的系統工程，而歷史文化傳統則是在長期的文明演進中得到篩選和優化的積澱物。以幾代人甚至一代人的理性自以爲是地去全面否定這類具有「時間與歷史厚度」的傳統，最後的結果不僅只是欲速而不達，而且還總會招來文化與社會「自毀」這樣災難性的後果。因此，我們在面對悠久的歷史文化傳統時，需要懷有一種「敬畏」的心態和審愼、節制的精神，要意識到人類理性所具有的無可克服的局限，以一種積極的、試錯式的、漸進的方法，推動本就是流變的傳統作出對時代要求的「應變」。

總之，鄉村社會秩序的重建和鄉村自治的達成對於今天行走在歷史發展新十字路口的我們而言有著極爲重要的作用，爲此，檢討近現代歷史上鄉村失序和破敗的根源所在，發掘出威海衛鄉村治理成功的方法論意義所在，對於我們拓寬眼界，以歷史發展的長時段眼光確定發展戰略，並正確選擇改革方略有著非同尋常的意義。

# 參考文獻

## 一、檔案部分

1. 威海市檔案館英國威海衛行政公署檔案。

## 二、中國學者著作

1. 秦暉，《傳統十論》，復旦大學出版社 2004 年版。
2. 費孝通，《鄉土中國》，上海人民出版社 2006 年版。
3. 張鳴，《鄉村社會權力和文化結構的變遷（1903～1953）》，廣西人民出版社 2001 年版。
4. 王先明，《近代紳士——一個封建階層的歷史命運》，天津人民出版社 1997 年版。
5. 費孝通、吳晗等著，《皇權與紳權》，嶽麓書社 2012 年版。
6. 王日根，《明清民間社會的秩序》，嶽麓書社 2003 年版。
7. 魏光奇，《官治與自治：20 世紀上半期的中國縣制》，商務印書館 2004 年版。
8. 鄭起東，《轉型期的華北農村社會》，上海書店出版社 2004 年版。
9. 梁漱溟，《鄉村建設理論》，上海人民出版社 2011 年版。
10. 郝錦花，《新舊學制更易與鄉村社會變遷》，人民出版社 2009 年版。
11. 王先明，《變動時代的鄉紳——鄉紳與鄉村社會結構的變遷（1901～1945）》，人民出版社 2009 年版。
12. 吳毅，《村治變遷中的權威與秩序——20 世紀川東雙村的表達》，中國社會科學出版社 2002 年版。
13. 吳毅、吳淼，《村民自治在鄉土社會的遭遇——以白村爲個案》，華中師

範大學出版社 2003 年版。

14. 吳毅，《小鎮喧囂──一個鄉鎮政治運作的演繹與闡釋》，三聯書店 2007 年版。

15. 賀雪峰，《中國村治模式：若干案例研究》，山東人民出版社 2008 年版。

16. 仝志輝，《選舉事件與村莊政治》，中國社會科學出版社 2004 年版。

17. 董磊明，《宋村的調解──巨變時代的權威與秩序》，法律出版社 2008 年版。

18. 羅興佐，《基層民主建設研究──基於全國 10 省 14 村的村級民主管理調查與分析》，湖北人民出版社 2009 年版。

19. 張厚安、徐勇、項繼權等，《中國農村村級治理──22 個村的調查與比較》，華中師範大學出版社 2000 版。

20. 應星，《大河移民上訪的故事》，生活・讀書・新知三聯書店 2001 年版。

21. 曹錦清，《黃河邊上的中國──一個學者對鄉村社會的觀察與思考》，上海文藝出版社 2000 年版。

22. 徐勇，《中國農村村民自治》，華中師範大學出版社 1997 年版。

23. 榮敬本，《從壓力型體制向民主合作體制的轉變──縣鄉兩級政治體制改革》，中央編譯出版社 1998 年版。

24. 何清漣，《現代化的陷阱》，今日中國出版社 1998 年版。

25. 王銘銘，《村落視野中的文化與權力》，生活・讀書・新知三聯書店 1997 年版。

26. 蘇力，《法治及其本土資源》，中國政法大學出版社 1996 年版。

27. 梁治平，《鄉土社會的秩序、公正與權威》，中國政法大學出版社 1997 年版。

28. 錢杭、謝維揚，《傳統與轉型：江西泰和農村宗族形態》，上海社會科學院出版社 1995 年版。

29. 王滬寧，《當代中國村落家族文化》，上海人民出版社 1991 年版。

30. 賀雪峰，《鄉村的前途》，山東人民出版社 2007 年版。

31. 威海市政協科教文史委員會編，《英國租占威海衛三十二年（威海文史資料第十輯)》威海，1998 年版。

32. 朱世全，《威海衛問題》，商務印書館 1931 年版。

33. 鄧向陽，《米字旗下的威海衛》，山東畫報出版社 2003 年版。

34. 梁月昌，《英艦駛進劉公島──英租威海衛解讀》，中國文史出版社 2005 年版。

35. 羅榮渠，《現代化新論──世界與中國的現代化進程》，商務印書館 2009 年版。

36. 許紀霖、陳達凱主編,《中國現代化史 1800～1949》,學林出版社 2006 年版。

37. 陳序經,《中國文化的出路》中國人民大學出版社 2004 年版。

38. 袁偉時,《文化與中國轉型》,浙江大學出版社 2012 版。

39. 秋風,《重新發現儒家》,湖南人民出版社 2012 年版。

40. 秋風,《儒家式現代秩序》,廣西師範大學出版社 2013 年版。

41. 錢乘旦主編,《世界現代化進程‧總論卷》,江蘇人民出版社 2010 年版。

42. 金耀基,《從傳統到現代》,中國人民大學出版社 1999 年版。

43. 林耀華,《義序的宗族研究》,三聯書店 2000 年版。

44. 林耀華,《金翼——中國家族制度的社會學研究》,三聯書店,1989 年版。

45. 費孝通著,趙旭東,秦志傑譯,《中國士紳》,三聯書店 2009 年版。

46. 從翰香主編,《近代冀魯豫鄉村》,中國社會科學出版社 1995 年版。

47. 肖唐鏢主編,《當代中國農村宗族與鄉村治理》,中國社會科學出版社 2008 年版。

48. 金觀濤,《在歷史的表象背後:對中國封建社會超穩定結構的探索》,四川人民出版社 1984 年第二版。

49. 白鋼,《中國農民問題研究》,人民出版社 1993 年版。

50. 魏光奇,《官治與自治——20 世紀上半期的中國縣制》,商務印書館 2004 年版。

51. 蕭功秦,《危機中的變革——清末政治中的激進與保守》,廣東人民出版社 2011 年版。

52. 張銘,《現代化視野中的伊斯蘭復興運動》,中國社會科學出版社 1999 年版。

53. 舒新城,《近代中國教育思想史》,中華書局 1932 年版。

54. 馬勇編,《嚴復語萃》,華夏出版社 1993 年版。

55. 故宮博物院明清檔案部彙編,《清末籌備立憲檔案史料》,中華書局 1979 年版。

56. 劉大鵬遺著,喬志強標注,《退想齋日記》,1913 年 5 月 13 日,山西人民出版社 1990 年版。

57. 馬小泉,《國家與社會:清末地方自治與憲政改革》,河南大學出版社,2001 年版。

58. 陳之邁,《中國政府》,上海商務印書館 1946 年版。

59. 朱宇,《中國鄉域治理結構:回顧與前瞻》,黑龍江人民出版社 2006 年版。

60. 錢端升,《民國政制史》,上海商務印書館 1946 年版。

61. 劉偉，《晚清督撫政治》，湖北教育出版社 2003 年版。

62. 馬寅初，《財政學與中國財政——理論與現實》（上），商務印書館 2001 年版。

63. 梁漱溟，《中國之地方自治問題》，鄉村建設研究院出版股 1935 年版。

64. 河北省建設研究院編，《定縣地方自治概況調查報告書》，1934 年出版。

65. 梁漱溟，《梁漱溟全集》，山東人民出版社 1995 年版。

66. 聞鈞天，《中國保甲制度》，上海商務印書館 1935 年版。

67. 朱博能，《縣財政問題》，正中書局 1943 年版。

68. 丁文江、趙豐田編，《梁啟超年譜長編》，上海人民出版社 1983 年版。

69. 中央大學經濟資料室，《田賦附加稅調查》上海商務印書館 1935 年版。

70. 彭雨新，《縣地方財政》，上海商務印書館 1945 年版。

71. 孫佐齊，《中國田賦問題》，新生命書局 1935 年版。

72. 王印煥，《1911～1937年冀魯豫農民離村問題研究》，中國社會出版社 2004 年版。

73. 王守中，《威海衛與甲午戰爭》，山東文藝出版社 2004 年版。

74. 劉玉黨主編，《威海文化通覽》，山東人民出版社 2012 年版。

75. 蔣桐生、王君守，《威海衛指南》，上海朱錦堂印刷所 1933 年版。

76. 張建國、張軍勇主編，《英租威海衛史料彙編》，中國國際廣播出版社 2006 年版。

77. 姚中秋，《儒家憲政主義傳統》，中國政法大學出版社 2013 年版。

78. 范忠信等編，《中國文化與中國法系——陳顧遠法律史論集》，中國政法大學出版社 2006 年版。

79. 李長莉、左玉河主編，《近代中國的城市與鄉村》，社會科學文獻出版社 2006 年版。

80. 姚中秋，《中國變革之道：當代中國的治理秩序及其變革方略》，法律出版社 2011 年版。

81. 梁治平，《清代習慣法：社會與國家》，中國政法大學出版社 1996 年版。

82. 蘇亦工，《中法西用：中國傳統法律和習慣在香港》，社會科學文獻出版社，2002 年版。

83. 愛新覺羅·溥儀，《我的前半生》，東方出版社 2007 年版。

84. 韓達編，《評孔紀年（1911～949）》，山東教育出版社 1985 年版。

85. 張銘，《現代化視野中的伊斯蘭復興運動》，中國社會科學出版社 1999 年版。

86. 殷海光，《殷海光、林毓生書信集》，吉林出版集團有限責任公司 2008 年

版。

87. 周德偉，《自由哲學與中國聖學》，中國社會科學出版社 2004 年版。

88. 武樹臣，《中國傳統法律文化》，北京大學出版社 1994 年版。

## 三、國外學者著作（中譯本）

1. 〔德〕馬克斯·韋伯著，王容芬譯，《儒教與道教》，商務印書館 1995 年版。

2. 〔美〕黃宗智，《華北的小農經濟與社會變遷》，中華書局 1986 年版。

3. 〔美〕李懷印，《華北村治——晚清和民國時期的國家與鄉村》，中華書局 2008 年版。

4. 〔美〕楊懋春著，張雄等譯，《一個中國村莊——山東臺頭》，江蘇人民出版社 2012 年版。

5. 〔美〕施堅雅著，史建雲、徐秀麗譯，《中國農村的市場和社會結構》，中國社會科學出版社 1998 年版。

6. 〔美〕弗里德曼著，劉曉春譯，王銘銘校，《中國東南的宗族組織》，上海人民出版社 2000 年版。

7. 〔美〕杜贊奇著，王福明譯，《文化、權力與國家——1900～1942 年的華北農村》，江蘇人民出版社 2004 年版。

8. 〔美〕吉爾伯特·羅茲曼主編，《中國的現代化》，上海人民出版社 1989 年版。

9. 〔美〕林毓生，《中國傳統的創造性轉化》，三聯書店 1988 年版。

10. 〔美〕余英時，《中國思想傳統的現代詮釋》，江蘇人民出版社 2003 年版。

11. 〔美〕余英時，《現代儒學的回顧與展望》，生活·讀書·新知三聯書店 2004 年版。

12. 〔美〕杜維明，《現代精神與儒家傳統》，生活·讀書·新知三聯書店 1997 年版。

13. 〔英〕艾倫·麥克法蘭著，管可穠、嚴瀟瀟譯，《給莉莉的信——關於世界之道》，商務印書館 2006 年版。

14. 〔英〕艾倫·麥克法蘭著，管可穠譯，《英國個人主義的起源》，商務印書館 2008 年版。

15. 〔英〕艾倫·麥克法蘭著，管可穠譯，《現代世界的誕生》，上海人民出版社 2013 年版。

16. 〔美〕希爾斯著，傅鏗、呂樂譯，《論傳統》，上海人民出版社 2009 年版。

17. 〔美〕杜維明，《東亞價值與多元現代性》，中國社會科學出版社 2001 年

版。

18. 〔美〕西里爾‧布萊克，《日本和俄國的現代化》，商務印書館 1984 年版。

19. 〔美〕西里爾‧布萊克，《比較現代化》，上海譯文出版社 1996 年版。

20. 〔美〕西里爾‧布萊克，《現代化的動力》，四川人民出版社 1988 年版。

21. 〔以〕艾森斯塔德著，張旅平等譯，《現代化：抗拒與變遷》，中國人民大學出版社 1988 年版。

22. 〔以〕艾森斯塔德著，曠新年、王愛松譯，《反思現代性》，三聯書店 2006年版。

23. 〔美〕張仲禮著，李榮昌譯，《中國紳士：關於其在 19 世紀中國社會中的作用的研究》，上海社會科學院出版社 1991 年版。

24. 〔美〕張仲禮，《中國紳士研究》，上海人民出版社 2008 年版。

25. 〔美〕瞿同祖著，范忠信譯，《清代地方政府》，法律出版社 2003 年版。

26. 〔英〕邁克爾‧奧克肖特著，張銘，姚仁權譯，《信念論政治與懷疑論政治》，上海譯文出版社 2009 年版。

27. 〔美〕漢娜‧阿倫特著，林驤華譯，《極權主義的起源》，生活‧讀書‧新知三聯書店 2008 年版。

28. 〔英〕約翰‧巴羅著，李國慶等譯，《我看乾隆盛世》，北京圖書館出版社 2007 年版。

29. 〔美〕林毓生著，穆善培譯，蘇國勳，崔之元校，《中國意識的危機——「五四」時期激烈的反傳統主義》，貴州人民出版社 1986 年版。

30. 〔德〕《馬克思恩格斯選集》第一卷、第二卷，人民出版社 1995 年版。

31. 〔美〕孔飛力，《中華帝國晚期的叛亂及其敵人》，中國社會科學出版社1990 年版。

32. 〔英〕亞當‧弗格森著，林本椿、王紹祥譯，《文明社會史論》，浙江大學出版社 2010 年版。

33. 〔德〕薩維尼著，許章潤譯，《論立法和法學的當代使命》，中國法制出版社 2001 年版。

34. 〔美〕博登海默著，鄧正來譯，《法理學：法律哲學與法律方法》，中國政法大學出版社 1999 年版。

35. 〔美〕哈羅德.J.伯爾曼著，賀衛方譯，《法律與革命——西方法律傳統的形成》，中國大百科全書出版社 1993 年版。

36. 〔美〕羅伯特‧C‧埃里克森著，蘇力譯，《無需法律的秩序》，中國政法大學出版社 2003 年版。

37. 〔英〕埃德蒙‧柏克著，何兆武、許振洲、彭剛譯，《法國革命論》，商務印書館 2003 年版。

38. 〔英〕埃德蒙·柏克著，陳志瑞、石斌編，《埃蒙德·柏克讀本》，中央編譯出版社 2006 年版。

39. 〔英〕埃德蒙·柏克著，張雅楠譯，《反思法國大革命》，上海社會科學院出版社 2014 年版。

40. 〔英〕邁克爾·奧克肖特著，張汝倫譯，《政治中的理性主義》，上海譯文出版社 2004 年版。

41. 〔英〕埃德蒙·柏克著，蔣慶、王瑞昌、王天成譯，《自由與傳統》，商務印書館 2001 年版。

42. 〔美〕詹姆斯·科爾曼著，鄧方譯，《社會理論的基礎》，社會科學文獻出版社 1999 年版。

43. 〔英〕史奧娜·艾爾利著，馬向紅譯，《回望莊士敦》，山東畫報出版社 2009 年版。

44. 〔英〕莊士敦著，陳時偉等譯，《紫禁城的黃昏》，山東畫報出版社 2007 年版。

45. 〔英〕莊士敦著，潘崇、崔萌譯，《儒學與近代中國》，天津人民出版社 2010 年版。

46. 〔美〕西達·斯考切波著，何俊志、王學東譯，《國家與社會革命——對法國、俄國與中國的分析》，上海人民出版社 2007 年版。

47. 〔德〕馬克思、恩格斯著，《馬克思恩格斯選集》，中央編譯局 1972 年版。

48. 〔美〕艾愷著，《世界範圍內的反現代化思潮——論文化守成主義》，貴州人民出版社 1991 年版。

49. 〔英〕卡爾·波蘭尼著，馮鋼、劉陽譯，《大轉型：我們時代的政治與經濟起源》，浙江大學出版社 2007 年版。

## 四、期刊論文

1. 秦暉，《帝制時代的政府權力與責任：關於「大小政府」的中西傳統比較問題》見 http://iccs.aichi-u.ac.jp/archives/report/010/010_03_08.pdf

2. 張新光，《質疑古代中國社會「皇權不下縣、縣下皆自治」之說——基於宏觀的長時段的動態歷史考證》，載《學習與探索》，2007 年第 4 期。

3. 黃宗智，《集權的簡約治理：中國以準官員和糾紛解決為主的半正式基層行政》，載《開放時代》，2008 年第 2 期。

4. 張鳴，《熱鬧中的冷想》，載《讀書》，2001 年第 3 期。

5. 李國慶，《關於中國村落共同體的論戰：以「戒能～平野論戰」為核心》，載《社會學研究》，2005 年第 6 期。

6. 郝秉鍵，《日本史學界的明清「紳士論」》，載《清史研究》，2004 年第 4

期。

7. 仝晰綱，《道德教育與漢代鄉治》，載《學術論壇》，2000 年第 5 期。

8. 仝晰綱，《秦漢時期的鄉里教育》，載《山東師大學報‧社會科學版》，1991 年第 5 期。

9. 王美華，《唐宋時期地方官教化職能的規範與社會風俗的移易》，載《社會科學輯刊》，2006 年第 3 期。

10. 張瑞泉，《略論清代的鄉村教化》，載《史學集刊》，1994 年第 3 期。

11. 王先明、尤永斌，《略論晚清鄉村社會教化體系的歷史變遷》，載《史學月刊》，1999 年第 3 期。

12. 羅志田，《革命的形成：清季十年的轉折（上）》，載《近代史研究》2012 年第 3 期。

13. 羅志田，《革命的形成：清季十年的轉折（中）》，載《近代史研究》，2012 年第 6 期。

14. 羅志田，《國進民退：清季興起的一個持續傾向》，載《四川大學學報（哲學社會科學版）》，2012 年第 5 期。

15. 葛佳淵、羅厚立，《社會與國家的文化詮釋》，載《讀書》，1992 年第 3 期。

16. 羅志田，《科舉制廢除在鄉村中的社會後果》，載《中國社會科學》，2006 年第 1 期。

17. 王先明、李麗峰，《近代新學教育與鄉村社會流動》，載《福建論壇‧人文社會科學版》，2005 年第 8 期。

18. 郝錦花、王先明，《清末民初鄉村精英離鄉的「新學」教育原因》，載《文史哲》，2002 年第 5 期。

19. 郝錦花、王先明，《從新學教育看近代鄉村文化的衰落》，載《社會科學戰線》，2006 年第 2 期。

20. 王先明，《鄉紳權勢消退的歷史軌迹──20 世紀前期的制度變遷、革命話語與鄉紳權力》，載《南開學報》（哲學社會科學版），2009 年第 1 期。

21. 王先明，《士紳階層與晚清「民變」──紳民衝突的歷史趨向與時代成因》，載《近代史研究》，2008 年第 1 期。

22. 王洪兵，《衝突與融合：民國時期華北農村的青苗會組織》，載《中國社會歷史評論》，第七卷，2006 年。

23. 李劍鳴，《英國的殖民地政策與北美獨立運動的興起》，載《歷史研究》，2002 年第 1 期。

24. 翁有為、徐有威，《「近代中國鄉村社會權勢國際學術研討會」綜述》，載《史學月刊》，2004 年第 11 期。

25. 徐勇,《中國民主之路：從形式到實體——對村民自治價值的再發掘》,載《開放時代》,2000 年 11 月。

26. 徐勇,《我國基層民主政治建設的歷史進程與基本特點探討》,載《政治學研究》,2006 年第 4 期。

27. 徐勇,《現代國家的建構與村民自治的成長》,載《學習與探索》,2006 年第 6 期。

28. 王麗、孟軍,《鄉村治理的方法論：總結與反思》,載《理論導刊》,2006 年 12 月。

29. 徐湘林,《「三農」問題困擾下的中國鄉村治理》,載《戰略與管理》,2003 年第 4 期。

30. 仝志輝、賀雪峰,《村莊權力結構的三層分析》,載《中國社會科學》,2002 年第 1 期。

31. 賀雪峰、仝志輝,《論村莊社會關聯——兼論村莊秩序的社會基礎》,載《中國社會科學》,2002 年第 3 期。

32. 賀雪峰、董磊明,《中國鄉村治理：結構與類型》,載《經濟社會體制比較》2005 年第 3 期。

33. 徐勇,《村民自治的成長：行政放權與社會發育——1990 年代以來中國村民自治發展困境的反思》,載《開放導報》,2004 年第 6 期。

34. 聶莉莉,《從小傳統看儒家文化的影響》,載《社區研究與社會發展》,天津人民出版社 1996 年版。

35. 馮小雙,《閱讀和理解轉型期中國鄉村社會——「轉型期鄉村社會性質研究」學術研討會綜述》,載《社會學研究》,2002 年第 1 期。

36. 賀雪峰、仝志輝,《論村莊社會關聯——兼論村莊秩序的社會基礎》,載《中國社會科學》,2002 年第 3 期。

37. 于建嶸,《要警惕宗族勢力對農村基層政權的影響》,載《江蘇社會科學》,2004 年第 4 期。

38. 《中國鄉村研究三十年》,載《開放時代》,2008 年第 6 期。

39. 張和清,《重塑權威之下的善政格局——中國鄉村治理困境分析》,載《人民論壇・學術前沿》,2012 年第 10 期。

40. 徐勇,《縣政、鄉派、村治：鄉村治理的結構性轉換》,載《江蘇社會科學》,2002 年第 2 期。

41. 沈延生,《村政的興衰與重建》,載《戰略與管理》,1999 年第 6 期。

42. 于建嶸,《鄉鎮自治：根據和路徑》,載《戰略與管理》,2002 年第 6 期。

43. 吳理財,《科層化治理：鄉村治理的一個誤區》,載《學習月刊》,2005 年第 12 期。

44. 徐湘林，《「三農」問題困擾下的中國鄉村治理》，載《戰略與管理》，2003年第 4 期。

45. 陳明明，《鄉村政治發展：自治與政治調控》，載《復旦學報》（社會科學版），1999 年增刊。

46. 張銘，《鄉土精英治理：當下農村基層社區治理的可行模式》，載《蘭州大學學報》（社會科學版），2008 年 1 月。

47. 張銘，《農村基層社區當下治理模式之反思》，載《江蘇行政學院學報》，2009 年第 1 期。

48. 張銘，《行政強控制模式之認識根源批判——對當前農村社區治理思路的哲學思考》，載《福建論壇‧人文社會科學版》，2011 年第 12 期。

49. 張志超，《英租威海衛時期土地交易習慣的歷史考察》，載《山東大學學報》哲學社會科學版，2009 年第 2 期。

50. 陳玉心，《清代健訟外證——威海衛英國法庭的華人民事訴訟》，載《環球法律評論》，2002 年秋季號。

51. 王一強，《英租威海衛法律制度研究札記》，載《環球法律評論》，2004年春季號。

52. 王一強，《英租威海衛的外來法、本土法與民間法》，載《甘肅政法學報》，2005 年第 5 期。

53. 張志超，《徘徊於東西方之間：英租威海衛時期的法治》，載《開放時代》，2009 年第 2 期。

54. 王嬈，《英租威海衛司法體制初探》，載《環球法律評論》，2005 年第 5 期。

55. 王一強，《「你們倒使我們的人中國化了」——威海衛辦事大臣莊士敦臨別演說詞的法文化解讀》，載《法制與社會發展》，2004 年第 5 期。

56. 張志超，《莊士敦：洋儒的理想與威海衛的治理》，載《中國圖書評論》，2010 年 9 月。

57. 潘崇，《1933 年莊士敦的儒學演講及其對儒學的認識》，載《保底學院學報》，2009 年 11 月。

58. 章再斌，《英租威海衛鄉村治理的制度演進》，載《華僑大學學報》哲學社會科學版，2008 年第 1 期。

59. 張志超，《英租威海衛鄉村治理模式的變遷》，載《蘭州學刊》，2008 年第 12 期。

60. 王瑞豔，《基於 SWOT 分析的英租威海衛時期治理模式研究》，載《黃海學術論壇》，2011 年第 1 期。

61. 李慎之，《中國文化傳統與現代化》，載《戰略與管理》，2000 年第 4 期。

62. 李慎之，《不能忘記的新啓蒙》，載《炎黃春秋》，2003 年第 3 期。

63. 杜維明，《多元現代性中的儒家傳統》，載《文化縱橫》，2010 年第 2 期。

64. 村上泰亮，《對現代化的重新定義》，《現代外國哲學社會科學文摘》，1989 年第 4 期。

65. 李國慶，《關於中國村落共同體的論戰：以「戒能～平野論戰」爲核心》，載《社會學研究》，2005 年第 6 期。

66. 項繼權，《中國鄉村治理的層級及其變遷——兼論當前鄉村體制的改革》，載《開放時代》，2008 年第 3 期。

67. 仝晰綱，《秦漢時期的鄉里管理體制》，載《東嶽論叢》，1999 年第 4 期。

68. 許倬雲，《由新出漢簡所見秦漢社會》，中研院史語所集刊第 51 本第 2 分冊，《紀念李濟、屈萬里兩先生論文集》，1980 年。

69. 仝晰綱，《秦漢時期的鄉里豪民》，載《社會科學輯刊》1996 年第 3 期。

70. 馬新，《兩漢鄉村管理體系述論》，載《山東大學學報（哲學社會科學版）》，1997 年第 1 期。

71. 徐勇，《東方自由主義傳統的發掘——兼評西方話語體系中的「東方專制主義」》，載《學術月刊》，2012 年 4 月。

72. 董磊明，《變與不變：中華三千年社會結構的政治社會學解讀》，載《江蘇行政學院學報》，2007 年第 3 期。

73. 張鳴，《熱鬧中的冷想》，載《讀書》，2001 年第 3 期。

74. 孫遠東，《傳統中國鄉村治理模式的宏觀透視》，載《粵海風》，2009 年第 2 期。

75. 黃宗智，《集權的簡約治理：中國以準官員和糾紛解決爲主的半正式基層行政》，載《開放時代》，2008 年第 2 期。

76. 董建輝，《傳統農村社區社會治理的歷史思考》，載《中國社會經濟史研究》，2002 年第 4 期。

77. 秦暉，《傳統中國社會的再認識》，載《戰略與管理》，1999 年第 6 期。

78. 張銘，《關於東方社會現代化發展戰略取向的若干思考》，載《天津社會科學》，2006 年第 5 期。

79. 孫海泉，《清代賦役制度變革後的地方基層組織》，載《河北學刊》，2004 年第 6 期。

80. 段自成，《論清代的鄉村儒學教化——以清代鄉約爲中心》，載《孔子研究》，2009 年第 2 期。

81. 王先明，《略論晚清鄉村社會教化體系的歷史變遷》，載《史學月刊》，1999 年第 3 期。

82. 白麗萍，《試論清代社倉制度的演變》，載《中南民族大學學報》（人文社

會科學版），2007 年第 1 期。

83. 杜玲，《雍正時期社倉的設立：皇帝、官僚與民間》，載《北方論叢》，2006 年第 6 期。

84. 李懷印，《晚清及民國時期華北村莊中的鄉地制——以河北獲鹿縣爲例》，載《歷史研究》，2001 年第 6 期。

85. 張松梅、王洪兵，《青苗會組織淵源考》，載《東方論壇》，2010 年第 1 期。

86. 楊念群，《華北青苗會的組織結構與功能演變——以解口村、黃土北店村等爲個案》，載《中州學刊》，2001 年第 3 期。

87. 周健、張思，《19 世紀華北青苗會組織結構與功能變遷——以順天府寶坻縣爲例》，載《清史研究》，2006 年第 2 期。

88. 張銘，《東方社會轉型與社會主義歷史課題》，載《福建論壇‧人文社會科學版》，2007 年第 11 期。

89. 李美霞，《科舉制廢除對鄉村社會的影響》，載《山東省農業管理幹部學院學報》，2008 年第 4 期。

90. 楊齊福、吳敏霞，《近代新教育在廢科舉後發展取向的偏差》，載《福建師範大學學報》（哲學社會科學版），2001 年第 2 期。

91. 王先明、李偉中，《20 世紀 30 年代的縣政建設運動與鄉村社會變遷——以五個縣政建設實驗縣爲基本分析樣本》，載《史學月刊》，2003 年第 4 期。

92. 劉紀榮、李偉中，《清末民初「廢廟興學」的歷史人類學考察》，載《玉林師範學院學報（哲學社會科學版）》。

93. 王洪兵，《衝突與融合：民國時期華北農村的青苗會組織》，載《中國社會歷史評論》第七卷，2006 年。

94. 賀躍夫，《論清末地方自治思潮》，載《中山大學學報論叢》，1994 年第 1 期。

95. 曉丹，《清末地方自治的種瓜與得豆》，載《華中師範大學學報》（人文社會科學版），1998 年 3 月。

96. 梁景和，《論清末地方自治的實踐》，載《西南交通大學學報》（社會科學版），2000 年第 4 期。

97. 魏光奇，《官治與自治：中國近代的縣鄉行政體制》，載《中國改革》，2002 年第 11 期。

98. 李國青，《南京政府「地方自治」制度設計的演變》，載《史學集刊》，2010 年第 5 期。

99. 徐祖瀾，《鄉紳之治與國家權力——以明清時期中國鄉村社會爲背景》，載《法學家》2010 年第 6 期。

100. 荊月新，《體制內之殤——論近代地方自治對紳權的損害》，載《華東政法大學學報》 2012 年第 5 期。

101. 魏光奇，丁海秀，《清末至北洋政府時期區鄉行政考略》，載《北京師範大學學報》（社會科學版），2004 年第 2 期。

102. 梁漱溟，《敢告今之言地方自治者》，載《村治月刊》，1930 年第 2 期。

103. 邵元沖，《三十年來中國社會建設之演進》，載《東方雜誌》第三十一卷第一號，1934 年。

104. 李偉中，《南京國民政府的保甲制新探：20 世紀三四十年代中國鄉村制度的變遷》，載《社會科學研究》，2002 年第 4 期。

105. 聞鶯，《山西新政下的農村經濟》，載《中國農村》，1937 年第 2 期。

106. 王奇生，《黨政關係：國民黨黨治在地方層級的運作（1927～1937）》，載《中國社會科學》，2001 年第 3 期。

107. 朱漢國，王印煥，《民國時期華北鄉村的捐稅負擔及其社會影響》，載《河北大學學報》（哲學社會科學版），2002 年第 4 期。

108. 張啓耀，《南京國民政府前期山西農民生活水平分析》，載《中國經濟史研究》，2009 年第 1 期。

109. 張志超，《英租時期威海衛鄉（村）規民約論綱》，載《山東科技大學學報》，2008 年第 6 期。

110. 張志超，《略論英租威海衛時期威海鄉村的社會控制》，載《山東大學學報》哲學社會科學版，2005 年第 4 期。

111. 張妍，《關於中國傳統社會土地權屬的在思考——以土地交易過程中的「鄉規」、「鄉例」爲中心》，載《安徽史學》，2005 年第 1 期。

112. 任鋒，《意識形態激情、中道倫理與儒家公民》，載《文化縱橫》，2013 年第 1 期。

113. 蘇力，《二十世紀中國的現代化和法治》，載《法學研究》，1998 年第 1 期。

114. 王皖強，《西方保守主義思想的傳統觀》，載《學海》，2009 年第 2 期。

115. 陳曉律，《英國式保守主義的內涵及其現代解釋》，載《南京大學學報》（哲學 人文科學 社會科學），2001 年第 3 期。

## 五、學位論文

1. 郭曉，《英租時期威海衛社會文化研究》，（山東師範大學 2012 年碩士論文）。

2. 張永強，《社會現實·秩序·價值理念——以英租威海衛時期的鄉村治理爲個案》，（山東大學 2011 年碩士學位論文）。

3. 李君，《英租威海衛時期鄉村治理模式研究》，（山東大學 2011 年碩士學

位論文）。

4. 高雪，《威英政府與威海地方精英間互動之研究》，（山東大學 2011 年碩士學位論文）。

5. 張智慧，《漢代鄉官研究》，（華東師範大學 2006 年優秀碩士論文）。

6. 祖秋紅，《山西村治：國家行政與鄉村自治的整合（1917～1928）》，首都師範大學博士學位論文，2007 年。

7. 張海濱，《轉型社會中的鄉村自治與法治》，華東政法大學博士學位論文，2010 年。

8. 馮小紅，《鄉村治理轉型期的縣財政研究（1928～1937.——以河北省爲中心）》，復旦大學博士學位論文，2005 年。

## 六、英文部分

1. Kung-chuan Hsiao, Rural China, Imperial Control in the Nineteenth Century. Seattle: University of Washington Press, 1960.

2. Pamela Atwell, British Mandarins and Chinese Reformers：The British Administration of Weihaiwei（1898～1930） and the Territory's Return to Chinese Rule, Oxford University Press, 1985.

3. Henry James Lethbridge, Sir James Haldane Stewart Lockhart： Colonial Civil Servant and Scholar. Journal of the Hong Kong Branch of the Royal Asiatic Society, pp. 55-88.

4. Shiona Airlie , Thistle and Bamboo: The Life and Times of James Stewart Lockhart. New York: Oxford University Press. 1989.

5. Raymond Lamont-Brown, Tutor to the Dragon Emperor: The Life of Sir Reginald Fleming Johnston, Alan Sutton Publishing, Ltd.1999.

6. Alan Macfarlane, Reconstructing Historical Communities, Cambridge University Press, 1977.

7. Alan Macfarlane, The Culture of Capitalism, Blackwell,Oxford,1987.

8. Alan Macfarlane, The Making of the Modern World: Visions from the West and East, Palgrave, 2002.

9. Ch'ien Tuan-Sheng, The Government and Politics of China, Cambridge: Harvard University Press, 1954.

10. Gamble, Sideney. North China Villages: Social, Political and Economic Activities Before 1933. Berkeley: University of California Press, 1963.

11. Reginald F. Johnston. Lion and Dragon in Northern China, London, John Murray Publishing House, 1910.

12. Reginald F. Johnston.（Lin Shao-Yang）. A Chinese Appeal to Christendom Concerning Christian Missions, New York and London: Knickerbockers Press, 1911.

# 後　記

　　這本書是我人生的第一本專著，在我博士論文的基礎上修改而成。它的付梓給我的博士生涯劃上了一個比較完滿的句號，也是對我多年讀書求學生涯的一個小結，因此洋溢於內心的喜悅自不待言。喜悅之餘，還要在此表達我對親人師友的感謝。

　　首先要感謝我的導師張銘先生。我對張老師的謝意是三個層面上的。其一，感謝張老師帶我邁入了政治學的大門。我與張老師的交往始於我旁聽他的課程，2005 年 7 月我從復旦國際關係專業畢業後，來到山東大學（威海）法學院工作，2006 年 3 月張老師也從蘇州大學調到這裏來工作。當時處於專業調整迷茫期的我，去旁聽了張老師給本科生開設的政治哲學課程，雖然當時我並不能完全領悟張老師的思想，但他講課中所流露出來的滿載著厚重歷史感和深切現實感的思想底蘊讓我感到讀書以來從未有過的震撼。後來我又陸續聽了張老師給研究生和本科生開設的五門課程，並閱讀了他的專著和文章，算是窺到一點政治學的堂奧，並做出了讀張老師博士的決定。其二，要感謝老師在我讀博期間給予的悉心指導，雖然由於悟性和精力方面的原因，我交出的成果離自己的原初設想有著不小的距離。希望在未來的日子裏我能在學術之路上投入更多的精力和努力，不負老師的期望。最後，要感謝老師和我們分享他的工作室，這既爲我提供了一個靜謐的讀書寫作環境，也使得我們有問題能隨時和老師溝通。

　　其次要感謝我的先生、我先生的父母和妹妹。我先生向來支持我的工作，尊重我的選擇，給我的自我探索與發展提供了一個穩固的大後方。而這本書的寫作期間女兒的意外報到既讓我體會到孕育與撫養小生命的欣喜，也讓我

飽嘗邊帶孩子邊寫文章的艱辛。幸好有我先生的家人在幫我們帶女兒上的付出，否則這本書的問世肯定會經歷更長的時間。

再次要感謝的是我的工作單位山東大學（威海）法學院的領導和同事們，是院裏良好的人文環境使得我能專心投入到工作學業之中。尤其要感謝的是我的師兄兼同事劉洋在我論文寫作的攻堅期把工作室提供給我，爲我帶來了極大的方便。

還要感謝的是我的父母。無論是對我還是我的妹妹，父母都賦予並培育了我們自立、自律、努力和堅持的品格，然後放手讓我們自己探索人生之路和求學之途，雖然我知道他們也時常牽掛遠在千里之外的我和妹妹，但他們從來不絮叨，不會用自己的牽腸掛肚來拴住我們探索和前進的步伐。我想正是他們賦予我們的這些品格和培養我們時的認知才讓我走到了今天。古人云：父母在，不遠遊，遊必有方。我想已經安頓下來的我和即將安頓下來的妹妹一定能讓辛苦操勞了大半生的父母度過一個安詳的晚年。

最後要感謝的是臺灣花木蘭文化出版社的楊嘉樂女士、邱亞麗女士和辛苦勞作的編輯們，正是他們的熱心與敬業使得論文得以順利出版。

我本資質愚鈍，而且相對於數理邏輯方面的學習而言，在語言文字的習得、表達方面我似乎更不擅長。而最終以高校老師作爲自己的職業，以政治學作爲自己的專業，是人生中諸多偶然事件不斷彙聚的結果，儘管這偶然中也有著必然的影子。對蘊育了我血脈的那個小山村的惦念，對當下中國改革事業的關注，對中華文化傳統及其命運的思索，共同促使著我走上了政治學的探索之路，英租威海衛故事的講述是這一探索旅途上邁出的第一步。未來的學術之路還很長，「路漫漫其修遠兮，吾將上下而求索」，以此自勉，希望自己用心走下去。

作者 2015 年 4 月於威海